刘小平 ◎ 著

本书由人文在线出版基金资助出版

中古佛教寺院经济变迁研究

ZHONGGU FOJIAO SIYUAN JINGJI BIANQIAN YANJIU

中央编译出版社
Central Compilation & Translation Press

图书在版编目（CIP）数据

中古佛教寺院经济变迁研究/刘小平著.——北京：
中央编译出版社，2016.10
ISBN 978-7-5117-3061-9

Ⅰ.①中… Ⅱ.①刘… Ⅲ.①佛教—寺院—寺院经济
—经济发展—研究—中国—中古 Ⅳ.① B947.2

中国版本图书馆 CIP 数据核字 (2016) 第 179508 号

中古佛教寺院经济变迁研究

出 版 人：葛海彦
出版统筹：贾宇琰
责任编辑：程　彤　曲建文
责任印制：尹　珺
出版发行：中央编译出版社
地　　址：北京西城区车公庄大街乙 5 号鸿儒大厦 B 座（100044）
电　　话：（010）52612345（总编室）　　（010）52612370（编辑室）
　　　　　（010）52612316（发行部）　　（010）52612317（网络销售）
　　　　　（010）52612346（馆配部）　　（010）55626985（读者服务部）
传　　真：（010）66515838
经　　销：全国新华书店
印　　刷：北京天正元印务有限公司
开　　本：710 毫米 × 1000 毫米　1/16
字　　数：277 千字
印　　张：16
版　　次：2016 年 10 月第 1 版第 1 次印刷
定　　价：48.00 元

网　　址：www.cctphome.com　　邮　　箱：cctp@cctphome.com
新浪微博：@中央编译出版社　　微　　信：中央编译出版社（ID：cctphome）
淘宝店铺：中央编译出版社直销店（http://shop108367160.taobao.com）（010）52612349

本社常年法律顾问：北京嘉润律师事务所律师　李敬伟　问小牛
凡有印装质量问题，本社负责调换，电话：（010）55626985

目 录

绪 论 ·· 1

第一章　中古佛教寺院经济概观 ·· 16
第一节　中古佛教寺院经济的资源配置 ·· 16
第二节　中古佛教寺院经济的生产经营活动 ·· 62

第二章　制度与中古佛教寺院经济变迁 ·· 79
第一节　均田制僧尼授田与中古佛教寺院经济 ·· 79
第二节　《百丈清规》与中古佛教寺院经济变迁 ·· 92
第三节　度牒与中古佛教寺院经济变迁 ·· 104

第三章　世俗社会视野下的中古寺院经济图景
　　　　——以唐诏令和文人士大夫言论为中心 ·· 115
第一节　唐王朝视野下的佛教寺院经济图景——以"诏令"为中心的考察 ··· 115
第二节　唐代文人士大夫视野下的佛教寺院经济图景 ································ 131

第四章　国家干预与中古佛教寺院经济变迁
　　　　——以"三武一宗"废佛为中心的考察 ·· 151
第一节　肇始——北魏太武废佛 ·· 152
第二节　承袭——北周武帝废佛 ·· 159
第三节　高峰——唐代武宗废佛 ·· 166
第四节　余波——后周世宗废佛 ·· 177

第五章　中古佛教寺院经济的个案考察……………………………183
第一节　寺院水碾硙经营与中古水权管理制度的变迁………183
第二节　从唐代佛道之争看佛教寺院经济……………………194

第六章　佛教寺院与中古社会经济活动
——以北魏洛阳和唐长安寺院为中心的考察……………209
第一节　北魏洛阳寺院的社会景观………………………………211
第二节　唐长安寺院的社会景观…………………………………219

结　语……………………………………………………………………232
主要参考文献……………………………………………………………237

绪 论

佛教传入中国以后，随着不断地传播和发展，它在传统社会中所扮演的角色也日渐重要。中古时期（公元3—9世纪），佛教不仅作为一种宗教信仰与国家紧密联系，而且基于佛教信仰所发生的各种行为活动也渐趋融入整个社会日常生活当中，并产生着不可估量的影响。尽管在传统中国的语境中，佛教面临着"话语权力"之下多重无形的压力，但其一直在不断地寻求调适融和的路径。[①] 佛教寺院经济就是相伴于中国佛教发展而逐渐兴起的有着重要影响的一股社会力量，它不仅在中古时代佛教发展史上居于举足轻重的地位，而且同当时国家政权、社会生活等各方面都有着复杂的纠葛，相互之间有着微妙的互动关系。可以说，在中古时期绚烂多彩的画卷中，佛教居于相当醒目的位置；而在佛教发展史当中，寺院经济则是其中浓墨重彩的一笔。

关于这一领域，无论是寺院经济历史发展的宏观论述或者具体制度的微观考察，还是寺院经济与中古时期国家社会之间的互动关系，自20世纪30年代以来，中外学者已做了大量学术探讨，在各个方面都取得了相当多的成果，并将其研究一步步不断推向深化。但随着学术研究的不断深入和研究领域的逐步扩大，以及学术视野扩展之下多种学科相互渗透、各种理论相互交融的趋势中，也有必要以新的视角对于已有研究予以重新梳理和检讨，以期能在此基础上对前人的认识有所补充、丰富和拓展，同时也为这一领域的更深入研究提供些许裨益。

中古时期佛教发展起伏跌宕，基于佛教寺院空间而形成的寺院经济亦不仅仅作为一种经济力量介入当时的社会生活，同时也形成了自身特殊的经济组织，

[①] 例如葛兆光认为佛教进入中国后所面对的"话语权力"由三方面构成：一是世俗政权拥有的强制性力量；二是这一文明区域中人们形成的习惯性理解与解释方式；三是继承了这一文明的历史传统的权威。葛兆光：《征服与转化——5至7世纪中国思想史中的佛教》，饶宗颐主编：《华学》第三辑，紫禁城出版社1998年版，第74页。

有其自己的制度规则和运行方式。在复杂的国家政治生活与多变的社会空间中，为了保持自己的生存和发展，寺院经济作为独立的经济实体也不断回应着社会变化所带来的种种挑战。这种回应对于寺院经济而言，也即是它在社会发展中的自我变迁历程。当然，这种变迁不是孤立的、线性的，而是和当时国家、社会各方面密切关联的，是多层面的、曲折的变迁过程。

对于佛教与国家之间的互动关系已有很多研究，其中也涉及中古时期佛教寺院经济的内容，但大多将寺院经济纳入国家控制下的社会空间里进行讨论，站在国家王权的立场予以观察，对寺院经济进行评判式的打量。因此，我们看到的多是在王权国家干预下寺院经济的发展兴衰史，呈现出的是色彩单一的演变历程，即在国家扶持时，就发达膨胀；在王权干预打击时，就衰落萎缩。这固然不错，但其只是多棱镜历史发展的一个侧面，我们并没有照应到甚至忽略了它的另一面乃至更多。故而，随着学术界对于中古时期尤其是唐代宗教与社会关系问题的日趋关注和重视[①]，转换视角，从新的侧面入手，从寺院经济自身出发讨论其与中古社会发生的种种复杂的互动关系，尤其考察寺院经济的变迁史，就显得很有意义，也更能使我们了解寺院经济本身的历史演变。

从寺院经济的角度进行考察，我们首先将其视为有组织的经济实体单位，它有着自己的制度规则，在经济活动和社会生活中有自身的利益追求。当然，在寻求自我利益的过程中，寺院经济所面对的是广阔的社会空间和复杂的充满国家政治、经济、文化等各种因素的制度环境。在这样的处境里，寺院经济自身是如何面对纷繁的社会变迁，寻求自己的立身之地，并能够保持寺院经济力量的不断发展，往往是不会心随其愿的。但是，有时它也不仅仅是国家王权"一厢情愿"所能一手控制得了的。随着时代的变迁，尤其是佛教的发展和寺院经济实力的壮大，寺院经济同国家王权之间势必会有"交锋"。而这种交锋所产生的历史变化，正是我们所要关注的焦点。

对于独立的经济主体的发展而言，最重要的就是对经济资源的占有、配置。但是，各种资源的配置并不是随意的、无规则的，而是需要通过制度来规束和协调，从而达到配置的优化。针对新古典经济学观点认为资金、劳动力、技术三项

---

① 关于近年来中古时期尤其唐代宗教与社会关系问题的论述，可参见荣新江：《导言：唐代宗教信仰与社会——新问题与新探索》，荣新江主编：《唐代宗教信仰与社会》，上海辞书出版社2003年版。

要素的稀缺制约和影响经济发展的观点,新制度经济学则认为生产要素在不同的国家和地区之间的差异,实质上是一种制度的差异。制度要素的短缺或者制度供给的滞后也会影响和制约经济的发展,而且制度的短缺是不能或者无法用其他要素来替代的。新制度经济学的代表人物之一诺思运用历史和实证的分析方法,在吸收和借鉴其他经济学及马克思主义理论的基础上,对人类经济历史的发展变迁做出了富有创造性的解释。在《经济史中的结构与变迁》中,诺思分析了产权、国家意识形态和制度对经济发展的影响,建构了制度—制度变迁—经济绩效的理论基石,即:"(1)描述一个体制中激励个人和集团的产权理论;(2)界定、实施产权的国家理论;(3)影响人们对客观存在变化的不同反应的意识形态理论,这种理论解释为何人们对现实有不同的理解。"[①] 可以说新制度经济学为我们观察历史的发展演变提供了一个独特的视角,尤其是对于历史上的经济变迁,很有借鉴意义。我国学者吴承明也就经济史研究多次提及资源利用和配置的重要性,并指出应该从包括自然条件、政治制度、社会制度、习俗心态等在内的各方面因素考察经济的发展和演变,同时指出在经济史研究中,应将一切经济学理论视为方法论。[②] 其观点为经济史研究在理论和方法论方面扩大了新的视野。这是就经济学的立场而言,对于我们认识历史变迁的意义所在。

同样,从宗教学的角度来看,学术界也通过多学科诸如哲学、心理学、社会学、人类学、历史学、经济学等学科的方法来研究宗教学领域的各种问题。例如在宗教社会学方面,美国学者罗德尼·斯达克(Rodney Stark)、罗杰尔·芬克(Roger Finke)的著作《信仰的法则——解释宗教之人的方面》(*Acts of Faith: Explaining the Human Side of Religion*)就被认为是宗教社会学领域"新范式"发展中的一部创新之作,是对于不断演进的"宗教经济"理论的重要总结。该书运用大量的实证材料,通过对宗教个体、宗教群体和整个社会宗教活动的分析,提出了一个宗教社会学研究的全新的范式。在这一新范式中,最富新意的理论特征就在于强调宗教的社会方面——将宗教认作社会系统中的一个子系统:宗教经济。宗教经济包括任何一个社会中所进行的所有宗教活动。通过运用经济学的基

---

① [美]道格拉斯·C.诺思著:《经济史中的结构与变迁》,陈郁等译,上海三联书店、上海人民出版社1994年版,第7页。
② 相关讨论可参见吴承明:《经济学理论与经济史研究》,《经济研究》1995年第4期;《市场·近代化·经济史论》,云南大学出版社1996年版,等等。

本原则，对宗教现象进行了具有创见的解释。①

我们在此所提及的这些理论和方法，只是学术研究领域中很小的一部分，同时也并不意味着在学术研究中我们就去效仿和套用这些理论。我们的目的，只是想要在学术研究中更多地关注历史中制度的变迁，尤其是经济制度变迁演进的历史意义和影响。通过对制度变迁的研究，从而有助于对历史发展演变有新的认识。

回到本书论述的主题，就中古时期佛教寺院经济研究而言，现有成果多侧重于对宏观时代特征的把握讨论和微观具体史实的论述，而对这一时期寺院经济的变迁史似乎论述还不够，尤其是联系中古时期社会变化的各种因素来讨论寺院经济自身的演变和发展显得比较薄弱。例如，均田制僧尼受田的规定，是否仅仅是国家对寺院经济发展状况的一种事实承认和限制措施，其对于寺院经济的发展演变究竟有着怎样的影响及其更深层的意义，值得我们做进一步考虑。再比如寺院经济发展中，寺院建筑空间和以寺院为中心的社会空间的扩张，对寺院经济本身有什么影响，特别是在这一过程中，佛教传播手段的多样化，佛教与社会各阶层尤其是下层民众交流的扩大等因素，对于寺院经济又会产生怎样的作用，这也是很有意义的问题。因此，就现有中古寺院经济研究来看，还有许多内容值得深入探讨，特别是关系到寺院经济变迁的某些重要事件，有必要结合中古时期社会变革的趋势，来重新考察其在寺院经济史上的历史意义。

泛而言之，在中古王权国家的社会空间下，除了佛教寺院经济作为经济组织所进行资源配置的经济活动对其自身的发展演变有着重要意义外，社会政治、意识形态等其他制度的因素，也对寺院经济的变迁产生了不可忽视乃至深远的影响。因此，围绕寺院经济的变迁，从寺院经济自身经济活动的发展和在广阔的社会空间下寺院经济同社会各种因素的复杂关系的角度来考察，是理解寺院经济演进过程一个很好的视角，也能较为清楚地构划出中古时期寺院经济的变迁历程和轨迹。

基于这样的考虑，本书就中古时期（集中在南北朝隋唐时期）佛教寺院经济的发展变迁进行讨论，主要考察这一时期寺院经济发展过程中佛教寺院经济

---

① ［美］罗德尼·斯达克、罗杰尔·芬克著：《信仰的法则——解释宗教之人的方面》，杨凤岗译，中国人民大学出版社2003年版，第43—44页。

（主体）在与国家王权、制度、意识形态等对寺院经济变迁产生重要影响的各种社会因素（包括正式制度的和非正式制度的）的互动关系中其资源配置、制度变革等经济活动的变迁史，并就中古时期寺院经济的变迁历程做长时段分析，探求寺院经济的内在发展理路，以期对中古寺院经济有新的认知。

史料方面，本书在运用各种传世文献（包括正史、大藏经、类书、笔记小说、方志等）的同时，兼顾墓志碑铭石刻等出土实物资料。而敦煌、吐鲁番出土文书，由于其在研究中古历史尤其是唐代历史方面的重要价值，也是本书史料的重要来源。

研究方法上，立足于中古时期的社会变迁，进行长时段的历史考察，同时以具有重要变迁意义的微观事件、制度等为基点进行具体的实证研究，并且借鉴其他学科的理论与方法对历史史实进行分析。

内容方面，本书并不苛求对该论题进行面面俱到式的全方位论述，而是在前人研究和已有学术成果的基础上，就某些具体问题予以重点分析和探讨，并力求在观点上能有新的发现和创新；在结构安排上，亦未采取各部分相互均衡的布局结构，而是根据论述的主题和内容来取舍。

关于中古时期佛教寺院经济的研究，自1934年何兹全先生在《中国经济》第2卷第9期上发表《中古时代之中国佛教寺院》一文开创这一学术领域以来，佛教寺院经济的研究已有80余年的历程。其间成果累累，为后来者的研究奠定了坚实的学术基础，在此就这一领域的学术研究概况予以回顾。

一、专题研究

佛教寺院中封建依附关系方面的论述，主要有何兹全《中古大族寺院领户研究》[①]、业露华《北魏的僧祇户和佛图户》[②]、张弓《南北朝隋唐寺观户阶层述略——兼论贱口依附制的演变》[③]、《唐代寺院奴婢阶层略说》[④]等。何兹全之文以户

---

① 何兹全：《中古大族寺院领户研究》，《食货》第3卷第4期，1936年1月。
② 业露华：《北魏的僧祇户和佛图户》，《世界宗教研究》1981年第3期。
③ 张弓：《南北朝隋唐寺观户阶层述略——兼论贱口依附制的演变》，《中国史研究》1984年第2期。
④ 张弓：《唐代寺院奴婢阶层略说》，《社会科学战线》1986年第3期。

口的领有为切入点，通过对寺院户口的领有方式、大族寺院与领户之间的关系及大族寺院与国家之领户的争夺等内容的论述，勾勒出中古时期大族寺院户口领有的发展概貌，考察了大族寺院庄园的发展及其内部生产关系。张弓《南北朝隋唐寺观户阶层述略》一文鸟瞰了南北朝隋唐时期寺院依附关系的演进轨迹，指出僧祇户虽来自平齐户和"役同厮养"的军户等色贱民，但僧祇户不得别属一寺，并未依附于特定的寺院，其身份仍然属于国家贱民。僧祇户向僧曹所输的僧祇粟，实际是在寺院经济尚未充分发展的情况下，国家用让渡部分赋课的办法扶持佛教。"僧祇户"实际上是割赋不割民，只有佛图户才是为寺院的祀事和劳务的需要而置的依附人口。高敏《魏晋南北朝经济史》对于僧祇户、佛图户也有着深入的讨论。① 日本学者塚本善隆早年也著有《北魏之僧祇户与佛图户》，对北魏僧祇户、佛图户等问题进行了详细的论述。② 此外，蒋福亚《南朝寺院地主》一文也对南朝寺院地主的发展状况、寺院财产来源及其内部人身关系等进行了具体考察。③

关于寺院田产土地问题，白文固《试论唐前期的寺院经济》对寺院经济的性质进行了探讨，认为唐前期的寺院财产保持着一种封建生产方式下的公共财产关系。大型生产资料的共有性，寺地的不可出让和不可分割性，财产处分的集体权力制，是这种占有方式的几个特征。作者指出这种占有方式既打破了家庭私有制式的血缘韧带，也打破了国家编户制下的地缘界限，而是按照宗教的法缘关系建立的。共同的宗教信仰的心理是联系这种占有制的物质基础，僧众共同遵守的戒律又是这种占有制的法权保证。④ 简修炜、庄辉明《南北朝时期寺院地主经济与世俗地主经济的比较研究》一文指出寺院地主经济具有财产所有制关系上的两重性。这种两重性首先表现在寺院财产名义上属于全寺僧众集体所有，而在实际上仅仅由寺院地主所占有和某种意义上的私有。但是寺院财产的私有化并没有把寺院的集体所有制完全破坏。⑤ 张弓《唐代的寺庄》一文认为隋及唐前期以寺庄

---

① 高敏：《魏晋南北朝经济史》，上海人民出版社1996年版。
② [日]塚本善隆著：《北魏之僧祇户佛图户》(《东洋史研究》2卷3号，1937年)，周乾溁译，《食货》第5卷第12期。另见许洋主译：《北魏的僧祇户佛图户》，刘俊文主编：《日本学者研究中国史论著选译》(第七卷思想宗教)，中华书局1993年版。
③ 蒋福亚：《南朝寺院地主》，《首都师范大学学报》1993年第4期。
④ 白文固：《试论唐前期的寺院经济》，《兰州大学学报》1983年第4期。
⑤ 简修炜、庄辉明：《南北朝时期寺院地主经济与世俗地主经济的比较研究》，《学术月刊》1988年第11期。

为主的常住田属于教团所有制的法缘共财。①

关于均田制僧尼授田。日本学者森庆来在《唐代均田法中僧尼的给田》中认为僧尼给田这一制度是在唐代开元年间宗教之动机和唐代国家财政制度的共同促成下产生的。②白文固在《唐代僧尼道士受田问题的辨析》一文中通过对佛教典籍及石刻资料的挖掘,基本确定了唐代僧尼受田属于武德令增加的一项内容,纠正了以往认为晚至开元令才有受田规定的不正确提法,并指出僧尼受田,实际上是对寺院兼并行为的一种限制。③郑显文《唐代寺院土地买卖的法律文书初探》则利用敦煌出土文书等资料,就唐代寺院土地买卖的相关问题作了论述。④

关于寺院经济的各种生产经营。一是关于佛教慈善和救济方面的论述,如鞠清远《唐宋元寺院庄园研究》⑤、全汉升《中古佛教寺院的慈善事业》⑥、刘淑芬《慈悲喜舍——中古时期佛教徒的社会福利事业》⑦、《北齐标异乡义慈惠石柱——中古佛教社会救济的个案研究》⑧等。二是关于寺院商业、高利贷方面的论述,主要有谢重光《晋唐寺院的商业和借贷业》⑨、《晋唐寺院的园圃种植业》⑩等。谢重光《晋唐寺院的商业和借贷业》认为,晋—唐时期的寺院经济,虽然以自给自足的庄园经济为主,但并不排斥寺院僧尼的商业和借贷业的经营。在寺院奠定庄园经济以后,商业和高利贷经营一直作为寺院田园生产的补充,在寺院经济中占有重要的地位,并对寺院的财产制度和教团生活风貌产生了巨大影响。三是关于中古时期寺院手工业方面,魏明孔在《中国手工业经济通史·魏晋南北朝隋唐五代

---

① 张弓:《唐代的寺庄》,《中国社会经济史研究》1989年第4期。
② [日]森庆来著:《唐代均田法中僧尼的给田》,高福怡译,《食货》第5卷第7期,1937年4月。
③ 白文固:《唐代僧尼道士受田问题的辨析》,《甘肃社会科学》1982年第3期。
④ 郑显文:《唐代寺院土地买卖的法律文书初探》,《普门学报》2001年第7期。
⑤ 鞠清远:《唐宋元寺院庄园研究》,《中国经济》第2卷第9期,1934年。
⑥ 全汉升:《中古佛教寺院的慈善事业》,《食货》第1卷第4期,1935年1月。
⑦ 刘淑芬:《慈悲喜舍——中古时期佛教徒的社会福利事业》,《北县文化》第40期,1994年4月。
⑧ 刘淑芬:《北齐标异乡义慈惠石柱——中古佛教社会救济的个案研究》,《新史学》5:4,1994年12月。
⑨ 谢重光:《晋唐寺院的商业和借贷业》,《中国经济史研究》1989年第1期。
⑩ 谢重光:《晋唐寺院的园圃种植业》,《中国社会经济史研究》1989年第3期。

卷》中做了全面详细的论述，并就寺院手工业在中古社会的时代特征和社会地位进行了概述。①

关于僧官制度的研究。何兹全《中古时代之中国佛教寺院》第四部分《寺院的组织》第一节《僧官制度》对晋唐的僧官制度做了宏观而简要的论述，认为僧官制度由后秦姚兴而起，南北朝时组织完备，唐时僧官制度取消。在此文基础上，其后又有多篇文章对此问题进行了深入论述。如白文固《南北朝隋唐僧官制度探究》，认为南北朝隋唐僧官制度的发展变化，"从中央和地方来看，僧官机构有一种逐渐削弱、逐渐废弛的趋势"。②对此论点，谢重光《晋—唐僧官制度考略》则认为晋—唐僧官制度的发展变化，中央和地方的情况并不是一致的。中央僧官制度，晋十六国时期开始创立，南北朝时期发展到高峰，特别是北魏北齐的中央僧曹，成为独立于俗官之外的强大的权力机构。到了隋代中央僧曹被纳入俗官系统，成为世俗中央政府机构中的一个部门。唐代沿此趋势发展，国家对佛教的控制继续加强。从这一侧面来看，可以说南北朝至隋唐的中央僧官机构有一种逐渐削弱、逐渐废弛的趋势。地方僧官制度自南北朝设置（如东晋南朝的僧局、僧省），隋唐时期也有地方僧署，中晚唐时期道或节度使辖区一级的僧署都僧统司，机构更健全细密了，效能更高。某些寺院集中的局部区域组成僧团，设立僧长、都检校等僧官加强管理，是地方僧官制度发展的重要标志。因此，晋—唐间东方僧官制度的运动趋势不是削弱和废弛，其大势是加强和健全。③僧官方面其他相关的论述还有白文固《僧统罢废、僧录命职：发展变化的唐宋僧官制度》④、业露华《北魏的僧官制度》⑤、高敏《从〈金石萃编〉卷30〈敬史君碑〉看东魏、北齐的僧官制度》⑥等。关于僧官制度的专门著作则有谢重光、白文固《中国僧官制度史》。⑦

---

① 魏明孔：《中国手工业经济通史·魏晋南北朝隋唐五代卷》，福建人民出版社2004年版。
② 白文固：《南北朝隋唐僧官制度探究》，《世界宗教研究》1984年第1期。
③ 谢重光：《晋—唐僧官制度考略》，《世界宗教研究》1986年第3期。
④ 白文固：《僧统罢废、僧录命职：发展变化的唐宋僧官制度》，《中国史研究》1989年第2期。
⑤ 业露华：《北魏的僧官制度》，《世界宗教研究》1984年第2期。
⑥ 高敏：《从〈金石萃编〉卷30〈敬史君碑〉看东魏、北齐的僧官制度》，《南都学坛》2001年第2期。
⑦ 谢重光、白文固：《中国僧官制度史》，青海人民出版社1990年版。

关于寺院特权的研究。寺院特权是寺院经济研究的重要方面，除了前引何兹全之文有所论及外，金毓黻《从榆林窟壁画耕作图谈到唐代寺院经济》认为寺院与僧尼自魏晋时期取得免赋役特权之后，直到唐代后期未曾变化。① 对此观点，谢重光在《略论唐代寺院、僧尼免赋特权的逐步丧失》②、《魏晋隋唐佛教特权的盛衰》③ 等文章中提出了异议，指出中国佛教寺院僧尼的经济特权经历了一个由盛而衰的演变过程，而唐代是寺院僧尼经济特权由盛而衰的转折时期。唐行两税法之前，已有对寺院的税敛现象；两税法之后，寺院、僧尼又丧失了免纳正税的特权。宋代以降，寺院的经济特权就弱小了很多了。

关于寺院财产法的研究。从佛教内律考察寺院财产法和僧尼私有财产法，也是寺院经济研究的重要内容，这方面的论述主要有何兹全《佛教经律中关于寺院财产的规定》④、《佛教经律中关于僧尼寺有财产的规定》⑤ 等。曹仕邦《从宗教与文化背景论寺院经济与僧尼私有财产在华发展的原因》也从佛教戒律的内在背景和中国文化传统的外在背景两方面讨论了寺院经济和僧尼财产的发展原因。⑥ 张弓《唐五代的僧侣地主及僧尼私财的传承方式》则讨论了唐五代寺院僧尼财产的传承。⑦ 雷学华《唐代敦煌的寺院经济》认为集体占有、共同消费是寺院经济区别于世俗经济的重要特征，寺院经济是一种集体占有制，但也不可避免地打上了阶级烙印。⑧

关于禅宗百丈怀海变革的研究。百丈怀海及其《清规》是中古时期佛教寺院经济发展变迁最为重要的内容之一，因此对于百丈变革的研究也相当丰富。张弓《唐代禅林经济简论》指出，禅林制度是唐代禅宗创造的一种"农禅合一"的体制，在唐代中期这一制度应运而生，促成了旧式寺院经济向新时期的转换，并

---

① 金毓黻：《从榆林窟壁画耕作图谈到唐代寺院经济》，《考古学报》1957年第2期。
② 谢重光：《略论唐代寺院、僧尼免赋特权的逐步丧失》，《中国社会经济史研究》1983年第1期。
③ 谢重光：《魏晋隋唐佛教特权的盛衰》，《历史研究》1987年第5期。
④ 何兹全：《佛教经律中关于寺院财产的规定》，《中国史研究》1982年第1期。
⑤ 何兹全：《佛教经律中关于僧尼寺有财产的规定》，《北京师范大学学报》1982年第6期。
⑥ 曹仕邦：《从宗教与文化背景论寺院经济与僧尼私有财产在华发展的原因》，《华冈佛学学报》第8期，1985年7月。
⑦ 张弓：《唐五代的僧侣地主及僧尼私财的传承方式》，《魏晋南北朝隋唐史资料》第11辑，1991年。
⑧ 雷学华：《唐代敦煌的寺院经济》，《中南民族学院学报》1989年第1期。

在禅林经济基础上，禅宗得以生息不绝。① 对于百丈怀海的变革，吕澂、任继愈等学者都给予了很高的评价。吕澂认为百丈行"普请"之法，"一日不作，一日不食"，上下共同劳动，耕种自给，能达到整肃禅宗风气的目的。② 任继愈《从佛教到儒教——唐宋思潮的变迁》也指出，唐代各宗衰落，而禅宗独盛，"百丈怀海制定《百丈清规》，有'一日不作，一日不食'的规定。用小农经济、小生产的方式共同维持僧徒的生活"。禅宗各派自我解缚、自我解脱的思想方法和修养方法，即中国古代小农经济自给自足生产方式的反映。③ 对于佛教经济思想，尤其是禅宗的农禅思想，赵靖《汉传佛教经济思想发展的重要阶段——试论禅宗的农禅思想》一文有着详细的论述，并指出《百丈清规》的出现，是汉传佛教特有的经济思想开始形成的标志，继此之后宋元时期一系列的禅林清规，更加丰富了汉传佛教的经济思想，使其特色更显著。④ 王月清在《中国佛教伦理研究》中对《百丈清规》在佛教伦理方面的重要意义进行了讨论。⑤ 林悟殊《从百丈清规看农禅——兼论唐宋佛教的自我供养意识》则就百丈清规关于农禅的历史予以考察并探讨了唐宋佛教自我供养意识产生的原因和意义。⑥ 王永会《中国佛教僧团发展及其管理研究》一书则从管理学的角度出发，对《百丈清规》和禅林制度的形成发展做了论述。⑦

关于个案探究。寺院经济个案考察，基于史料等因素论述相对较少，主要的研究有荆三林《〈唐昭成寺僧郎谷果园庄地亩幢〉所表现的晚唐寺院经济情

---

① 张弓：《唐代禅林经济简论》，《学术月刊》1987 年第 9 期。
② 吕澂：《中国佛学源流略讲》，中华书局 1979 年版，第 383 页。
③ 任继愈：《从佛教到儒教——唐宋思潮的变迁》，《中国文化》第 3 期秋季号，三联书店 1990 年。另外，洪修平、潘桂明等大都同意任氏说法，对于百丈变革给予较高评价，如洪修平：《禅宗思想的形成与发展》，江苏古籍出版社 1992 年版，第 316—317 页；潘桂明：《中国禅宗思想历程》，今日中国出版社 1992 年版，第 254 页，等等。
④ 赵靖：《汉传佛教经济思想发展的重要阶段——试论禅宗的农禅思想》，《国学研究》第 3 卷，北京大学出版社 1995 年版，第 617—644 页。
⑤ 王月清：《中国佛教伦理研究》，南京大学出版社 1999 年版。
⑥ 林悟殊：《从百丈清规看农禅——兼论唐宋佛教的自我供养意识》，胡素馨编：《物质文化：寺院财富与世俗供养国际学术研讨会论文集》，上海书画出版社 2003 年版，第 380—401 页。
⑦ 王永会：《中国佛教僧团发展及其管理研究》，巴蜀书社 2003 年版。

况》。① 该文通过对《唐昭成寺僧郎谷果园庄地亩幢》石刻的分析，考察了晚唐寺院经济尤其是寺院在土地兼并方面的特点及其变迁。

关于区域寺院经济的考察。随着敦煌和吐鲁番文书的大量发现整理，对于中古时期敦煌、吐鲁番地区的佛教研究取得了很大进展，且研究领域也在不断扩展和深化。佛教寺院经济作为敦煌学研究领域的重要内容，得到学界的关注，研究论述连篇累牍，且涉及面十分广泛，故其相关内容非本文所能一一历数，兹且从略。② 其中，值得提及的是两部关于敦煌佛教寺院经济研究的重要著作，一部是姜伯勤《唐五代敦煌寺户制度》，该书利用敦煌文书的材料对唐五代时期的敦煌地区寺户制度进行了深入细致的探讨，提出了许多富有创新的见解；③ 另一部是郝春文《唐后期五代宋初敦煌僧尼的社会生活》，该书通过对敦煌文书的细致梳理，考察了唐后期五代宋初敦煌地区僧尼的社会生活状况，深化了对于敦煌地区佛教僧尼社会生活的认识。④

二、整体研究

中古时期寺院经济的整体概观论述方面，陶希圣在《唐代寺院经济概说》中说："中国佛教史的研究，现在多限于教理的流派及演变。教会的历史及寺院经济史的研究，纵有也不过是初步的，后一步门更是少见。我们注意到寺院经济，于今共五六年。但我们的力量也只用到寺院的田、地、商店、人口、像设等项富力与人力的数量，和寺院与政府就于富力人力的冲突。在寺院的内部，我们曾注意到教徒的身份等级，说到寺院财产与僧财产的关系，施舍财产的人与寺院的关系，寺院财产的构成和经营方式，戒律与法律对于寺院财产与僧尼财产的规定，我们以前都是没有致力，有的还不能致意。实在地说来，这不曾致意致力的几点，正是我们了解寺院经济乃至教会组织的内容及性质最重

---

① 荆三林：《〈唐昭成寺僧郎谷果园庄地亩幢〉所表现的晚唐寺院经济情况》，《学术研究》1980年第3期。
② 关于敦煌学社会经济史方面的研究综述，可参见胡戟等主编：《二十世纪唐研究》，中国社会科学出版社2002年版。
③ 姜伯勤：《唐五代敦煌寺户制度》，中华书局1987年版。
④ 郝春文：《唐后期五代宋初敦煌僧尼的社会生活》，中国社会科学出版社1998年版。

要的几点。"① 从寺院内部财产关系入手研究寺院经济，从寺院经济入手研究佛教史，这一思路新颖别致。何兹全在《宋元寺院经济》将寺院经济的发展划分为三个时期，认为南北朝隋唐是寺院经济的发展时期；宋代寺院经济是大发展后的衰落时期，衰落中又有变化；而元代寺院经济情势恢复，但它的发展，不是唐宋寺院经济正常发展的继续，而是一个特殊的变局。② 此外，何先生在为游彪《宋代佛教寺院经济史稿》所作的序言中也指出："在中国历史上，宋代是一个新段落、新时期的开始。魏晋南北朝隋唐时代社会的突出特征是自然经济和依附关系。宋代城市经济发展、人的身份也逐渐从依附关系走向自由解放……宗教和寺院组织，都是以落后的自然经济和依附关系为基础的，元代的寺院经济又突出的发展起来。宋代的佛教寺院经济，与南北朝隋唐的寺院经济在性质上已经大不相同。南北朝隋唐的寺院经济，我们用句行话，是领主经济，是建立在从人身依附关系上的；宋代的寺院经济，是地主经济，是建立在从人身依附关系解放出来的租佃关系上的。前者是领主，后者是地主。前者有政治特权、经济特权、社会特权，后者特权逐渐缩小。"③ 张弓《中国中古时期寺院地主的非自主发展》认为寺院由于政治上和经济上存在着依附于皇权和世俗地主阶级的关系，因此寺院经济具有非自主发展的特点，魏孝文帝后期至唐玄宗时期为第一阶段，寺院逐步确立了人格化地主身份，寺院经济臻于畸形繁荣；唐肃宗至唐僖宗时期为第二阶段，寺院地主阶层由依附于皇室和世俗地主，转向依附于地方官府和乡豪地主，寺院地主经济广泛发展，具有若干自主性素质的禅林地主兴起；唐昭宗至后周世宗时期为第三阶段，寺院地主对地方官吏和乡豪地主，由依附关系转化为互相勾结、互相利用，寺院经济的运营基本纳入统一的封建经济的运动轨道。④ 张弓《汉唐佛寺文化史》一书中也有相当篇幅对寺院经济在汉唐时期的发展历程做了深入的分析讨论⑤。谢重光《汉唐佛教社会史论》对汉唐佛教寺院在政治、经济、文化和社会生活等各个方面的发展状况都做了细致的论述，应该说是是对中古佛教寺院经济作较为全面讨论

---

① 陶希圣：《唐代寺院经济概说》，《食货》第5卷第4期。
② 何兹全：《宋元寺院经济》，《世界宗教研究》1992年第2期。
③ 游彪：《宋代佛教寺院经济史稿》，河北大学出版社2003年版，第3页。
④ 张弓：《中国中古时期寺院地主的非自主发展》，《世界宗教研究》1990年第3期。
⑤ 张弓：《汉唐佛寺文化史》，中国社会科学出版社1997年版。

的一部专著。① 孙昌武《中国佛教文化史》是一部全面、细致描述中国佛教文化发展历程的著作，其中也涉及中古时期佛教寺院经济的发展问题，认为唐宋是佛教寺院经济最为发达的时期，寺院尤其是大型寺院乃是农业、手工业、商业等多种经营的综合体，寺院经济有其独具的特征，封闭而又复杂。② 于飞《汉传佛教寺院经济演变研究》对于佛教传入汉地2000余年的寺院经济发展历程进行了考索，全书主要侧重于近现代时期寺院经济的发展演变，而对古代寺院地主经济形态的论述相对简略概括。③ 其他的论述还有叶受祺《唐代寺院经济之管窥》④等。

台湾学者黄敏枝对于唐宋时期的佛教寺院经济也有着深入的研究，《唐代寺院经济的研究》⑤、《宋代佛教社会经济史论集》⑥是其这方面最主要的著作。法国著名汉学家谢和耐（Jacques Gernet）所著《中国五～十世纪的寺院经济》（Les Aspects Economique Du Boudhisme Dans La Societe Chinoise Du Ve Au Xe Siecle）⑦是一部有着较大影响的佛教寺院经济著作。该书从社会学的角度，根据汉籍文献、印度经文、敦煌文书等，分析了南北朝到唐末五代时期的寺院经济，对寺院教团、僧尼赋税、财产、土地经营、商业借贷等问题都作了深入细致的探讨，提出了许多新颖独特的见解和看法。此外，日本学者对于中古时期的佛教及其寺院经济也有着相当深入的研究，这从何兹全先生主编的《五十年来汉唐佛教寺院经济研究（1934—1984）》⑧的附录统计中可以清楚地看到。例如竺沙雅章、那波利贞、道端良秀、塚本善隆、滋野井恬、藤枝晃等著名学者都在这一领域有着出色的

---

① 谢重光：《汉唐佛教社会史论》，台湾国际文化事业有限公司1990年版。
② 孙昌武：《中国佛教文化史》，中华书局2010年版，第620—621页。
③ 于飞：《汉传佛教寺院经济演变研究》，巴蜀书社2014年版。
④ 叶受祺：《唐代寺院经济之管窥》（《现代佛教学术丛刊》第9册），大乘文化基金会出版1980年版。
⑤ 黄敏枝：《唐代寺院经济的研究》，台北台湾大学文史丛刊，1971年版。
⑥ 黄敏枝：《宋代佛教社会经济史论集》，台湾学生书局1989年版。
⑦ ［法］谢和耐著：《中国五～十世纪的寺院经济》，耿昇译，上海古籍出版社2004年版。
⑧ 何兹全主编：《五十年来汉唐佛教寺院经济研究（1934—1984）》，北京师范大学出版社1986年版。

研究成果。①

另外各种通史性以及断代的经济史、宗教史著作中,也对中古时期的寺院经济有程度不同的论述。②

如前所述,关于中古佛教寺院经济已有丰富的学术成果。但以往研究,有些乃就事论事,缺乏深度考察;有些观点还值得商榷探讨;甚至还有一些研究领域未能涉及。这些都需要我们以新的角度和方法给予新的阐释和论述。基于此,本书着眼于中古时期佛教寺院经济的变迁及其与中古社会的互动,在侧重于宏观的长时段考察的同时,也与微观的具体个案的深度研究相结合。既论述寺院经济动态的变迁趋势,也探讨变迁过程中重要事件和转折点的历史意义和影响。力求在中古寺院经济大变迁的论述中,能够突现出对其历史进程中具有重要影响的制度、事件的作用和地位。在现有研究成果的基础上,侧重对研究者注意不够的内容(如均田制"僧尼授田"、唐代诏令和文人士大夫言论、寺院水碾硙经营、佛道之争等与寺院经济变迁的论述),并对一些历史论述和观点(如"三武一宗"废佛)予以新的考察。

本书主要包括绪论、正文、结语三大部分,其中正文内容大体如下。

第一章,中古佛教寺院经济概观,就中古时期佛教寺院经济的资源配置和生产经营状况予以系统的论述。资源配置方面,主要论述了寺院经济在劳动力人口资源、土地资源及其他资财等方面的状况,并重点考察了其资源配置的主要方

---

① 兹列举数例:三岛一《唐宋时代に于ける贵族对寺院の经济的交涉に关する——考察》(《市村博士古稀纪念东洋史论集》,1933年,1159—1183页),滋野井恬《关于唐代僧到给田制度》(《大谷学报》37—4,1958年)、《唐代僧徒的税役负担》(《大谷学报》56[3] 21—32,1976年),藤枝晃《敦煌の僧尼籍》(《东方学报》第29册,1959年3月),竺沙雅章《敦煌の僧官制度》(《东方学报》第31册,1961年3月),那波利贞《中晚唐时代敦煌地方佛教寺院碾硙经营》(《东亚经济论丛》一卷三、四期,二卷二期),道端良秀:《中国佛教社会经济史の研究》,京都平乐寺书店1983年版。

② 通史性著作如白寿彝主编:《中国通史》第五卷,上海人民出版社1995年版;曹文柱主编:《中国社会通史》(秦汉魏晋南北朝卷),山西教育出版社1996年版等。经济史著作如史仲文、胡晓林主编:《中国全史》经济史卷,人民出版社1994年版;高敏:《魏晋南北朝经济史》,上海人民出版社1996年版;蒋福亚:《魏晋南北朝社会经济史》,天津古籍出版社2005年版等。宗教史、佛教史著作如任继愈主编:《中国佛教史》,中国社会科学出版社1985年版;牟钟鉴、张践:《中国宗教通史》,社会科学文献出版社2000年版;严耀中:《江南佛教史》,上海人民出版社2000年版等。

式；寺院生产经营活动，则主要涉及农业、手工业、商业、畜牧业、高利贷、医药等领域的经营状况。

第二章，制度与中古佛教寺院经济变迁，就中古时期的重要制度均田制"僧尼授田"法令、禅宗《百丈清规》和度牒制度与中古寺院经济发展变化的重要关系及其影响、意义等内容进行了考察。

第三章，世俗社会视野下的中古寺院经济图景，则从"他者"的眼光，来反观中古时期佛教寺院经济在当时社会的重要地位和影响。主要通过唐代诏令和文人士大夫的言论予以论述。

第四章，国家干预与中古佛教寺院经济变迁，就中古历史上有名的"三武一宗"废佛在寺院经济变迁历程中所产生的社会影响和历史意义给予阐述。指出经济因素在三武一宗废佛中渐趋重要的变化趋势。

第五章，中古佛教寺院经济的个案考察，以中古时期寺院的水碾硙经营和佛道之争为具体个案，探讨了寺院经济发展与中古社会的互动关系及其佛教在经济领域对于道教的强势地位。

第六章，佛教寺院与中古社会经济活动，从更广阔的领域即强调宗教社会性的层面出发，以北魏洛阳和唐长安寺院为中心，具体考察与佛教寺院经济相关的各种经济文化活动，凸现出寺院空间在中古佛教经济发展变迁中的重要地位和历史影响。

第一章　中古佛教寺院经济概观

佛教寺院经济，是中古时期重要的社会经济力量。无论在经济资源配置方面，还是在寺院生产经营方面，都对中古时代产生了重大的影响。为了解中古寺院经济的概貌，本章主要从中古佛教寺院的资源配置、寺院经济的生产经营及寺院的宗教消费等方面进行论述，考察其在中古时期的发展历程。

第一节　中古佛教寺院经济的资源配置

一、中古佛教寺院的劳动力人口资源配置

传统社会中，劳动力人口是重要的经济资源，这在魏晋南北朝时期则显得尤为明显。战乱频仍，疾疫流行，造成人口的大量迁徙流散，辗转死亡，使得北方人口锐减。因此，劳动力成为制约国家经济发展的重要因素，从而也成为国家、豪族及官僚等统治集团竞相争夺的对象。在佛教受到推崇的中古时期，寺院作为特殊的经济实体，凭借其在意识形态领域宗教信仰的背景，在劳动力资源配置中扮演了重要角色。佛教传入之后的东汉三国时期，由于寺院数量相对较少，加之关于寺院人口和土地史料的阙如，暂予不论。[①]

[①] 关于东汉三国两晋时期佛教寺院的论述，可参见颜尚文：《后汉三国两晋时代佛教寺院之分布》，《国立师范大学历史学报》1985年第13期；亦收入林富士主编：《礼俗与佛教》（邢义田、黄宽重、邓小南主编：《台湾学者中国史研究论丛》），中国大百科全书出版社2005年版，第173—215页。

1. 南北朝时期寺院的劳动力人口资源配置

早在十六国时期，佛教就受到统治者的重视。西域高僧佛图澄在后赵深受礼遇，扩大了佛教的影响，"百姓因澄故多奉佛，皆营造寺庙，相竞出家"[1]；后秦姚兴尊崇鸠摩罗什，关中佛教大盛，"沙门自远而至者五千余人。……州郡化之，事佛者十室而九矣"[2]。《广弘明集》中说："姚兴好佛法，罗什译经论，佛图遍海内，士女为僧尼者十六七，糜费公私，岁以巨万。"而凉州，"自张轨后，世信佛教。敦煌地接西域，道俗交得其旧式，村坞相属，多有塔寺"[3]。

随着佛教漫衍和佛寺兴建，国家大量度僧，使得僧尼人数激增。据太和十六年（492）诏，"四月八日、七月十五日，听大州度一百人为僧尼，中州五十人，下州二十人，以为常准，著于令"[4]。这只是国家正式法令规定的度僧数目，但在实际的执行中，由于各种因素，其实际的度僧人数肯定远远超出这一规定。史载东魏、北齐间，僧尼大众二百万，寺三万有余；到北齐末，寺院超过四万，僧尼达三百万。由此可见北朝时期佛教寺院所领有人口之众。

南朝僧尼人数也是相当巨大的。据《辩证录》及《释氏通鉴》等的记载统计，南北朝时期佛教寺院和僧尼数目如表1-1所列：

表1-1 南北朝时期佛教寺院和僧尼数目

朝　代	寺院数目	僧尼数目
东晋	1768	24000
宋	1913	36000
齐	2015	32500
梁	2846	82700
陈	1232	32000
北魏末	30000	2000000
北齐	30000	2000000
北周	10000	1000000

其中，东晋时期僧众二万四千人，刘宋时三万六千人，齐有三万二千五百人，梁达到八万二千七百人，陈也有三万二千余人。

---

[1] 《晋书》卷95《艺术传·佛图澄传》，中华书局1974年版，第2487页。
[2] 《晋书》卷117《姚兴载记》，中华书局1974年版，第2985页。
[3] 《魏书》卷114《释老志》，中华书局1974年版，第3032页。
[4] 《魏书》卷114《释老志》，中华书局1974年版，第3039页。

《南史》卷70《郭祖深传》记载说:"都下佛寺五百余所,穷极宏丽。僧尼十余万,资产丰沃。所在郡县,不可胜言。道人又有白徒,尼则皆畜养女,皆不贯人籍,天下户口几亡其半。而僧尼多非法,养女皆服罗纨,其蠹俗伤法,抑由于此。请精加检括,若无道行,四十已下,皆使还俗附农。罢白徒养女,听畜奴婢。婢唯着青布衣,僧尼皆令蔬食。如此,则法兴俗盛,国富人殷。不然,恐方来处处成寺,家家剃落,尺土一人,非复国有。"①

除了正式度僧之外,还有一部分僧尼源于躲避赋役负担的人口。在东晋末年,僧尼就已"避役钟于百里,逋逃盈于寺庙,乃至一县数千,猥成屯落"②,形成了不小的规模。南朝大明二年(458),宋孝武帝《沙汰僧徒诏》说:"佛法讹替,沙门混杂,未足扶济鸿教,而专成逋薮。"③《广弘明集》卷7记载梁朝荀济指责僧徒皆"避役奸诈之侣",且"僧出寒微规免租役,无期诣道志在贪淫"。④

北朝情形亦同,《魏书·释老志》记载说:"正光已后,天下多虞,王役尤甚,于是所在编民,相与入道。假慕沙门,实避调役,猥滥之极,自中国之有佛法,未之有也。略而计之,僧尼大众二百万矣。"

正是由于寺院僧侣规免赋役的特权,寺院成为贫民百姓逃避赋役的最好去处,"缁衣之众,参半于平俗;黄服之徒,数过于正户",以至于"国给为之不充,王用为此取乏"。⑤当然其中"搭便车"的猥滥僧也是很多的。

在寺院中,僧尼大都参与寺中的各项生产活动。例如法显,曾与寺僧一起"于田中刈稻";⑥道安也在寺中勤恳劳作,"驱役田舍,至于三年"。⑦

在僧尼之外,国家赏赐的户口也是寺院劳动力资源的重要来源。例如南朝萧齐高帝建元二年(480),曾给益州沙门玄畅之齐隆寺,"敕蠲百户,用充资给";⑧陈宣帝时,曾"割始丰县调以充众费","蠲两户民"赏赐给天台国清寺

---

① 《南史》卷70《循吏·郭祖深传》,中华书局1975年版,第1721—1722页。
② 《弘明集》卷12,《大正藏》第52册,第85页上。
③ 《宋书》卷97《蛮夷·天竺伽毗黎国传》,中华书局1974年版,第2386页。
④ 《广弘明集》卷7,《大正藏》第52册,第130页中、130页下。
⑤ 《广弘明集》卷24《问沙汰释李诏》,《大正藏》第52册,第273页下。
⑥ 《高僧传》卷3《宋江陵辛寺释法显传》,中华书局1992年版,第87页。
⑦ 《高僧传》卷5《晋长安五级寺释道安传》中华书局1992年版,第177页。
⑧ 《佛祖统纪》卷36,《大正藏》第49册,第346页下。

"用供薪水"。① 北朝，如北魏孝文帝太和十五年（491），因代京"人神猥凑，非所以祇崇至法，清敬神道"，于是将崇虚寺"移于城南桑乾之阴，岳山之阳，永置其所"，而且"给户五十，以供斋祀之用"。②

寺院僧尼人数的激增，影响了国家对劳动力人口的控制役使，尤其是北方地广人稀的经济环境，使得对于劳动力资源的争夺日趋激烈。发生在北朝的两次灭佛事件都是与此因素有着程度不同的关联。

在寺院僧侣中，居多的是下层僧侣及依附与寺院从事各种劳作的"寺户"。按《魏书·释老志》记载："和平初（460），师贤卒。昙曜代之，更名沙门统……帝后奉以师礼。昙曜白帝，于京城西武州塞凿山石壁，开窟五所，镌建佛像各一，高者七十尺，次六十尺，雕饰奇伟，冠于一世。昙曜奏：平齐户及诸民，有能岁输谷六十斛入僧曹者，即为'僧祇户'，粟为'僧祇粟'，至于俭岁，赈给饥民。又请民犯重罪及官奴以为'佛图户'，以供诸寺洒扫，岁兼营田输粟。高宗并许之。于是僧祇户粟及寺户，遍于州镇矣。"

《魏书·释老志》还记载："又尚书令高肇奏言：'谨案：故沙门统昙曜，昔于承明元年，奏凉州军户赵苟子等二百家为僧祇户，立课积粟，拟济饥年，不限道俗，皆以拯施。又依内律，僧祇户不得别属一寺。而都维那僧暹、僧频等，进违成旨，退乖内法，肆意任情，奏求逼召，致使吁嗟之怨，盈于行道，弃子伤生，自缢溺死，五十余人。岂是仰赞圣明慈育之意，深失陛下归依之心。遂令此等，行号巷哭，叫诉无所，至乃白羽贯耳，列讼宫阙。悠悠之人，尚为哀痛，况慈悲之士，而可安之。请听苟子等还乡课输，俭乏之年，周给贫寡，若有不虞，以拟边捍。其暹等违旨背律，谬奏之愆，请付昭玄，依僧律推处。'诏曰：'暹等特可原之，余如奏。'"

从北魏关于寺户制度的规定来看，僧祇户耕种国家所授予的土地，佛图户则耕种属于寺院的土地；僧祇户缴纳定额的租税，而佛图户主要是以营田劳动来代替输粟。尽管其有着不同的来源和受剥削的方式，但僧祇户和佛图户仍是北朝主要的两种寺户形式。即使不论"僧祇户""佛图户"的身份性质如何，就其本身作为劳动力资源这一点而言，他们已经是当时寺院经济重要的财富来源，耕田舂米，挑水种菜，供寺院驱使。

---

① 《续高僧传》卷17《隋国师智者天台山国清寺释智颢传》，中华书局2014年版，第627页。
② 《魏书》卷114《释老志》，中华书局1974年版，第3055页。

在南朝，郭祖深所言之"白徒""养女"，也是寺院中重要的劳动人口。虽然其身份不够明朗，但大体上仍可属于寺院寺户的一种形态。①

因此，从劳动人口资源的角度看，在南北朝人力资源相对稀却的状况下，寺院经济却占有如此数量庞大的人力资本，并由道人统（后为沙门统）、都维那等机构管理寺院僧尼，足以说明其经济实力的雄厚，对整个国家经济有着重要影响。

2. 隋唐时期寺院的劳动力人口资源配置

隋唐时期，佛教继续发展，寺院僧尼亦随之增长。隋开皇十二年，建妙显寺时，将"寺侧五十户民"并充寺院，以供洒扫。②唐代度僧不息，例如唐高宗为天宫寺一次度僧二十人；③营建大慈恩寺时，"度三百僧，别请五十大德"，同奉神居，降临行道。④武则天时期，佛教大盛，度僧更是众多。据《旧唐书》载："载初元年（689），……有沙门十人伪撰《大云经》，表上之，盛言神皇受命之事。制颁于天下，令诸州各置大云寺，总度僧千人。"唐肃宗改元至德，每寺度人，以蕃王室⑤；唐宣宗曾为万寿寺一次度僧一百二十人，且免差入寺，祝延圣寿⑥。

除了皇家度僧外，官僚贵族也经常请求奏度僧尼。特别中宗时，公主外戚，多有上奏，请度僧尼。⑦而私度之风更是如火如荼。

据《唐六典》卷4《祠部郎中员外郎》记载："凡天下寺，总五千三百五十八所，三千二百四十五所僧，二千一百一十三所尼。"开元时代的寺院数目已很庞大，远远超出道观一千六百八十七所。可想而知，寺院僧尼数量亦相当众多。

敦煌斯.529背《失名行记》文书就记载了唐末五代时期庐州、舒州、蕲州、黄州、鄂州、洪州、江州，以及庐山、峨眉山、罗、浮二山、终南山、中岳山、

---

① 关于南北朝寺户的论述，主要参考高敏主编：《魏晋南北朝经济史》（上册），上海人民出版社1996年版，第442—447页。
② 《全隋文》卷28《宣州稽亭山妙显寺碑铭》，《全上古三代秦汉三国六朝文》，中华书局1985年版，第4187页。
③ 《旧唐书》卷4《高宗纪》，中华书局1975年版，第82页。
④ 《全唐文》卷11，中华书局1983年版，第135页。
⑤ 《润州福兴寺碑并序》，[清]陆增祥撰：《八琼室金石补正》，文物出版社1985年版，第429页。
⑥ 《金石萃编》卷118《唐万寿寺记》，中国书店1985年版。
⑦ 《旧唐书》卷183《李蔚传》，中华书局1975年版，第4625页；《新唐书》卷124《姚崇传》，中华书局1975年版，第4381页。

华山等地佛教寺院僧尼的分布和数量：

……至扬州，见管廿八州……东西十桥，南北六桥。凡一桥上，并是市井，林园地宅连翼甍，战栿楼船窥罨渚。

西行七百[里]，至庐州，其城周围卅里，僧尼千余人……

从此南行二百里，至冶父山云中卯斋禅院，僧余人。置寺以来，一食卯斋。房廊屋宇，三百余间，僧徒云毕（集）。西南[行]二百余里，[至]投子山，一千僧众，今由（犹）见在。

西南[行]二百里，至舒州，城周五里余，僧尼三百余人……

西行六十里，[至]蕲州，城周五里，僧一百余人。

西行二百里，至黄州，城周七、八里，寺院十余[所]，僧尼三百人。

西行二[百]里，至号（鄂）州，城周卅里。住上江口，商旅骈填，水陆居人三万余户，寺院卅余所，僧尼二千余人。

从此东南[行]一千二百里，至洪州，城周五十里。临大岸，水陆居人十万余户，寺院一百卅所，僧尼五千人，禅从（律）并行。

……

第一洞山，广福寺庐山，在江州西六十里，其山周围三百余里，寺院大小一百所，僧尼道众二千余人，即是远法师修行之地。大师，雁门人也。戒行精舍，鬼神造寺，晋王赐辇，至人（今）存。

……

峨眉山在嵋州，其山周围五百里，寺院五十余所，僧尼一千余人。高才硕学，好客尚宾，性若莲波，若郎（朗）月之明，类……每年三月十五日大会，僧凫盈千。时遍山惚如银色，即普贤菩萨所居处也，号曰白银世界。

罗、浮二山，在新州，周围五百余[里]，寺十余所，僧尼百余人。青峰万仞，翠岭千寻。寺枕海涡，内多圣迹。育王林塔，卧佛（？）天观（？），真谛过（？）迹，说符禅庵沙山，居然目睹（睹）。其罗、浮二山，相去三二里，上有石长百余步，委蛇守护，非圣不参。道俗巡逡求观，悯然下泪。

……

终南山，至西京南七十里，东西三百余[里]。梵宫僧（？）寺，接翼连甍，庙塔殊数……

> 中岳山，在东京东南一百五十里，其山周围三百里，僧寺六所，道观六所，僧道三百余人。禅律同居，威仪萧（肃）穆。山多圣迹，林木扶（浮）疏，实道栖息之所，乃释子修行之地。
>
> ……
>
> 西岳华山，在华州，周围三百里，寺观十余所，僧道一百余人，屹然三峰。（下缺）①

由此可见，寺院分布之广，僧尼数量之众。从唐武宗会昌废佛诏令，也表明唐代中晚期佛教的发展和寺院人口的扩张。

另外，在中古唐代，寺户依然存在，而且寺院中仍然在役使奴婢，这在敦煌及吐鲁番的出土文书中有着大量的反映。② 关于寺户问题的讨论，学术界已有大量的研究成果，兹不赘述。③

二、中古佛教寺院的土地资源配置

土地是农业社会中最重要的生产资料，是传统经济形态所依赖的基本物质条件。除去建寺造庙所需空间之外，寺院还拥有大量的土地田产，并以此作为发展寺院经济的基本载体。可以说，土地资源的配置，在中古时期佛教寺院经济发展过程中具有重要意义。

（一）南北朝时期寺院的土地资源配置

1. 北朝寺院的土地资源配置

随着佛教汹涌而来的气势，寺院经济也在南北朝时期逐渐发展起来。就北朝而言，其土地资源的配置方式是多样的，主要有以下途径。

（1）国家建寺赏赐

北朝统治集团，尊奉佛教，大兴佛寺。北魏拓跋珪复国之初，即下诏倡佛，

---

① 郝春文编著：《英藏敦煌社会历史文献释录》第3卷，社会科学文献出版社2003年版，第51—58页。
② 例如《唐西州高昌县弘宝寺僧及奴婢名籍》，《吐鲁番出土文书》第4册，文物出版社1983年版，第48—51页。
③ 关于寺户问题尤其是敦煌寺户的考察，姜伯勤有着系统深入的研究，参见姜伯勤：《唐五代敦煌寺户制度》，中华书局1987年版。

"其敕有司于京城建饰容范，修整宫舍，令信向之徒，有所居止"。其后，拓跋嗣又于"京邑四方，建立图像，仍令沙门敷导民俗"①。孝文帝为给文明太后立报德佛寺，曾"罢鹰师曹"，以其地建造灵塔。②杨衒之《洛阳伽蓝记》对北魏国家建寺有着详细的记载，如著名的永宁寺、瑶光寺、秦太上君寺、景明寺、永明寺等都是皇家所立。

因此，随着寺院的不断营造，其田产也日趋扩张。有碑帖记载北魏一座寺院庄园的四至："……太和十八年，本寺案修大会，感甘露降，厥后帝迁洛阳。至十九年，特赐寺庄，为夜饭庄子，东至大河北夜叉岭下，小河水心，大河南至大横岭；东至龙港寨；南至武遂沟，掌石州分水岭；西至大河南松岭，西吴小沟子，大河北五十岭分水；北至左掩沟堂东海眼，西海眼为界。"③可见此寺田产之广。

西魏文帝在京师立大中兴寺，"又于昆池之南置中兴寺庄，池之内外，稻田百顷，并以给之，梨枣杂果，望若云合"④。

北齐王朝，也是立寺众多。《历代三宝记》记载："高齐六君，二十八年，皇家立寺四十三所。"《北齐书》卷8《后主纪》记载："凿晋阳西山为大佛像，一夜然油万盆，光照宫内。又为胡昭仪起大慈寺，未成，改为穆皇后大宝林寺，穷极工巧，运石填泉，劳费亿计，人牛死者不可胜纪。"⑤

可以说，北朝统治者营建佛寺，为僧尼提供了满足基本生活需要和从事宗教活动、经济活动的场所。借助国家"崇重佛法，造制穷极"的风潮，北朝寺院获得了数量庞大的田产，"凡厥良沃，悉为僧有，倾竭府藏，充佛福田"⑥。

（2）官僚贵族营建与捐施

北朝时期，官僚贵族佞佛者众多，且亲自参与修造佛寺。《北史》记载宣武帝时，城阳王长寿之子鸾为定州刺史，"爱乐佛道，缮起佛寺，劝率百姓，大为

---

① 《魏书》卷114《释老志》，中华书局1974年版，第3030页。
② 《魏书》卷13《文成文明皇后冯氏传》，中华书局1974年版，第328页。
③ 转引自曾庸：《北魏的佛教寺院经济》，《新史学通讯》1955年第4期。
④ ［唐］道宣撰，郭绍林点校：《续高僧传》卷24《西魏京师大僧统中兴寺道臻传》，中华书局2014年版，第902页。
⑤ 《北齐书》卷8《后主纪》，中华书局1972年版，第113页。
⑥ 《广弘明集》卷7《辩惑篇》，《大正藏》第52册，第131页下。

土木之劳"，以至于"公私费扰，颇为人患"①。

官僚建寺者，如羊烈，"家传素业，闺门修饰，为世所称，一门女不再醮。魏太和中，于兖州造一尼寺，女寡居无子者并出家为尼，咸存戒行"②；北齐高隆之，也曾"广费人工，大营寺塔"③；奚康生久为将，多所杀戮，后"信向佛道，每舍居宅立寺塔，凡历四州，皆有建置"④；陆法和也曾于百里洲造寿王寺⑤。

除了营建佛寺之外，官僚贵族还直接给寺院捐施土地。例如著名的中兴寺，就曾得到了多达两百八十四亩土地的捐施。西魏大统三年（537）《造中兴寺石像》碑文清楚地记载了当时的施田情况：

> 将军殿中将军北襄州别驾从事史张起字兴，众僧……檀越主施田廿五亩……将军殿中将军邯郸县□□舍洛得仕养檀越主施田卌亩。镇西将军荆州主簿□□□阳二县令，南阳□□张成字绍兴息伏宝□六拾檀越主施寺田五十亩，讨寇将军奉朝请宋清奴檀越主施宅田一亩，白田六亩，乡邑主宗上字元先仕养□施田、檀越主施方井宅田十亩，广武将军平州主簿□宋凤檀越主方井宅田十亩，平南将军□□太守□州别驾宗凤起檀越主施寺田白田廿亩，襄威将军奉朝请□阳县令宗方进檀越主施寺田白田廿亩，襄威将军奉朝请宗天荣檀越主施白田廿亩，南阳郡功曹宗显祖大檀越主施白田卅亩、园宅田十亩，□□镇远府功曹参军宗思宾檀越主施寺并宅田廿亩，襄威将军奉朝请南阳郡功曹宗璘凤檀越主施寺麻田十二亩。⑥

在高昌地区，贵族官僚给寺院的施舍也很丰富。例如《麹斌造寺碑》背面附刻了麹斌生前施产建造佛寺所订立的一件契约，其中就包括有施给寺院的田产和房产。此契约订立于麹朝第六代王麹宝茂建昌元年（556），主要施产有："寺□□卌亩泽，东诣道，南枕谷。次寺北泽，北与潘守智独塔、周耀真菜园共限，

---

① 《北史》卷18《城阳王长寿传附子鸾传》，中华书局1974年版，第673页。
② 《北齐书》卷43《羊烈传》，中华书局1972年版，第576页。
③ 《北齐书》卷18《高隆之传》，中华书局1972年版，第236页。
④ 《北史》卷73《奚康生传》，中华书局1974年版，第1633页。
⑤ 《北齐书》卷32《陆法和传》，中华书局1972年版，第430页。
⑥ 转引自任继愈主编：《中国佛教史》（第三卷），中国社会科学出版社1988年版，第92—93页。

东与镇家菜园子、得师菜园同□，□下园田，悉用漫水溉。次寺下潢田，北诣张寺田，东诣坑，西诣□。次秦城泽中潢，东诣巳忠玄，受镇家□□□渠，南诣磲中道，西诣秦城泽，北诣苟居潢、□忠部田。次平上□□□，北诣道，西诣卜家潢。三亭潢□□□，北诣渠，西诣侯干□田，南诣曹武安潢子，东诣平上潢田。次□家潢中一分。次城中里舍一区，南诣□，□诣孙寺，东诣城壁，南诣辛众祐舍。有（右）上所条，悉用奉施，永充斋供。"①

除此而外，北朝还有普通民众施地建寺的。例如陕州弘农郡之五张寺，就是张氏家族"兄弟同居，共舍为寺"而建起的。②

（3）寺院购买

寺院也通过购买的方式，来扩充田产。北魏神龟几年（581），任城王元澄在上疏建议中提及说："……都城之中，虽有标榜，营造粗功，事可改立者，请依先制。在于郭外，任择所便。其地若买得，券证分明者，听其转之。若官地盗作，即令还官……若僧不满五十者，共相通容，小就大寺，必令充限。其地卖远，一如上式。"③ 说明寺院确有购买土地的经济行为。这也为考古发现的史料所确证。据新发现的《石窟寺本末》手写本记载，现今巩县石窟寺所在地，在北魏孝文帝前，就有卧龙寺、普净寺和莲花寺，而且"买官田二十顷"；孝文帝重修三寺时，"买寺田二十顷"。④

可见，土地买卖在佛教寺院与世俗社会之间的确存在。当然，在北朝时期，土地买卖是否频繁进行，其数量究竟有多少，限于资料已不可而知。就以上记载来看，寺院土地买卖大多是无序的，且往往和世俗王权相关联，其强买强占的意味更为浓厚。

（4）寺院强占

《释老志》说，北魏自迁都以来，"年逾二纪，寺夺民田，三分居一"，到世宗时，山林僧尼，"或翻改券契，侵蠹贫下，莫知纪极"，以至于"今之僧寺，无处不有"，"或三五少僧，共为一寺"，"非但京邑如此，天下州、镇僧寺亦然"。这些都表明，寺院通过强占的手段，侵夺民田，扩大田产。

---

① 参见马雍：《麹斌造寺碑所反映的高昌土地问题》，《文物》1976年第12期。
② 《文苑英华》卷850《陕州弘农郡五张寺经藏碑》，中华书局1966年版，第4489页。
③ 《魏书》卷114《释老志》，中华书局1974年版，第3047页。
④ 转引自高敏：《清〈石窟寺本末〉手写本的史料价值试探》，《中原文物》1988年第1期。

2. 南朝寺院的土地资源配置

较之于北朝，南朝佛教发展之势亦不逊色，寺院经济也得到了快速发展。南朝寺院土地资源的配置方式主要有：

（1）国家建寺赏赐

据清人陈作霖编《南朝佛寺志》所统计的225座寺院中，皇帝立者三十三，后妃公主十七，官僚三十，僧侣捐造十六，商人一，百姓建造一，官府强迫百姓集资修建一。[①]可见皇室仍是最主要的立寺者。刘宋世祖殷贵妃薨，为之立新安寺[②]；梁武帝是南朝著名的佞佛皇帝，其为造大爱敬寺，甚至强行将东晋丞相王导的赐田转给寺院。《梁书》记载此事曰："时高祖于钟山造大爱敬寺，骞旧墅在寺侧，有良田八十余顷，即晋丞相王导赐田也。高祖遣主书宣旨就骞求市，欲以施寺。骞答旨云：'此田不卖。若是敕取，所不敢言。'酬对又脱略。高祖怒，遂付市评田价，以直逼还之。"[③]

梁武帝天监年中，启庄严寺园，其园"接连南涧，因构起重房，若鳞相及，飞阁穹窿，高笼云雾。通碧池以养鱼莲，构青山以栖羽族。列植竹果，四面成荫。木禽石兽，交横出入。"[④]非一般寺院可媲美。

梁武帝大同年间，为扩建阿育王寺，又"出旧塔舍利，敕市寺侧数百家宅地，以广寺域，造诸堂殿并瑞像周回阁等，穷于轮奂焉"[⑤]。

（2）官僚贵族建寺

南朝官僚贵族建寺也是由来已久。据《南史》卷30《何尚之传》记载："何氏自晋司空充、宋司空尚之奉佛法，并建立塔寺，至敬容又舍宅东为伽蓝，趋权者因助财造构，敬容并不拒，故寺堂宇颇为宏丽。时轻薄者因呼为'众造寺'。及敬容免职出宅，止有常用器物及囊衣而已，竟无余财货，时亦以此称之……敬容特为从兄胤所亲爱，胤在若邪山尝疾笃，有书云：'田畴馆宇悉奉众僧，书经并归从弟敬容。'其见知如此。"[⑥]

---

① 转引自金家瑞：《南朝的寺院和僧侣》，《历史教学》1953年第7期；此据何兹全主编：《五十年来汉唐佛教寺院经济研究》，北京师范大学出版社1986年版，第100—101页。
② 《宋书》卷97《夷蛮传》，中华书局1974年版，第2387页。
③ 《梁书》卷7《皇后传·太宗王皇后传附父骞传》，中华书局1973年版，第159页。
④ 《续高僧传》卷6《梁大僧正南涧寺沙门释慧超传》，中华书局2014年版，第180页。
⑤ 《梁书》卷54《海南诸国传·扶南国传》，中华书局1973年版，第793页。
⑥ 《南史》卷30《何尚之传》，中华书局1975年版，第799页。

《宋书》记载说萧惠开"丁父艰,居丧有孝性,家素事佛,凡为父起四寺,南岸南冈下,名曰禅冈寺,曲阿旧乡宅,名曰禅乡寺,京口墓亭,名曰禅亭寺,所封封阳县,名曰禅封寺。谓国僚曰:'封秩盖鲜,而兄弟甚多,若使全关一人,则在我所让。若使人人等分,又事可悲耻。寺众既立,自宜悉供僧众。'由此国秩不复下均。服除,除司徒左长史。"①

梁代贺革,"性至孝,常恨贪禄代耕,不及养。在荆州历为郡县,所得俸秩,不及妻孥,专拟还乡造寺,以申感思"②。

梁代张孝秀去职后,归山居于东林寺,"有田数十顷,部曲数百人,率以力田,尽供山众,远近归慕,赴之如市"③。

（3）民众施田立寺

普通民众也经常施田立寺。《梁京寺记》就记载了邵文立买地立伽蓝的故事:"梁小庄严寺,在建业定阴里,本是晋零陵王庙地,天监六年,度禅师起造。时有邵文立者,世以烹屠为业,尝欲杀一鹿,鹿跪而流泪,以为不祥,鹿怀一鹿,寻当产育,就庖哀切,同被剖割。因斯患疾,眉须皆落,身疮并坏。后乃深起悔责,求道度禅师,发大誓愿,罄舍家资,回买此地,为立伽兰。"④

（4）寺院强占

除了社会各阶层的建寺赏赐和捐助、施舍外,南朝寺院也经常越界侵夺,扩占地产。梁武帝曾在诏令中指出:"又复公私传、屯、邸、冶,爰至僧尼,当其地界,止应依限守视。乃至广加封固,越界分断水陆采捕及以樵苏,遂致细民措手无所。凡自今有越界禁断者,禁断之身,皆以军法从事。若是公家创内,止不得辄自立屯,与公竞作以收私利。"⑤可知南朝寺院亦通过强占手段扩大对土地资源的占有。

关于南朝寺院购买土地的事迹,史载并不多见。刘义庆《世说新语·排调》中曾有这样的记载:"支道林因人就深公买岇山,深公答曰:'未闻巢、由买山而

---

① 《宋书》卷87《萧惠开传》,中华书局1974年版,第2200页。
② 《梁书》卷48《儒林传·贺玚传附子革传》,中华书局1973年版,第673页。
③ 《梁书》卷51《处士传·张孝秀传》,中华书局1973年版,第752页。
④ 《太平广记》卷131引《梁京寺记》"邵文立",中华书局1961年版,第932页。
⑤ 《梁书》卷3《武帝纪下》,中华书局1973年版,第86页。

隐。'"① 说明这种方式也是存在的。

（二）隋唐时期寺院的土地资源配置

隋唐时期是佛教兴盛的时代，寺院经济急遽膨胀，实力大增。这一时期，佛教寺院经济在土地资源配置方面，也具有新的特点，其主要方式有：

（1）国家建寺赏赐

隋建国后，即大兴佛教，"周朝废寺，咸于修营；境内之人，任听出家，仍令户口出钱，建立经像"②。《修老子庙碑》记载隋王朝兴佛建寺的情况说：

……我大隋膺千龄之会，施五运□□□□道先天协命，皇帝统历垂元，钦明御宇，乘金轮以治世，悬玉镜而照□，声逸万古，泽被遐外，好生恶煞，泣辜解纲。轻兹小道，慕彼大乘。欲归一谛，会由三宝，乃诏州县各立僧居二寺，袭□轨之将颓，继金言之暂缺。□使君建安公，衣冠水镜，缙绅模楷，入朝见美，出牧称贤，含柔履顺，率由成则，德沃异部，声播殊方。念法界以归众，弘慈善以训物，申命勤至，不舍斯须。县令两河宋景，辅国将军内散复州别驾长史宜□竟陵二郡□□□都督，允文允武，所在称奇，制锦一同，弦歌千室。志怀清慎，恒若履冰，能官之美，今古独绝，深悟非常，情存释典，□□之暇，无忘福田。丞大梁齐相、尉博陵张服、河间张刬，并以明哲，来赞专诚，清勤自处，誉宣邻宜，俱申回向之心，共忻真净之路，心意精实，不行自远。遂仰依明敕，府疠宿诚，乃于形胜之所，崇构尼寺。县官七职，爰及乡正之徒，感斯福德，忻然营助。寺主□辩等，觉法绁上坐智最缓称等成□戒操端严音仪匪忒，烦恼已弃，业行聿修，相与经始，与□而就。其势极弘丽，地惟爽垲，房庑深重，长廊交映，连甍云合，比屋霞舒，宝铎迎风，雕梁照日。至于庄严□□饰尽丹青，相好非常，光□时绝……③

---

① [南朝宋]刘义庆撰，徐震锷校笺：《世说新语校笺》卷下，中华书局1984年版，第430页。
② 《佛祖统纪》卷39，《大正藏》第49册，第359页中。
③ 陈垣编纂，陈智超、曾庆英校补：《道家金石略》，文物出版社1988年版，第43—44页。此碑虽名为《修老子庙碑》，但实际内容为佛教情况。

寺院建筑华丽，规模宏大，且"州县各立僧居二寺"，可见隋王朝对于佛教的尊崇。

再如玉泉寺，得到了隋王朝的敕建，获资无数。据《玉泉山寺志》卷上载："玉泉寺，隋开皇初诏为智者禅师建，时帝外子太尉公晋王广总管扬州，自光宅寺迎师于大厅，事设千僧，供受菩萨戒，师名晋王为总持，王上师号称智者。既克金陵，师西上至玉泉，广奏请起寺，人竞施舍，雕檐编栱，规制甚丽。师雅好山水，建寺三十六所，造像八十万躯，尝曰：栖霞灵岩玉泉国清，乃天下四绝。云按智颛自天台归荆州登南纪山，望沮漳山色堆蓝紫云如盖，遂策杖孤征，欲卜青豁建道场，嫌地隘，步至金龙池，有大乔木婆娑，偃盖如荠之状。师跌坐入定见一人，前致敬，……见湫潭千丈化为平址，栋宇幻丽，巧夺人目，关公即受五戒，膜拜称弟子，事出神异，奏上，隋主敕赐玉泉寺额。"建寺的同时，玉泉寺还获赐了相当数目的水陆田土，作为寺院的常住祖业。开皇十二年，宣州刺史监造妙显寺时，朝廷曾"敕赐水田二顷五十亩"，以充永业。①

唐代尊崇佛教，大兴佛寺。寺院建筑，气势恢宏，豪丽奢华，寺院田产亦相当丰厚。例如武周时，"太平公主、武三思、悖逆庶人，恣情奢纵，造冈极寺、太平观、香山寺、昭成寺，逆使农功虚费，府库空竭矣"②。再如普救寺，"其寺在蒲坂之阳，高爽华博，东临州里，南望河山，像设三层，岩廊四合，上坊下院，赫奕相临，园砠田蔬，周环俯就"③；清禅寺，水陆庄田，园圃周绕，史称"京师殷有，无过此寺"④。

唐王朝给予国家大寺有专门的供养，例如长安西明、慈恩等，除口分地外，另有敕赐田庄。唐初给少林寺的赐地为四十顷；高宗一次赐给西明寺田园百顷。大象寺，管地总达五十三顷五十六亩三角，包括荒熟及柴浪等地。⑤万寿寺扩建时，唐宣宗曾"亲幸赐额，命官造理殿宇廊庑、方丈山门，共一百九十七间，左

---

① 《全隋文》卷28《宣州稽亭山妙显寺碑铭》，《全上古三代秦汉三国六朝文》，中华书局1985年版，第4187页。
② [唐]杜佑著，王文锦等点校：《通典》卷7《食货·历代盛衰户口》，中华书局1988年版，第149页。
③ 《续高僧传》卷30《唐蒲州普救寺释道积传》，中华书局2014年版，第1218页。
④ 《续高僧传》卷30《唐京师清禅寺释慧胄传》，中华书局2014年版，第1224页。
⑤ 《金石萃编》卷113《重修大象寺记》，中国书店1985年版。

右院林二所,香地二顷六十余亩"①。

大历十三年《大唐圣朝无忧王寺大圣真身宝塔碑铭并序》记载了其寺的创建、发展和变迁历程,也展现了唐王朝对佛教的捐助施舍情形:

……昔者汉魏初创,齐梁鼎峙,遭时毁歇,晦迹丘墟,营襄□□不□□□无□祯祥异气,往往间出,故风俗谓之圣冢。空传西域之草,独享中人之荐。厥有太白二三沙门,摄心住持,得□清静。其始远也,望而□之;其少近也,□而信之。周流一方,磅礴□里,□□色,□□瑞光,通霄更雄,达曙不散者久之矣。咸清奉以身命,碎于微尘。精诚克孚,指掌斯获。验其铭曰:"育王所建"因以铭焉。大魏二年歧州牧小冢宰拓跋育,以为□□□古名同于今,□削旧规,创新意,广以台殿,高其闬闳。度僧以资之,刻名以纪之。隋开皇中改为诚实道场;仁寿末右内史李敏复修之,赓其铭矣。炀皇帝嗣位,省天下伽蓝,□□□烧,禅□□□,废其寺,逐其僧,以州□宝□而配焉。我圣唐太宗文武皇帝,凤鸣中天,龙跃北朔,吊薛举以问罪,次沘川而镐师。钦承灵踪,宿布虔恳,一戎遂定,载路□□。武德八年改名法门寺。京城八十四大德□□沙弥□□□□旧大德以辅□,赞有功也。僧徒济济,盈百其众。梵宇瑊瑊,数千其多。贞观五年二月十五日,岳伯张德亮曰:觌神光,咸及物□。上章奏,精感动天。有敕以望云寝殿□旋焉。古所谓三十年一开,则岁谷稔而兵戈息。自□至显庆五年,盖三十霜矣。八部瞻仰,再祈开发。即以其年二月八□□□□□□□□奉迎护舍利。观其氤氲玉润,皎洁冰净,灵不可掩,坚不可磨。寸余法身,等虚空而无尽;一分功德,比恒沙而莫量,示不思议之致也。二圣亲造九重宝函,衬以兜□□□□□□绢绢□□五百四,□□□复益令增修。有禅师惠恭、意方等,遵睿旨,购宏材,征窦县之工,写蓬壶之妙。咨□匠而葳制,献全摹以运斤。不日不月,载营载葺,且叙瞰□谷,左隈□□□□襟带八川,□□山之□□□隐□□。面太白群峰,阳乌矫其翅。由是危槛对植,曲房分起,枅栌叠拱,枕坤轴以盘郁;梁栋攒罗,拓乾冈而抱斗。适将□会□□□□宗师,□□佛之记。域中

---

① 《金石萃编》卷118《唐万寿寺记》,中国书店1985年版。

之恋□，最上之因，岂□□乃瑰琦蕃□丰。丽穷崇岳，立枚一柱以戴天，蜿蜒霞舒，揭万楹而捧日。□□□则天圣后长安四年，敕大周□□□法藏鸾台□□□□□公晤同往开之。□□作□七日行道，踽踽荷担于东都明堂，而陈其供焉。万乘焚香，千官拜庆。云五色而张盖，近结城楼；日重光以建轮，远浮郊树。□□□□□□□□□□敕口岐阳施绢三千匹。景龙四年二月十一日中宗孝和皇帝旌为圣朝无忧王寺，题舍利塔为大圣真身宝塔。度僧四十九□□□□□□□□□一□□镇□□□□□□变化□□之谓圣，阴阳不测之谓神……①

此寺获得了历代朝廷的重视，北魏时，扩建殿宇，度僧资助；隋朝复修之，后遭破坏；唐代其寺获得空前发展，捐施财物，扩充营饰，成为著名的佛教中心。可见，正是通过官方多次修葺营建，度僧侣，赐财物，和举行重大佛教的仪式，才使得法门寺逐渐显示了其非同一般的佛教圣地的气度。因此，对于佛教寺院而言，国家官方的态度和行为有着极为重要的意义。

（2）官僚贵族建寺捐施

隋唐时期，王公、贵族、官僚建寺者数不胜数，尤其在京师长安，寺院多为其所立。例如崇贤坊海觉寺，乃隋淮南公元伟在开皇四年舍宅为沙门法聪所立②；延康坊法静寺，是隋左武候大将军、陈国公窦抗在开皇十年所立；布政坊镇国大波若寺，原是蒋王恽园地，景龙三年立为寺；道政坊宝应寺，据史载本王缙宅舍，"缙为相，溺于释教，妻李氏实妾也，大历四年以疾请舍宅为寺。代宗嘉之，赐以题号。每有节度使至，辄讽令出钱助之"③。唐代侯希逸，"尤崇奉释教，且好畋游，兴功创寺宇"，以至于"军州苦之"④。

---

① 韩金科主编：《法门寺文化研究》（文史资料汇编卷），陕西省法门寺博物馆1993年版，第9—10页。
② 隋与唐初的亲王与地方僧团有着积极的互动关系，对地方佛教的发展有着重要影响。例如隋蜀王秀在益州建法聚寺；唐蒋王恽在襄州"躬临礼拜，烧香供养"，僧传称"蒋王临襄，佛法昌显"。详论参见孙英刚：《隋及唐初的亲王与地方僧团之关系》，复旦大学文史研究院编：《佛教史研究的方法与前景》，中华书局2013年版，第188—200页。
③ 《唐两京城坊考》卷4，中华书局1985年版，第110、109、105页；卷3，中华书局1985年版，第84页。
④ 《旧唐书》卷124《侯希逸传》，中华书局1975年版，第3534页。

唐代宦官建寺者甚多。《旧唐书·宦官列传》载"（高）力士资产殷厚，非王侯能拟，于来庭坊造宝寿佛寺"①；大历二年，"（鱼）朝恩献通化门外赐庄为寺，以资章敬太后冥福，仍请以章敬为名，复加兴造，穷极壮丽"②。孙常楷也曾"特上封章，请割衣食之费，于泾阳县卜爽垲之地，建立伽蓝，上报皇慈覆焘之恩，次展天属枯恃之功。优诏嘉许，锡名曰宝应，众善计费维亿"③。

部分寺院得到从上至下各个阶层的垂青与重视。如香山寺，乃武则天为纪念三藏法师地婆诃罗而建，"施绢千匹，以充殡礼"；"门人修理灵龛，加饰重阁，因起精庐其侧，洒扫供养焉。后因梁王所奏，请置伽蓝，敕内注名为香山寺。危楼切汉，飞阁凌云，石像七龛，浮图八角"。④从此，香山寺成为帝王贵族和文人学士们的游览避暑胜地。其后，白居易又曾将为好友元稹撰写墓志款六七十万钱全部捐出修缮香山寺，并作《修香山寺记》："洛都四郊，山水之胜，龙门首焉。龙门十寺，观游之胜，香山首焉。香山之坏久矣。楼亭骞崩，佛寺暴露……去年秋，微之将薨，以墓志文见托。既而元氏之老，状其藏获舆马、绫帛洎银鞍玉带之物，价当六七十万，为谢文之赘……回施兹寺。因请悲智僧清闲主张之，命谨干将士复掌治之。始自寺前亭一所，登寺桥一所，连桥廊七间，次至石楼一所，连楼一所，廊六间，次东佛龛大屋十一间，次南宾院堂一所，大小屋共七间。凡支坏补缺，垒隤覆漏，圬墁之功必精，赭垩之饰必良；虽一日必葺，越三月而就。譬如长者坏宅，郁为导师化城。于是龛像无燥湿陊泐之危，寺僧有经行宴坐之安；游者得息肩，观者得寓目。关塞之气色，龙潭之景象，香山之泉石，石楼之风月，与往来者耳目一时而新。"⑤由此奠定了香山寺在唐代众多寺院中独具特色的一道风景。

（3）民众建寺捐施

隋唐商贾、民众建寺也很普遍。如长安崇贤坊之法明尼寺，就是富商王道宾在开皇八年舍宅所立。⑥

敦煌地区尊奉佛教者甚众。他们"千金贸工，百堵兴役。奋鎚声壑，褐石

---

① 《旧唐书》卷184《高力士传》，中华书局1975年版，第4758页。
② 《旧唐书》卷184《鱼朝恩传》，中华书局1975年版，第4764页。
③ 《全唐文》卷429《内侍省内常侍孙常楷神道碑》，中华书局1983年版，第4373页。
④ 《华严经传记》卷1，《大正新修大藏经》51册，第154页下—155页上。
⑤ 顾学颉校点：《白居易集》卷68，中华书局1979年版，第1441—1442页。
⑥ 《唐两京城坊考》卷4，中华书局1985年版，第110页。

耶山"[1]，或是开窟建塔，或是开地营寺。例如 S.4474 号文书《张安三父子敬造佛堂功德记》记载信士张安三施财建寺的情况："……割舍资财，谨依敦煌里自庄西北隅阴施主慈惠、龙应应地角敬造佛堂两层一所……□佛堂两道则及佛堂门，用荒地两畦，共二亩……又于地泽南坎麻潢一所，且上居业，并是安三劳力开荒，永充供养……"[2]

再如 P.4638 号《右军卫十将使孔公浮图功德铭并序》记载 9 世纪初孔周营建佛寺情形："谨选得敦煌郡南三里孟授渠界，负郭良畴，厥田上上。凭原施砌，撲目开基。树仙果百株，建浮图一所……"[3]

（4）寺院地产继承

隋唐时期佛教寺院土地资源获得前所未有的发展和膨胀，对于前代寺院地产的继承是其重要的原因之一。例如《安阳县志·金石录》卷7《宝山寺地界记》记载：

> 大魏武定四年：敕赐宝山寺常住白药石山等地土，东至石门，西至林虑县界分水岭，南至西善应林河，北至水峪口河道；
>
> 大齐天宝元年：敕赐本寺白药石山一座，四至依前；
>
> 大隋开皇五年：敕赐宝山灵泉寺白药山等地土四至依前，绕寺林木并是本寺祖师故坟茔之地。

可见宝山寺，自北朝到隋均获得朝廷的敕赐。虽然其寺院土地四至自武定四年之后并无较大变化，但能够一直保证其基本的田产，并得到朝廷的认可，也是相当不容易了。同时，这也反映出寺院有相当田产是来自于前代的地产继承，从而保证了寺院经济的持续性发展，也为其经济实力的进一步扩张奠定了基础。

通过财产继承的方式，寺院僧尼也能获得相当的地产。例如敦煌寺院的

---

[1] P.3608 号《大唐陇西李氏莫高窟修功德记》，郑炳林：《敦煌碑铭赞辑释》，甘肃教育出版社1992年版，第20页。
[2] 郑炳林：《敦煌碑铭赞辑释》，甘肃教育出版社1992年版，第317页。
[3] 郑炳林：《敦煌碑铭赞辑释》，甘肃教育出版社1992年版，第232页。

僧众，由于和家人住在一起，在分家之后，僧尼便可获得部分田产。① P.3744《沙州僧张月光分书》记载张月光在分家后得到了一份家产，其中就包括部分田地：

（前略）

右件月光日兴兄弟，自恨薄福，不得百岁为期。日月屡移，不可一概即（俱）全，兄友弟恭，遵承家眷。只恨生居乱世，长值危时，忘父丧母，眷属分离。事既如此，只合如斯，躯（区）分已定，时代依之。一一分析，兄弟无违。

（中间略）

兄僧月光取舍西分一半居住，又取舍西园，从门道直北至西园北墙，东至治谷场西墙，直北已西为定。其场西分一半。口分地取半，家道西三畦共二十亩。又取庙坑地一畦十亩。又取舍南地二亩。又取东涧舍坑东地三畦共七亩。孟授地六畦共十五亩，内各取一半。又东涧头生荒地各取一半。大门道及空地车敝并井水，两家合。期树各依地界为主。又缘少多不等，更于日兴地上，取白杨树两根。塞庭地及员佛图地，两家亭（平）分。园后日兴地二亩，或被论将，即于师兄园南地内取一半。

（后略）

（5）寺院购买

除了借助于国家力量的扶持供养外，寺院也通过经济手段扩大实力，自主发展。例如买卖土地，就是寺院较为普遍的一种方式。尤其唐代之后，土地买卖日渐频繁，这也成为寺院土地扩张的重要手段。著名的昭成寺在唐后期就通过购买的方式，获取了大片田地。兹将现存《昭成寺僧朗谷果园庄地亩幢》所记载寺院土地施买详细内容引录如下：

维大唐贞元八年，岁在壬申，三月乙卯朔十日甲子，东京昭成寺于河阴县僧朗谷果园幢一所。知事僧智用。然有施地及卖地众多，施主等皆有

---

① 参见郝春文：《唐后期五代敦煌僧尼的社会生活》，中国社会科学出版社1998年版，第78、80页。

忏疏，自立契书舍入伽蓝，永充常住，洎乎施主乃知身若幻，悟影如泡，虑火宅之难居，预修静净，遂以割青畴之沃壤，恒供普通，减绿野之良田，善牙不断，已斯功德庄严，施主维原七代先亡，神生极乐，见存眷属，福庆千春。但智用，一介肤僧，滥为缁侣，幸蒙驱策敢有思维，窃恐谷徙陵迁，桑田变海，文簿沦毁，眷疏漂亡，所以雕幢刻石，题施主之芳名，镌记于斯表后人之瞻顾，即使满芥城之不朽尽劫而石永存者哉。

置果园庄施地主逯义，谷内地，同施人逯谈、逯清、逯进、逯珣、逯兰、逯恒、逯澄、逯春。谷门西地四亩，施主李光。谷东地五亩，施主李芬。李光地一段十三亩，村东一里，东河、西逯阴、南寺田、北自至，大历十四年，将八亩博寺家，三亩充居住园宅，东刘春、西李光、南道、北李光、馀五亩，别作钱二千四百文，计一十二千文。院家买李光地一段十四亩，八亩平，六亩坡，东自至、西寺田、南寺田、北自至。大历十四年买院家用钱廿二千四百文。李光地一段十五亩，村东一里，东张悦、西河、南寺田、北河，大历十四年院家买，用钱廿四千文。坎东谷里地一段七亩，施主逯庄。李希地一段十二亩，村东一里，东寺田、西张期、南山、北逯义，建中元年买，用钱一十五千六百文。李芬地一段，一十八亩，村东三里，东李光、西寺田、南山、北道，大历十四年买，用钱廿五千文。塔头一段卅亩，连坡，东山、西山、南坡、北坎，广德二年施地主张万、张迁。大历十四年买张悦地十三亩半，东张荣、西李芬、南坎、北河，用钱廿千八百五十文。张荣地一段十七亩，东李光、西张悦、南坎、北河，大历十四年买，用钱十七千文。买僧智用生缘地都计一项二十五。一段一十二亩，刘村南，东道、西刘迪、南自至、北道。一段七亩，东道、西道、南自至、北自至。一段十八亩，东周二兴、西道、南自至、北自至。一段十二亩，东官田、西道、南魏奢、北自至、一段五亩，东官田、西魏奢、南自至、北自至。一段四亩，东刘谅、西道、南刘谅、北官田。一段十亩，东魏胤、西魏奢、南刘牛儿、北魏疑。一段廿二亩，东寺田、西魏奢、南安神、北魏奢。右前件地智用去建中元年为官事不辩，遂与昭成寺果园庄，作钱一百贯文，其地本主先言，永充普通供养。赵芬地一段廿亩，东刘温、西米温、南道、北寺田，买，用钱十千文。赵芬地一段四十七亩，东道、西刘卓、南刘卓、北道，买，用钱廿八千二百文。王村内一段四亩，王谦地、施、永充供养。刘村仏堂北地一段八亩，魏胤施。山原地一段廿亩，施主魏疑。山原地一段六十亩，程贲半施半是卖。山原地一段廿亩，施主王二郎。山原地六十亩，是才人边买。山原地一段十亩，张荣边买。山原地一段廿五亩，施主胡颢。山原地一段五十亩，卅亩刘玉施，廿亩张延边买。山原地十五亩，胡英施。山原地一段十亩，孙四施。山原地一段八亩，施主王忧。山原地一段廿亩，施主王忧。山原地一段廿亩，荒，李仙鹤边用钱二千买。山原地一段廿亩，施主李朝进。山原地一段廿亩，施主功德山。山原地一段廿亩，施主逯珣。山原地一段廿亩，施主苏弼。山原地一段五十亩，施主干杲。塔院地惣一顷八十亩，并是山原。王二郎一段地五十亩，是买。王鸾地一段六十亩，是买。张荣地一段七十亩，是买。右智用所买，前件地入和尚塔院内，世世守护，常为和尚礼忏，转诵门徒永充粮用。刘坦地一段五亩，东寺田、西渠、南自至、北道，买，用钱三千三百文。地一段十三亩，村南百步，东口进，西魏宣、南自至、北刘润。一段廿三亩，村南二百步，东魏宣、西魏疑、南道、北自至，贞元八年三月廿二日。施地主李义、李逻等疏白，诸地一段十四亩，李固村北坎下，东自至、西道、南坎、北蓝若田。本是李留七地，建中元年，十亩院家买，四亩是施。坎西一段十五亩，东寺田、西张义、南坎、北蔡大娘，施地主王藏用。坎西一段十亩，东寺田、西王春、南周庄、北自至，施地主张守义。坎北一段廿亩，东李滔、西张义、南寺田、边道，大历十年，内院家用钱廿千文蔡大娘边买。坎南一段五亩，东寺田、西寺田、南自至、北寺田，是周庄地，院家用钱五千文买。诸田一段十七亩，村北三里，东道、西道、南周庄、北蓝。右件地先常斋原设一百人。供、充钱十千文，地主周用。一段地十二亩，村北三里，东道、西道、南周阐、北周阐，施地主周环、周芬、周俊。地一段二十五亩，陂，东李倩、西周瑗、南写河、北道，右件地先布施蓝若，施地主周阐、周皎、乐兴、周俊。地一段八亩，本地主大女阿张，买。施地一段八十亩，东至逯仕政、西道、南薛方、北道，内菜园一所，井一孔，草屋一口，杂果木等并是，右件地果园井物等。戚秀兰并布施于昭成寺僧朗谷果园庄，永充普通供养。入常住，于后不得典卖，秀兰又愿过往先亡，神生静土，见存家口，福乐百年。永为恒式，子孙已来，更无翻动，恐后无凭，故立此忏文，仍清上碑石为记，立、男及孙，为验。其文地捌拾亩，忏疏，舍施，取钱五十阡，僧智用分付，贞元廿一年六月一日。施地主戚秀兰，忏疏，年六十六，男文俗年四十二，男文演年三十六，男文凑年二十九，男文海年二十六，孙男仫奴年十二，房亲戚禔年三十五，房亲戚斌年三十五，见施人娄昂，见施人刘汶，见施人王恒，见施人刘干，见人逯仕，见人逯润，见人逯澄，见人王海，见人梁金，见人张旻，见人薛万，见人戚遵。见施菌及地人逯春，见人塬朝、见人康俊、见人刘通。地一段十亩、桑十功，是买，地主逯五德、男常政。地一段贰十亩、并桑，僧宝明处买，本地主刘春。山原地五十亩，是买，地主王季良、保人王伦。魏村佛堂前地拾贰亩，买，地主刘山高。地一段五拾捌亩，是施，地主马清。见施人段沛、见人苏谦、见施人胡端。山原地一段柒拾亩，买，本地主张文义处，用钱拾五阡文买。山原地柒亩，逯义丰施。地一段拾亩，东胡铖、西河、南苏谦、北河，是买，地主逯保，债，保人逯润。河曲地一段十亩，东胡后、西昭成寺、南寺田、北官河，卖地主胡铖母钊难辛卖。地一段拾贰亩，在河坎，余地并在河中，是买，东周琳、西至河、南寺田、北官河，地主逯保，债，卖。山原地一段五拾亩，是买，地主张洽、弟谭、父亡，卖。地一段贰拾柒亩半、并桑，东逯五德、西逯五德、南王朝、北文义，是买，地主李端及子侄卖。施地一段三十亩、内桑柳并是，东逯庄、西道、南自至、北赵林，地主李文雅、弟文素、弟文宰。施地一段八亩、山原，东王润、西王泰、南涧、北墓，施地主王小进、男清。樊村北渚地八十亩，东各家、西钊清、南薛昌、北王朝，施主軋皓、男叔宁。地一段五亩，东河、西苏谦、南戚秀、北寺田，卖地主胡士元。地一段七亩，东河、西寺田、南寺田、北孔秀。地一段贰亩，东河、西孔秀、南寺田、北寺田。一段贰拾柒亩，东寺田、西河、南苏谦、北张义。三段计叁拾捌亩，卖地主逯五德、男、僧常政。两段地贰拾五亩、桑拾功，西至軋浩、南道、北寺田、施主孔维。山原地一段五十亩，东莹、西涧、南赵清、北寺田。一段四十亩，东涧、西涧、南王太、北祈琳。僧智用自许钱买入常住且收供养、修功德，尽形后，入寺收。①

---

① 原文见于高廷璋修、蒋藩纂：《河阴县志·金石考》第1册卷1，1917年修本。本文据荆三林：《〈昭成寺僧朗谷果园庄地亩幢〉所表现的晚唐寺院经济情况》，《学术研究》1980年第3期；亦收入《五十年来汉唐佛教寺院经济研究》，北京师范大学出版社1986年版，第108—120页。

据《唐会要》记载："昭成寺，道光坊，本沙苑监之地。景龙元年，韦庶人立为安乐寺，韦氏诛，改为景云寺，寻又为昭成皇后追福，改为昭成寺。"[1] 既为皇家所立，其地位自然与众不同。从《昭成寺僧朗谷果园庄地亩幢》可以看出，昭成寺自唐代宗广德二年（764）至贞元二十一年（805）的四十一年间，寺院地产经历了一个巨大的发展，由起先的30亩一跃而达到1791.5亩，增加了近60倍。据统计，这41年里，昭成寺供获得施地811.5亩，占全部田产的45.3%；买地980亩，占全部田产的54.7%。[2]

昭成寺地产的来源主要是靠民众的大量施舍和寺院的购买。在施地和买地中，土地有各种类型，如谷内地、坡地、山原地、荒地等，还包括坎、涧、陂及菜园等。不同的地势地形，其价格也不同。例如买李仙鹤山原荒地一段20亩，用钱才2000，每亩100文，而买其他地，价格则要高出许多。再如购买赵芬地，一段20亩，东刘温、西米温、南道、北寺田，用钱十千文，平均每亩500文；一段47亩，东道、西刘卓、南刘卓、北道，用钱28200文，平均每亩600文。

在不同年代购买，其地价格也会有所不同，加之各种地形，其价格就更显不一。例如大历十年，买蔡大娘地一段20亩20000文，平均每亩1000文；大历十四年买李光地一段15亩，用钱24000文，平均每亩1600文；建中元年买李希地一段12亩，用钱15600文，平均每亩1300文。到后来，价格则下降至几百文，如贞元二十一年购买张文义山原地一段70亩，用钱15000文，每亩不到220文。总的来说，寺院购买土地的价格应该是呈下降趋势，这也是昭成寺购买土地日益增多的重要因素之一。

当然，出现如此局面，是和唐代政治局势发展密切关联的。尤其安史之乱以后，社会经济遭到严重破坏，人口大量逃亡，土地抛荒，均田制又名存实亡，从而刺激了寺院经济的急剧扩张。因此，昭成寺经济实力的扩张，尤其大量购买民众田产，恰好体现了中唐以后佛教寺院经济继续膨胀的态势。

寺院在购买土地的同时，甚至将其附带资产如房舍、树木等一并买进。例

---

[1] 《唐会要》卷48，中华书局1955年版，第849页。
[2] 参见荆三林：《〈昭成寺僧朗谷果园庄地亩幢〉所表现的晚唐寺院经济情况》，《学术研究》1980年第3期。

如《金石萃编》记载大中初年安国寺买地及其杂树情况：

> 万年县浐川乡村安国寺，金□壹所，估计价钱壹百叁拾捌贯五百壹□文，舍叁拾玖间，杂树共肆拾玖根，地□亩玖分。庄居：东道并菜园，西李升和，南龙道，北至道。
>
> 牒前件庄，准敕出卖，勘案内□正词、状请。买价钱准数纳讫，其庄□巡交割分付，仍帖买人知，任便为主。□要有回改，一任赁卖者奉使判。□者准判牒知任为凭据者，故牒。①

再如《比丘尼正言疏》记载比丘尼舍财，"有少许僗利充众僧外，请将自出钱买得废安所在万年县浐川乡并先庄并院内家具什物"②等给予寺院。看来寺院买地活动时有发生。

除了通过正常的交易价格购买土地外，寺院还通过强制手段，强行从别人手中购买土地。例如买僧智用的生缘地，就是利用他人"建中元年为官事不辩"而乘机纳入昭成寺果园庄，作钱一百贯文。

《昭成寺僧朗谷果园庄地亩幢》中有 45.3% 的地产来自施地。施舍的原因，用僧人智用的话来说就是："然有施地及卖地众多，施主等皆有忏疏，自立契书舍入伽蓝，永充常住，泊乎施主乃知身若幻，悟影如泡，虑火宅之难居，预修静净，遂以割青畴之沃壤，恒供普通，减绿野之良田，善牙不断，已斯功德庄严，施主维原七代先亡，神生极乐，见存眷属，福庆千春。"即出于宗教信仰，求取功德，祈福获报。施主对于寺院的施舍，其情形也是多样的。大多数都将施地归入寺院，由其处置。但也有施主要求将其施地入常住田产，寺院不得典卖。例如戚秀兰将布施并于昭成寺僧朗谷果园庄，"永充普通供养。入常住，于后不得典卖，秀兰又愿过往先亡，神生静土，见存家口，福乐百年。永为恒式，子孙已来，更无翻动，恐后无凭，故立此忏文，仍清上碑石为记，立、男及孙，为验"。

对于昭成寺施舍如此众多的土地，自然是和其特殊的寺院地位相关。但对于普通的寺院而言，寺院的施地是极为有限的。例如《南山寺记》碑文记载潮阳

---

① 《金石萃编》卷114，中国书店1985年版。
② 《金石萃编》卷114，中国书店1985年版。

南山寺的发展历程说:"寺建成于唐初,始未有寺产。开元二十二年,有揭阳冯氏女,以父母卒,无他昆季,终丧,持田券归于寺,得租千二百石有畸。又数年,冯语人曰:'浮世非怪,吾其逝矣。'诘旦不知所之,维八月二十六日也。寺之人至今以是日为追思。供设甚盛,并冯之先祠之如生焉。"①

南山寺最初并无寺产,后揭阳冯氏女以其田券归之于寺,才使之获得田产收益。这应当是南山寺获得发展的一个契机。冯氏亦由此获得了寺院僧众的追思,且"供设甚盛"。尽管寺院获得了施地,但僧众的生活未必就能得到很好的保障。②随着寺院僧众的增加,社会局势的变迁,加之对于经济利益的追求,寺院地产的扩张也是必然的趋势。

昭成寺田产的扩张,是在寺田的基础上不断发展的,从而将周围地域纳入到寺产之中,这在《昭成寺僧朗谷果园庄地亩幛》的记载中体现十分明显。可以说,寺院购买土地也并非局限于寺田所在的狭小空间,而是呈现分散的、零星的状态,而不同于国家对寺院赐田的集中态势。③当然,随着寺院经济实力的不断膨胀,其分散、零星的田产最终也会形成集中化的规模。

另外,唐代寺院获取土地资源的一个重要方式就是均田制"僧尼授田"。唐均田令规定:"凡道士给田三十亩,女冠二十亩,僧、尼亦如之。"④"僧尼授田"这一"制度化"方式,对于唐代寺院经济实力尤其在土地资源方面的扩张有着重

---

① 黄挺、马明达著:《潮汕金石文征》(宋元卷)卷4,广东人民出版社1999年版,第293页。
② 《潮汕金石文征》(宋元卷)所收《南山寺记》碑文记载了南山寺唐代以后的发展情况:"延祐戊午,里陈媪亦以田若干亩来施,祝曰:'吾施不多,愿寿终与冯同。'日后果符其言。于是兴祠祭于无穷也。然产薄,食仅给,若缮修则仰于施者。必主僧道行服人,可赖以振。宋景定中,丹山禅师作佛殿、藏殿,砻石为柱。暨天兵南下,城内外悉焚荡,寺得不毁,惟日为豪所夺。东山曰公复之,继以一翁元公、会堂文公,皆善葺理,又增田以裕众食。至恭益新,其殿堂皇,门庑、像设,极于完好。惧后之难继也,愿书之石,俾视以勿忘,以永葆勿隳……"南山寺产业渐薄,"食仅给,若缮修则仰于施者",可见其僧众生活艰难之一斑。这也启示我们反观中古时期佛教寺院经济的扩张与僧众生活之间的关系,尤其是中小寺院僧尼生活状况,是否也如同中古时期佛教发展传播的情形那样,呈现出日渐兴盛的局面,抑或另一番景象。
③ 卢向前认为唐代内地赐田特点之一就是赐田广袤而集中,例如唐初少林寺赐田40顷,就集中于其寺西北五十里之柏谷墅。参见卢向前:《唐代西州土地关系述论》,上海古籍出版社2001年版,第150页。
④ 《唐六典》卷3,中华书局1992年版,第74页。

要意义，我们将在后文予以详细论述。

三、中古佛教寺院的其他资财

除了劳动人口、土地资源外，寺院通过各种渠道获得的其他各种物质资料和资财也是寺院经济的重要组成部分。

1. 生产资料

寺院进行生产经营活动，需要各种生产资料，如车牛、碾硙、水碓等。水碾硙就是中古时期寺院重要的加工工具。水碾硙主要来自统治者的赏赐。隋开皇年间，杨广就曾给一寺院赏赐水碾硙六具；唐初，少林寺也曾获得水碾□具。此外，寺院也从前代继承各种生产资料。例如不空在其《遗书》中就留下了包括田庄、车牛等在内寺院各种财产的处置，其中就包括一些重要的生产资料：

> 庄上有牛两头，可准钱物十余贯，将陪常住，用充价直收赎……所有家具什物、漆器、铁器、瓦器、床席、甗褥、床子、褥子，及诸杂一切物等，吾并舍与当院受用，子弟往来，须有投寄。梵夹、阁上藏中安置，其藏及经，为是敕赐镇院安置……东京和上塔所、师僧院舍、庄园，汝亦为吾勾当成立。其车牛、鄠县泛南庄并新买地，及御宿川贴得稻地、街南菜园，吾并舍留当院文殊阁下道场，转念师僧，永充粮用、香油、炭火等供养，并不得出院破用，外人一切不得遮兰及有侵夺。其祥谷柴庄，将倍（陪）常住，其庄文契，并付寺家。①

敦煌出土文书中也记载了敦煌寺院关于寺产的继承。《僧崇恩处分遗物凭据》文书就记载寺院僧尼获得不同的生产生活资料：

> 铧各壹孔，镰各壹张，铛扣各壹口，碗叠各□□□□□□具，车壹乘，楼壹具，种壹副，粟楼壹具□□□□□人王禄般施入三界净土寺□□□□校无穷地……车牛乘驴农具，依当寺文籍随事支给。
> □□岁草马壹匹充卖寺南宅壹躯，舍肆□并院落。

---

① 《不空表制集》卷3，《大正藏》第52册，第844页下—845页上。

>报恩寺常住大床壹张，踏床壹张，新车盘壹施入佛殿□，□□用。

僧文信经数年间，与崇恩内外知常事，劬劳至甚，与耕牛一头，各粮麦三硕。

2. 佛教寺院房产建筑及宗教活动所获资财

寺院不仅是佛教僧众从事各种宗教仪式的场所，而且也是僧俗两众互相交流的重要空间。因此，围绕寺院建筑及其宗教活动需求所形成的各种物质资料和资财，也成为佛教寺院经济的重要组成部分。

（1）寺院房产

南朝皇帝大都建寺，且施财甚多。宋孝武帝起新安寺，各级官僚捐施钱帛众多，唯有张融独俟百钱。[①]南齐武帝曾敕货杂物服饰得数百万，建集善寺，并且月给钱百万。[②]

北魏灵太后"锐于兴缮，在京师则起永宁、太上公等佛寺，工费不少，外州各造五级佛图。又数为一切斋会，施物动至万计。百姓疲于土木之功，金银之价为之踊上。削夺百官禄力，费损库藏。兼曲赉左右，日有数千"[③]。为建造洛阳永宁佛寺，灵太后竟然减食禄官十分之一，耗费巨万。[④]

北齐高氏，"深弘像教，宇内塔寺，将四十千，此中伽蓝，数过二百。又割八州之税，以供山众衣药之资焉"[⑤]。北齐陆法和将其钱帛多加散施，以官所赐宅营佛寺，自居一房，与凡人无异。[⑥]

隋唐建寺更多，耗费更大。唐中宗时，韦嗣立就曾上疏指责当时"崇饰寺观"的情形说："比者营造寺观，其数极多，皆务取宏博，竞崇瑰丽。大则费耗百十万，小由尚用三五万余，略计都用资财，动至千万已上。"[⑦]海宁志愿寺，据赞宁记述乃东晋张延光舍庄宅之所而建，至唐肃宗乾元元年四月中，"敕支本县税钱，重加修饰。乘山峻址，映水开扉……庭栽秦大夫之松，壁有顾将军之画。

---

① 《南齐书》卷41《张融传》，中华书局1972年版，第721页。
② 《南齐书》卷22《豫章文献王传》，中华书局1972年版，第418页。
③ 《北史》卷18《任城王云传附子澄传》，中华书局1974年版，第661页。
④ 《周书》卷37《寇俊传》，中华书局1971年版，第658页。
⑤ 《古清凉传》卷上，[唐]慧祥、[宋]延一、张商英撰：《古清凉传·广清凉传·续清凉传》，陈扬炯、冯巧英校注，山西人民出版社1989年版，第14页。
⑥ 《北齐书》卷32《陆法和传》，中华书局1972年版，第431页。
⑦ 《旧唐书》卷88《韦思谦传附子嗣立传》，中华书局1975年版，第2870页。

讲堂禅室，孔翠飞而佛晓烟；邃宇修廊，蚊蝇鸣而成洞响。"①

官僚贵族施舍建寺。《旧唐书》卷118《王缙传》称王缙弟兄均奉佛，尤其王缙，与杜鸿渐舍财造寺无限极。其"妻李氏卒，舍道政里第为寺，为之追福，奏其额曰宝应，度僧三十人住持。每节度观察使入朝，必延至宝应寺，讽令施财，助己修缮"；开成初，沧州故将苏闰为刺史，"得金帛，用修佛寺官舍"。②

商贾、民众舍财建寺。皇甫湜在《护国寺威师碣》中记载说："（天宝）十三载，诏置护国寺于河阴。御题虽挂，一篑未覆，苍然古原，架构无时。于是千僧百贾相聚谋曰：'将成大功，实资众力，若非盛名丰福，孰能议而建之？'乃相与设金翠云缨花香之饰，迎请吾师（即威师）……周郑士庶，翕然依之。多方诱掖，随机道达……势声益张，走集滋遝，靡然而财赡，雅然而院列，轩房互映，图像增设，目前千里，足下万井，方肆而大之，使后不能加。"③襄阳县东北有遍学寺，唐景龙元年有陈留阮氏，寓居襄阳，舍财，于此寺东院，创造堂宇。④大和初，大泉寺修葺三门，"远近趋走，投施委积，筹财度费，功用果足"⑤。也有将宅院直接布施给寺院的，如《太平广记》记载上都永平里西南隅有一宅，曾布施与罗汉寺，其宅"堂屋三间，甚库，东西厢共五间。地约三亩，榆楮数百株。门有崇屏，高八尺，基厚一尺，皆炭灰泥焉。"后"寺家赁之"，惜无人入住，被寇郎以四十千买走。⑥

唐敦煌、西州地区的寺院建筑也是相当气派。如伯.2009号《西州图经》文书所载丁谷窟寺院情形："寺其依山构，㩀巘疏阶，雁塔飞空，虹梁饮汉，岩峦纷乣，丛薄阡眠，既切烟云，又亏星月，上则危峰迢带，下轻流溜潺湲，实仙居之胜地，谅栖灵之秘城，见有名额，僧徒居焉"；宁戎窟寺，"峭巘三成，临危而结拯，曾峦四绝，架回而开轩，既庇之以清濑，灵蒸霞郁，草木蒙笼"。⑦也有直接将房舍施入寺院的，如P.2187《保护寺院常住物常住户不受犯帖》："应诸管内

---

① 《重修紫微山志愿寺碑铭并序》，曾枣庄、刘琳主编：《全宋文》第3册，上海辞书出版社2006年版，第31—32页。
② 《太平广记》卷458引《岭南异物志》"苏闰"，中华书局1961年版，第3747页。
③ 《全唐文》卷687，中华书局1983年版，第7037页。
④ 《太平广记》卷472引《襄沔记》"兴业寺"，中华书局1961年版，第3887页。
⑤ 《金石萃编》卷113《大唐润州句容县大泉寺新三门记并序》，中国书店1985年版。
⑥ 《太平广记》卷344引《乾馔子》"寇郎"，中华书局1961年版，第2725页。
⑦ 郑炳林：《敦煌地理文书汇辑校注》，甘肃教育出版社1989年版，第75页。

寺宇，盖是先帝敕置，或是贤哲修成，内外舍宅庄田，因乃信心施入，用为僧饭资粮。"①

　　寺院建造，是一项巨大的工程，耗费的资财和物质资源不计其数。唐开元年间，益州新都县宝光寺"罄金帛，连峻宇，引层台。卉木周映，栏楯四设，势倚晴汉，辉生绿潭"，寺院建筑"庄严栏槛光巨丽"②。唐五台山释神英，发愿要建造法华院后，"日居月诸，信施如林，归依者众。遂召工匠，有高价者，誓不酬之。乃於易州千里取乎玉石，用造功德，细妙光莹，功俦所见。其壁乃王府友吴道子之迹，六法绝妙，为世所尚"③。据《清凉传》称此院前后工毕，"费盈百万"，可想其耗资巨大。《朝野佥载》记载唐安乐公主在洛州道光坊造安乐寺，用钱达数百万。④除了用钱外，修建寺院所需要的各种材料也是相当庞大的。不空和尚的《进造文殊阁状一首》为我们提供了一份大兴善寺修造文殊阁所需资材的清单：

　　大兴善寺翻经院造大圣文殊师利菩萨阁，都计入钱二万二千四百八十七贯九百五十文。内出代绢共计入一万三千五十二贯文（一万一千一百五十二贯文准绢四千一百一十七匹，抑充二千贯文见钱入）、一千八十贯五百三文。和上衣钱诸杂钱物入八千三百五十五贯四百四十七文，外施及诸杂并卖物入。应造大圣文殊师利菩萨阁，破用及见在数如后：

　　　　四千五百四十二贯五百四十五文，买方木六百一十根半；
　　　　九百七十四千八百一十文，买橡柱槐木共八百四根；
　　　　一千四百九十一贯一百七十文，买砖瓦鸱兽五万五千六百九十八口；
　　　　二百一十四千五百文，买栈七百束等用；
　　　　七百四十六千二百二十五文，买柏木造门窗钩栏等用；
　　　　七百六十四千文，买石碇诸杂石并雇车脚手功粮食等用；
　　　　一百一十六千四百二十五文，买麻檮等用；

---

① 唐耕耦、陆宏基编：《敦煌社会经济文献真迹释录》，第 4 辑，全国图书馆文献缩微复制中心 1990 年版，第 158 页。
② 《宝光寺》编委会编著：《宝光寺》，中华书局 2013 年版，第 250、253 页。
③ 《宋高僧传》卷 21《唐五台山法华院神英传》，中华书局 1987 年版，第 536 页。
④ 《太平广记》卷 163 引《朝野佥载》"安乐寺"，中华书局 1961 年版，第 1179 页。

三百三十九千五百九十一文，买钉铁等用；

八十千文，造阁上下两层风筝八枚等用；

八十五千二百八十八文，买石灰赤土黑蜡等用；

二千四百七十八贯九百四十六文，造金铜钉门兽诸杂铰具用；

六百九十四千五百五十文，雇人筑阶并脱堑等用；

二千二百八十八贯三百文，雇人扬仙立木手功粮食等用；

八百贯文，买彩色解缘画罗文软作手功粮食等用；

一千五十一贯二百九十六文，雇人解木手功粮食用；

三百五千文，雇人瓦舍及手功粮食等用；

一千五百一十八贯九百文，造怙柏门窗钩栏障日手功粮食等用；

三百三十贯文，泥垒作手功粮食等用；

二百五十七贯文，雇人画嶤基隔窠并买彩色手功粮食等用；

五百九十五千六百八十七文，雇人车船载方木脚钱等用；

三百五十七千七百文，雇人砌垒砖作手功粮食等用；

一百六十二贯五百四十八文，买赵越簚簵席箔炭花药镬纸笔油等用；

一百贯九百八十二文，僧使行者外使催趁粮食设功匠等用；

五十二贯五百一十文，买胶及麻打绳索诸杂等用；

三百一十二千七百九十文，雇杂使年月日功人等用；

八百七十三贯二百五十文，买车四乘牛六头等用；

六百八十二贯八十七文，与牛买草豆䜺牛药逐车人饼钱等用。

右具破用数如前。应买入、杂施入回残见在如后：

合入方木六百八十五根半，七十五根外施，入六百一十根半；

买入四百八十七根半，造阁用讫，一百二十七根出卖讫，七十一根见在；

合入搏柱二百四十四根，一百四十八根外施，入九十六根；

买入一百七十三根造阁用讫，七十一根见在；

合入椽二千四百一十四根，一千五百七十根外施，入八百四十四根；

买入一千八百五十四根造阁用讫，五百六十根见在；

合买入栈七百束，三百五十束造阁用讫，三百五十束见在；

合入胶六百八十三斤，六百斤敕赐入，四十斤外施入，四十三斤买入，造阁用讫；

合入蜡六百二十斤，六百斤敕入，二十斤买入，并造阁用尽。

右具通造阁所入钱物、方木等及诸杂用外见在数如前。

谨录奏闻，伏听圣旨

大历十年四月五日检校造阁僧秀严等状进

同检校造阁僧惠胜

敕检校院事僧惠朗①

此状所列，直观地展现了寺院建筑的各种消费，小到建筑的胶、麻、绳索，大到木料、人力等，无不需要经济资财的供应和保障。当然，这只是寺院实体建筑的消费，而寺院"神圣"空间的营造，更是需要巨大的人力、财力、物力的支持。仅就人力资源而言，从敦煌文书中，我们可以了解到寺院修建所需的各种工匠类别，包括石匠、铁匠、木匠、索匠、褐袋匠、罗筋匠、瓮匠、帽子匠、皮匠、鞋靴匠、皱文匠、染布匠、毡匠、桑匠、金银匠、玉匠、泥匠（托壁匠）、灰匠、鞍匠、弓匠、箭匠、胡禄匠、画匠、塑匠、打窟人、纸匠、笔匠等。②

寺院除了自建和依靠各种捐施营建之外，还通过直接购买的方式来扩展房产。例如日本杏雨书屋藏敦煌文书编号羽.64号《李山山卖舍契》就记载了寺院买卖屋舍的情况：

（前缺）

诺保[人]邻近觅舍充替。壹定已後，两不许休悔，若先悔者，罚青麦二十䭾，充入不悔之人。恐人无信，故勒私契，两拱（共）对面平章，书纸为记，用要後验。

主李山山（藏文签名）

保人易闰盈 年廿二（闰盈指节）（指节形书押）

---

① 《代宗朝赠司空大辨正广智三藏和上表制集》卷5，《大正藏》第52册，第851页中—852页下。

② 参见马德：《敦煌工匠史料》，甘肃人民出版社1997年版。《敦煌历史地理》第三章《敦煌的经济地理》第二节《敦煌的手工业》中将敦煌手工业者的种类分为石匠、画匠、塑匠、铁匠、泻匠、锢鏴匠、泥匠、金银匠、桑匠、纸匠、洗继匠、染布匠、褐袋匠、缝皮匠、靴匠、皮匠、皱文匠、鞍匠、毡匠、索匠、罗筋匠、木匠、玉匠、帽子匠、弓匠、弩匠、箭匠、胡禄匠、塔匠、砲匠、梁户、瓮匠及酿酒业工匠等。郑炳林、李军著：《敦煌历史地理》，甘肃教育出版社2010年版，第227—242页。

　　　　　　　　徒众　易阴（押）

　　　　　　　　徒众　庆恩（押）

　　　　　　　　徒众

　　　　　　　　徒众　福智（押）

　　　　　□□　徒众　寺主上惠（押）

　　　　　　　　徒众　上座福（押）

　　僧政临宝　　徒众

　　　　　　　　徒众

　　　　　　　　徒众　超净（押）

（后缺）

根据研究，这是唯一一件由僧官和徒众集体签署的买卖私人屋舍的契约文书，而且这次购买是寺院的集体行为，体现了寺院财产管理的公开性。①

（2）造像、写经、壁画等宗教活动资产

造像在佛教寺院中占有很重要的地位，往往耗费大量钱财。因此，从寺院造像的精美奢华中，就可反映出当时寺院的经济实力。

早在三国时期，笮融就"大起浮图祠，以铜为人，黄金涂身，衣以锦采"②，造像精美。其后南北朝造像之风愈兴。北魏文成帝时，在京城五缎寺造释迦牟尼像五尊，各长一丈六尺，共用铜 25000 斤；献文帝时，在天宫寺造释迦立像，高 43 尺，用铜 10 万斤，黄金 600 斤。著名的永宁寺，寺中佛殿有金像、绣珠像、玉像等多躯，均作工奇巧，冠于当世。据研究统计，有确切纪年的北朝造像铭数达 1360 处，其中金铜像 272 处，石像 1088 处；按朝代计，北魏 598 处，东魏 189 处，西魏 56 处，北齐 423 处，北周 94 处。③造像盛行，花费了巨大资财。

较之于北朝，南朝造像之势亦不逊色。《梁书》记载说："晋义熙初，始遣献玉像，经十载乃至。像高四尺二寸，玉色洁润，形制殊特，殆非人工。此像历

---

① 参见陈丽萍：《杏雨书屋藏敦煌契约文书汇录》，中国社会科学院历史研究所隋唐宋辽金元史研究室编：《隋唐辽宋金元史论丛》（第4辑），上海古籍出版社2014年版，第169—200页。

② 《三国志》卷49《刘繇传》，中华书局1959年版，第1185页。

③ ［日］佐藤智水：《北朝造像铭考》，载刘俊文主编：《日本中青年学者论中国史》（六朝隋唐卷），上海古籍出版社1995年版，第57、63页。

晋、宋世在瓦官寺,寺先有征士戴安道手制佛像五躯,及顾长康维摩画图,世人谓为三绝。"① 梁大同中,扩建阿育王寺,其堂殿、瑞像、回廊等,造型精美,而且寺院之"图诸经变,并吴人张繇运手。繇丹青之工,一时冠绝"②。

可以说,这一时期富丽堂皇的佛寺建筑,正如杨衒之所感叹的那样:"王侯贵臣,弃像马如脱屣,庶士豪家,舍资财若遗迹,于是招提栉比,宝塔骈罗,争写天上之姿,竞摹山中之影。金刹与灵台比高,广殿共阿房等壮,岂直木衣绨绣,土被朱紫而已哉。"③ 整个寺院空间都在彰显着其不同于世俗社会的宗教神圣的奢华。

隋时,佛教得到杨氏父子的推崇。早在开皇元年,高祖就普诏天下,"任听出家,仍令计口出钱,营造经像。而京师及并州、相州、洛州等诸大都邑之处,并官写一切经,置于寺内。而又别写,藏于秘阁"。结果,"天下之人,从风而靡,竞相景慕,民间佛经,多于六经数十百倍"④。由此而知,仅写经一项所消费的物资就已相当庞大。

唐代造像更是规模宏大。武则天为造大像,"用功数百万,令天下僧尼每日人出一钱,以助成之"⑤;甚至"日役万人,采木江岭,数年之间,所费以万亿计,府藏为之耗竭"⑥。唐玄宗时,敕令两京、天下州郡取官物铸金铜天尊及佛各一躯,送开元观、开元寺。⑦

官僚贵族造像也很流行。例如魏叔元,"性好崇善。割舍资财,布施供养,设斋悬幡,写经铸像,竖立灯台,添修石柱。在城诸寺,及以嵩山、龙门、白马、□林、龙兴,所有伽蓝释境,处处安名。大德老宿,寻常请谒。更有诸院天王,一一随心资助,无不周遍"⑧。《唐朝议郎行少府监主簿上柱国巨鹿魏牧谦像龛

---

① 《梁书》卷54《海南诸国传·师子国传》,中华书局1973年版,第800页。
② 《梁书》卷54《海南诸国传·扶南国》,中华书局1973年版,第793页。
③ 《洛阳伽蓝记校释·洛阳伽蓝记序》,中华书局2010年版,第23页。
④ 《隋书》卷35《经籍志》,中华书局1973年版,第1099页。
⑤ 《旧唐书》卷89《狄仁杰传》,中华书局1975年版,第2893页。
⑥ 《资治通鉴》卷205,中华书局1956年版,第6498页。
⑦ 《旧唐书》卷9《玄宗纪》,中华书局1975年版,第218页。
⑧ 《唐故东都留守北衙右屯营军押衙宣节副尉守右威卫沁州□俊府折冲都尉员外置同正员上柱国赐紫金鱼袋巨鹿魏府君(叔元)墓志铭》,吴钢主编:《全唐文补遗》第1册,三秦出版社1994年版,第310页。

铭并序》记述魏牧谦"于龙门奉先寺北,敬为亡考妣造阿弥陀像、释迦牟尼像、弥勒像,合为三辅,同在一龛"①。

民众造像。《古清凉传》记载,恒州土俗,五十余人,六斋之日,常赍香花珍味,来就奉献文殊师利及万菩萨,年年无替,又舍珍财,选地建寺,石刻铭,至今犹在。

《隋开皇元年李阿昌造像碑》其发愿文中记载佛弟子李阿昌等"竞施财物,营造精舍,上木之所存,遂采名山之石建于碑像,庄丽□工□精奇尽于思巧,林果山池,靡不有备,瞻仰周曲,以开迷误路人,观者无不念矣"②。隋代《刘众墓志》记载说其"家禁酒肉,专崇斋祖,广召僧徒,万有余众,囋呗聒天,香烟云合,演唱苦空。异端竞进,舍割珍奇,乃同积山。牛驴鹅马,数十百行于斯,吊赠填门,车马塞路。海内大夫,专食稻粮,就斋之侣,口餐粳软"③。

唐代遂州有号于世尊者,知人之吉凶,于是"数州敬奉,舍财山积,鋈凿崖壁,列为佛像,所费莫知纪极"④。

造像之风的盛行,使得寺院僧众看到了铸佛造像这一潜在市场的巨大利润。随之,寺院僧侣造像售卖给供养人的经济活动也活跃起来。唐太宗《断卖佛像敕》中说:"佛道形像,事极尊严,伎巧之家,多有造铸。供养之人,竞来买购,品藻工拙,揣量轻重。买者不计因果,止求贱得;卖者本希利润,唯在价高。"⑤可见倒卖佛像为寺院获取了高额回报。

同样,随着佛教的不断扩展,为满足信众的需求,寺院写经这一宗教活动也添列为经济买卖行为当中。《唐会要》记述开元二年七月二十九日敕:"佛教者在于清净,存乎利益。今两京城内,寺宇相望,凡欲归依,足申礼敬。如闻坊巷之内,开铺写经,公然铸佛,自今已后,村坊街市等,不得辄更铸佛写经为业。须瞻仰尊容者,任就寺礼拜,须经典读诵者,勒于寺赎取,如经本少,僧为写

---

① 刘景龙、李玉昆主编:《龙门石窟碑刻题记汇录》,中国大百科全书出版社1998年版,第316页。
② 秦明智:《隋开皇元年李阿昌造像碑》,载《文物》1983年第7期。
③ 吴磐军:《隋刘众墓志简说》,载《文物春秋》2004年第1期。
④ 《太平广记》卷289引《北梦琐言》"于世尊",中华书局1961年版,第2301页。
⑤ 《全唐文》卷9,中华书局1983年版,第110页。

供。诸州寺观，亦宜准此。"①民间写经、铸佛泛滥，以谋取财物为目的，"百姓等或缘求福，因致饥寒"，而对佛教之理解，可谓"下人浅近，不悟精微"②，因此下令予以禁止。民众需要经书，须于佛寺中赎取，并由寺院承担起写经的任务。由此，客观上写经活动也成为增加佛教寺院经济收入的途径之一。

壁画在佛教寺院中也具有相当地位，它不仅仅是佛教建筑的装饰和点缀，更重要的是在营造一种神圣的空间。因此，中古时期的佛寺都非常注重对壁画的营饰。《魏书·释老志》载："自洛中构白马寺，盛饰佛图，画迹甚妙，为四方式。"隋田杨与郑法士同于京师光明寺画小塔。郑图东壁北壁，田图西壁南壁，杨画外边四面，是称'三绝'。"③

唐代佛寺壁画大为发展，京师长安寺院壁画尤其盛行。据《历代名画记》所载，长安荐福寺、兴善寺、慈恩寺、唐安寺、光宅寺、资圣寺、宝刹寺、兴唐寺、菩提寺、净域寺、景公寺、青龙寺、安国寺、云花寺、宝应寺、永寿寺、千福寺、崇福寺、化度寺、温国寺、定水寺、奉恩寺、龙兴寺、懿德寺、胜光寺、西明寺、净法寺、空观寺、崇圣寺、海觉寺、寿果寺、纪国寺、褒义寺、大云寺、永泰寺、总持寺、庄严寺、禅定寺、西禅寺、开业寺、清禅寺、延兴寺等数十处寺院在当时均绘有壁画。④

唐代著名的画家大都在寺院留有壁画。例如尉迟乙僧，土火罗国胡人也。贞观初，其国以丹青巧妙，荐之阙下云：其国尚有兄甲僧，未有见其画踪。乙僧今慈恩寺塔前面中间功德，又凹垤花，西面中间千手千眼菩萨，精妙之极。光宅寺七宝台后面画降魔像，千怪万状，实奇踪也。然其画功德人物花草，皆是外国

---

① 《唐会要》卷49，中华书局1955年版，第860—861页。《全唐文》《唐大诏令集》亦有记载："佛教者，在於清净，存乎利益。今两京城内，寺宇相望，凡欲归依，足申礼敬。下人浅近，不悟精微，睹菜希金，逐焰思水，浸以流荡，颇成蠹弊。又闻坊巷之内，开铺写经，公然铸佛。口食酒肉，手漫膻腥，尊敬之道既亏，慢狎之心斯起。百姓等或缘求福，因致饥寒，言念愚蒙，深用嗟悼。殊不知佛非在外，法本居心，近取诸身，道则不远。溺於积习，实藉申明。自今已后，禁坊市等不得辄更铸佛写经为业。须瞻仰尊容者，任就寺拜礼。须经典读诵者，勒於寺取读。如经本少，僧为写供。诸州寺观并准此。"
② 《全唐文》卷26，中华书局1983年版，第300页；另见《唐大诏令集》卷113，学林出版社1992年版，第539页。
③ 《太平广记》卷211引《名画记》"郑法士"，中华书局1961年版，第1616页。
④ [唐]张彦远著，俞建华注释：《历代名画记》，上海人民美术出版社1964年，第60—70页。

之象，无中华礼乐威仪之德。① 此外，尉迟乙僧还画过《千手眼大悲》《花子钵曼殊》《弥勒佛像》《佛铺图》《佛从像》《罗汉朝天王像》《胡僧图》《外国佛从像》《大悲像》《天王像》等。

唐玄宗时期，韩干也在寺院绘有佛教壁画，"宝应寺三门神，西院北方天王，佛殿前面菩萨，西院佛像，宝圣寺北院二十四圣等，皆其踪也。画马高会菩萨西院鬼神等神品"②。

吴道子是唐代著名的画家，其画人物、佛像、鬼神、禽兽、山水、台殿、草木，皆称神妙，不愧为国朝第一。在许多寺院都留下了他的画作，史载："两都寺观，图画墙壁四十余间，变像即同，人相诡状，无一同者。其见在为人所睹之妙者。"例如上都兴唐寺御注金刚经院，兼自题经文；慈恩寺塔前面文殊普贤，西面降魔盘龙等，又小殿前门菩萨；景公寺地狱帝释龙神，永寿寺中三门两神，皆绝妙当时。开元年间，将军裴旻居母丧，曾诣请吴道子于东都天宫寺画神鬼数壁，以资冥助。裴旻为之舞剑一曲后，吴道子"援毫图壁，飒然风起，为天下之壮观。道子平生所画，得意无出于此"③。

吴道子的画作在当时就获得了很高的评价，例如朱景玄曾说："有旧家人尹老八十余，尝云：'见吴生画中门内神，圆光最在后，一笔成。当时坊市老幼，日数百人，竞候观之。缚阑。施钱帛与之齐。及下笔之时，望者如堵。风落电转，规成月圆，喧呼之声，惊动坊邑，或谓之神也。'"又景公寺老僧玄纵云："吴生画此地狱变成之后，都人咸观，皆惧罪修善，两市屠沽，鱼肉不售。"④ 可见其画技的确非同一般，而那种宗教的神秘氛围更是令人叹为观止。

周昉也是绘制佛寺壁画的高手。据《唐朝名画录》载，德宗修章敬寺，周昉曾画章敬寺神，"落笔之际，都人竞观。寺抵园门，贤愚毕至。或有言其妙者，或有指其瑕者，随意改定。经月有余，是非语绝，无不叹其精妙，为当时第一"。

寺院壁画的铺陈渲染，体现了一种宗教的情怀，使人们融入佛教的神圣空间，"惧罪修善"，一心向善。在此，我们所要强调的不是寺院壁画的艺术价值和

---

① 《太平广记》卷211引《唐画断》"尉迟乙僧"，中华书局1961年版，第1618—1619页。
② 《太平广记》卷211引《唐画断》"韩干"，中华书局1961年版，第1620页。
③ 《太平广记》卷212引《独异志》"吴道玄"，中华书局1961年版，第1623页。
④ 《太平广记》卷212引《唐画断》"吴道玄"，中华书局1961年版，第1622页。

宗教价值，而是其宗教消费的经济意义。寺院在进行壁画装饰时，大都要请专门的画工来作，有时甚至约请当世著名的画家。这些都需要付给画工一定的报酬，加之其他各种颜料、彩绘等，其花费是巨大的。例如著名的莫高窟，"其谷南北两头，有天王堂及神祠，壁画吐蕃赞普部从。其山西壁南北二里，并是镌凿高大沙窟，朔画佛像。每窟动计费税百万，前设楼阁数层，有大像堂殿，其像长一百六十尺。其小龛无数，悉有虚槛通连，巡礼游览之景"①。可知其修建耗资之大。乾宁三年（896）沙州龙兴寺上座德胜，"于北大像南边创造新龛一所，内素（塑）释迦如来并诸侍从，四壁绘诸经变相，门两颊画神两躯，窟檐顶画千佛，北壁绘千手千眼菩萨"，所需费用，皆是靠"舍房资"所得。②

《宣室志》中记载了这样一件事情：

> 云花寺有圣画殿，长安中谓之《七圣画》。初殿宇既制，寺僧召画工，将命施彩饰。会贵其直，不合寺僧祈酬，亦竟去。后数日，有二少年诣寺来谒曰："某善画者也，今闻此寺将命画工，某不敢利其价，愿输功可乎？"寺僧欲先阅其迹，少年曰："某弟兄凡七人，未尝画于长安中，宁有迹乎？"寺僧以为妄，稍难之。少年曰："某既不纳师之直。苟不可师意，即命圬其壁，未为晚也。"寺僧利其无直，遂许之。后一日，七人果至。各挈彩绘，将入其殿。且为僧曰："从此去七日，慎勿启吾之门，亦不劳饮食。盖以畏风日所侵铄也。可以泥锢吾门，无使有纤隙。不然，则不能施其妙矣。"僧从其语。如是凡六日，閴无有闻。僧相语曰："此必他怪也，且不可果其约。"遂相与发其封。户既启，有七鸽翩翩，望空飞去。其殿中彩绘，俨若四隅，唯西北墉未尽其饰焉。后画工来见之，大惊曰："真神妙之笔也。"于是无敢继其色者。③

这则故事虽以寺院壁画为题材，渲染了神秘离奇的特点，但也反映出佛寺

---

① 斯.5448 号《敦煌录一本》，郑炳林：《敦煌地理文书汇辑校注》，甘肃教育出版社 1989 年版，第 86 页。
② S.2113 背 2《乾宁三年（公元 896 年）沙州龙兴寺上座德胜宕泉创修功德记》，郝春文等编著：《英藏敦煌社会历史文献释录》第 11 卷，社会科学文献出版社 2014 年版，第 43—44 页。
③《太平广记》卷 213 引《宣室志》"圣画"，中华书局 1961 年版，第 1635 页。

绘制壁画是需要经济力量的支持。寺院初招画工，就因索酬太高，遂放弃；后二少年不要报酬，"寺僧利其无直，遂许之"。可见寺院佛像、壁画的营饰是和寺院的经济实力密切联系的。寺院的经济实力，往往对其在僧俗社会中的地位产生着重要影响。

在此值得注意的是，佛像本身尤其是铜像在一定意义上也是一种财富。作为传统社会中稀缺的贵金属资源，铜对于国家铸钱有着重要价值。① 而在中古时期，由于战乱频仍，社会经济遭到严重破坏，币材不足的困境经常出现。因此，寺院铜像一般被民众视为财富的载体，并往往成为铸钱所需材质的直接来源，以至于偷盗铜像以铸钱的事件时有发生。②《冥祥记》记载宋吴兴沈僧复，曾与其乡里数人窃取寺中小形铜像，"共铸为钱"③；梁人崔平业，"一生以偷佛镕铜为业，卖铜以供酒肉"④。

其实，不仅一般民众将其当作财富，就连王权国家，也在财政急需的时候销铜像以铸钱。《南史》卷52《南平元襄王伟传》记载南朝梁"武帝军东下，用度不足，伟取襄阳寺铜佛，毁以为钱"。隋唐之后，这样的事情就更为常见了，"长安城中，竞为盗铸，寺观钟及铜象，多坏为钱"⑤。例如长安城西明寺钟，"寇乱之后，缁徒流离，阒其寺者数年。有贫民利其铜，袖锤錾往窃凿之，日获一二

---

① 唐代就曾对铸造佛像有严格规定，《新唐书》卷54《食货志》载大和三年，"诏佛像以铅、锡、土、木为之，饰带以金银、鍮石、乌油、蓝铁，唯鉴、磬、钉、钚、钮得用铜，余皆禁之，盗铸者死。是时峻铅锡钱之禁，告千钱者赏以五千"。而对于销钱铸像者，则以盗铸论罪，同上《食货志》载："宝历初，河南尹王起请销钱为佛像者以盗铸钱论。" 可见铜在当时的重要地位。见《新唐书》卷54，中华书局1975年版，第1387页。
② 中古时期对于毁盗佛像均有严厉的处罚。隋开皇二十年颁布《禁毁盗佛道神像诏》："雕铸灵相，图写真形，率土瞻仰，用申诚敬……敢有毁坏偷盗佛及天尊像、岳镇海渎神形者，以不道论。沙门坏佛像，道士坏天尊者，以恶逆论。"（[清] 严可均：《全上古三代秦汉三国六朝文全隋文》卷2，商务印书馆1999年版，第23页；《隋书》卷2《高祖杨坚纪》，中华书局1973年版，第46页）;《唐律疏议》卷19 "盗毁天尊佛像" 条规定："诸盗毁天尊像、佛像者，徒三年。即道士、女官盗毁天尊像，僧、尼盗毁佛像者，加役流。真人、菩萨，各减一等。盗而供养者，仗一百。"（刘俊文：《唐律疏议笺解》，中华书局1996年版，第1359—1360页）
③ 《太平广记》卷116引《冥祥记》"沈僧复"，中华书局1961年版，第807页。
④ 《太平广记》卷116引《辨正论》"崔平业"，中华书局1961年版，第808页。
⑤ 《旧唐书》卷48《食货志》，中华书局1975年版，第2100页。

斤，鬻于阛阓"①；凤州城南明相寺，有佛数尊，"皆饰以金焉。乱罹之后，有贫民刮金，鬻而自给，迨至时宁，金彩已尽"②。

因此，这也从一个侧面反映了中古时期寺院在经济资源方面拥有很大优势，并对当时的社会经济生活有着重要的影响。

（3）佛教法事活动中所获资财

在佛教仪式中，有许多重要的法事活动。从皇帝贵族到各级官僚乃至普通民众，都在这些佛教活动中慷慨解囊，施予寺院大量财富。

例如梁武帝曾多次舍身同泰寺，设无遮大会，使得寺院获得了巨额钱财。据《梁书》卷3《武帝纪》记载，中大通元年九月，"癸巳，舆驾幸同泰寺，设四部无遮大会，因舍身，公卿以下，以钱一亿万奉赎"；此后，太清元年"三月庚子，高祖幸同泰寺，设无遮大会，舍身，公卿等以钱一亿万奉赎"。③梁武帝还曾设无导大会时，遣皇太子王侯朝贵等奉迎，"京师倾属，观者百数十万人。所设金银供具等物，并留寺供养，并施钱一千万为寺基业"④。

隋代时，最高统治者对于各类佛教斋会等宗教仪式与活动的赏赐也十分丰厚。浴佛节是重要的佛教节日，且深深融入了民众的日常生活。《续高僧传》记载："蜀土尤尚二月八日、四月八日，每至二时，四方大集，驰骋遨游。诸僧忙遽，无一闲者。"⑤而这样的宗教活动，往往是佛教寺院获得社会各阶层大量恩赐和捐施的最佳时机。例如隋仁寿二年（602）隋文帝供养舍利子并巡游天下，"令总管、刺史已下，县尉已上，废常务七日，请僧行道，教化打刹，施钱十文，一如前式"⑥。朝廷组织，各界参与，规模宏大，影响亦深，以至各州男女道俗"咸悉瞻仰"，"皆发菩提心，竞趣归依"⑦。再如《续高僧传》记载释智璪所获得的丰厚赏赐："隋大业元年驾幸江都，璪衔僧命出参，引见内殿。御遥见璪，即便避

---

① 《太平广记》卷116引《玉堂闲话》"西明寺"，中华书局1961年版，第813页。
② 《太平广记》卷116引《冥祥记》"明相寺"，中华书局1961年版，第813—814页。
③ 《梁书》卷3《武帝纪下》，中华书局1973年版，第73、92页。
④ 《梁书》卷54《海南诸国传·扶南国传》，中华书局1973年版，第792页。
⑤ 《续高僧传》卷27《隋益州天敕山释德山传》，中华书局2014年版，第1061页。
⑥ ［隋］王劭：《舍利感应记别录》，［清］严可均：《全上古三代秦汉三国六朝文全隋文》卷22，商务印书馆1999年版，第244页。
⑦ ［隋］王劭：《舍利感应记别录》，［清］严可均：《全上古三代秦汉三国六朝文全隋文》卷22，商务印书馆1999年版，第247页。

席,命令前坐。种种顾问,便遣通事舍人卢正方送璪还山,为智者设一千僧斋,度四十九人出家,施寺物二千段、米三千石并香酥等,又为寺造四周土墙。大业六年,又往扬州参见,仍遣给事侍郎许善心送还山,又为智者设一千僧斋,度一百人出家,施寺物一千段,儭斋僧人绢一匹。七年又往涿郡参,劳谢远来,施寺物五百段,遣五十人执仗防援还山。凡经八回参见天子,并蒙喜悦,供给丰厚。"①

唐代崇佛,对于宗教仪式和活动同样相当重视,尤其中唐以后,更是狂热。例如唐代宗时,尝问以福业报应事,"令僧百余人于宫中陈设佛像,经行念诵,谓之内道场。其饮膳之厚,穷极珍异,出入乘厩马,度支具廪给。每西蕃入寇,必令群僧讲诵《仁王经》,以攘虏寇。苟幸其退,则横加锡赐"②,赐品亦相当丰厚。颜真卿之《有唐宋州官吏八关斋报德记》记载宋州刺史徐向等为节度使田神功祈恩时,"以俸钱三十万设八关大会,饭千僧于开元伽蓝,将佐争承,唯恐居后。已而州县官吏长史苗藏实等设一千五百人为一会,镇遏团练官健副使孙琳等设五百人为一会,耆寿百姓张列等设五千人为一会。法筵等供,仄塞于郊埛;赞呗香花,喧阗于昼夜。其余乡村聚落,来往舟车,闻风而靡督自勤,耸惠而怵先胥懋者,又不可胜数矣"③。可见此斋会规模、影响之大。

普通民众的礼佛活动亦可谓疯狂。唐人笔记小说以文学之手法,几近真实地还原了当时的场面:"长安城南四十里,有灵母谷,呼为炭谷。入谷五里,有惠炬寺。寺西南渡涧,水缘崖侧,一十八里至峰,谓之灵应台。台上置塔,塔中观世音菩萨铁像。像是六军散将安太清置造。众传观世音菩萨曾见身于此台。又说塔铁像常见身光。长安市人流俗之辈,争往礼谒,去者皆背负米曲油酱之属。台下并侧近兰若四十余所,僧及行童,衣服饮食有余。每至大斋日送供,士女仅至千人,少不减数百,同宿于台上,至于礼念,求见光。"④礼佛者数以千计,皆携带各种物资,因此,附近四十余所兰若之僧众也是衣食有余。可以想见,长安寺院以此所获资财之众。

佛教僧众还通过其他宗教手段获取财物。《高僧传》记载宋临川招提寺释慧

---

① 《续高僧传》卷19《唐天台山国清寺释智璪传》,中华书局2014年版,第722—723页。
② 《旧唐书》118《王缙传》,中华书局1975年版,第3417页。
③ [清]黄本骥编订、凌家民点校:《颜真卿集》,黑龙江人民出版社1993年版,第82页。
④ 《太平广记》卷289引《辨惑志》"双圣灯",中华书局1961年版,第2299页。

绍自焚以集财：“即于焚身之日，于东山设大众八关，并告别知识。其日阖境奔波，车马人众及赍金宝者，不可称数"。①

唐代佛教祈雨盛行，在国家祭祀礼仪当中扮演了重要角色。佛教祈雨的成功，不仅弘扬了佛法，而且还能得到唐王朝各种资财的回报。《沙门昙贞贺南山祈雨赐物表》称："比顷以膏雨未敷，圣心忧轸，特奉进止，令往南山祈雨，肝胆斯竭，望赴天心，于法无功，龙神不应，空劳睿想，虚费供须，既无喜期，诚当罪责，圣慈宽宥，锡赉殊深，蒙锦彩七十匹，戴天履地，莫知高厚，岂谓忧愤之门忽逢，圣咸霈然之泽，无任欢抃愧惧之至。谨附中使李宪诚奉表陈谢以闻，沙门昙贞诚惶诚喜谨言。"所言即大历十二年（777）青龙寺沙门昙贞因祈雨成功而获得代宗皇帝七十匹锦彩赏赐之事。类似这样的祈雨、雪乃至止雨等仪式，都可能获取种种财物的恩赐。而洛阳龙门西山广化寺，亦是重要的祈请之所，"累朝旱涝，皆就祈请，征验随生，且多檀施"②。

另外，个别著名大寺因受到统治者的特别关照，而得到各种宗教法器道具乃至奢侈品的额外赏赉。例如在洛州昭成寺，有安乐公主所造百宝香炉，"高三尺，开四门。绛桥勾栏，花草飞禽走兽，诸天妓乐，麒麟鸾凤，白鹤飞仙。丝来线去，鬼出神入。隐起钑镂，窈窕便娟。真珠玛瑙，琉璃琥珀，颇梨珊瑚，车渠碗琰，一切宝贝，用钱三万，库藏之物，尽于是矣"③。再如唐代著名的寺院之一法门寺，曾受到皇室、官僚贵族的格外关注。据法门寺地宫《物帐碑》的记载，当时该寺所获供养道具及恩赐金银器物宝函，名目繁多，兹举几例如下：惠安皇太后施红罗裙衣二副各五事，夹缬下盖二副各三事；昭仪施裙衣一副四事；晋国夫人施衣二副八事；僧澄依施银金花菩萨一躯，并真珠装，共重五十两，并银棱函盛银锁子二具，共重一两；供奉官杨复恭施银白成香炉一枚，并承铁共重一百三两，银白成香合一具重十五两半；尼弘照施银如意一枚重九两四钱，袈裟一副四事；僧智英施银金涂盏一枚重四十一两；尼明肃施银如意一枚重廿两，手炉一枚重十二两二分，衣一副三事。④其各种供养物，"都计二千四百九十九

---

① 《高僧传》卷12《宋临川招提寺释慧绍传》，中华书局1992年版，第450页。
② 《宋高僧传》卷2《唐洛京圣善寺善无畏传》，中华书局1987年版，第22页。
③ 《太平广记》卷236引《朝野佥载》"安乐公主"，中华书局1961年版，第1817页。
④ 韩金科主编：《法门寺文化研究》（文史资料汇编卷），陕西省法门寺博物馆1993年版，第17页。

副、枚、领、张、口、具、两、钱字等",其中"金银宝器衫袍及下盖裙衣计八百九十九副、枚、领、张、口、具"。虽然出土实物与物帐数量不符①,但仍体现出法门寺供养之物的奢华。

3. 寺院浮财

中古时期,寺院所获得的浮财相当巨大。尤其社会各阶层的赏赐、施舍及捐施,使得寺院经济实力得到了强有力的保障。

南北朝时期,许多高僧大德都得到了统治阶层的供养。十六国时期,南燕慕容德曾将"绢百匹,并假东齐王奉高山茌二县封给"与竺僧朗。②南朝刘宋文皇帝对普贤寺宝贤深加礼遇,供以衣食。及孝武,雅相敬待,月给钱一万。明帝即位,赏接弥崇,以泰始元年敕为普贤寺主,二年又敕为都邑僧正。青园东寺净贤,宋文皇帝善之,"厚崇供施,内外亲赏";及明帝即位,"礼待益隆,资给弥重,建斋设讲,相继不绝。当时名士,莫不宗敬"。③南齐建福寺智胜,亦受到特加供俸,"日月充盈,缔构房宇,阖寺崇华"④。梁武帝曾以礼致释法宠,"请为家僧,敕施车牛、人力、衣服、饮食,四时不绝"⑤,并敕工人缮改其所居宣武寺。南朝梁之乐安寺释惠晖,"王公贵贱无不敬重,十方僂遗,四时殷竞。所获之财,追造经像,随宜远施"⑥。梁东徐州刺史张皋也曾对僧越予以供养。⑦

北朝施财更多。北魏时期,"内外之人,兴建福业,造立图寺,高敞显博……贫富相竞,费竭财产"⑧。

民间的捐施也很普遍。北魏裴植之母,"年逾七十,以身为婢,自施三宝,布衣麻菲,手执箕帚,于沙门寺洒扫",于是"诸子各以布帛数百赎免其母"⑨。《名画记》记载顾恺之瓦棺寺作画捐施之事,说:

---

① 韩伟:《法门寺地宫唐代随真身衣物帐考》,《文物》1991年第5期。
② 《广弘明集》卷28,《大正藏》51册,第322页下。《高僧传》卷5《晋泰山昆仑岩竺僧朗传》载:"燕主慕容德……给以二县租税。"《高僧传》,中华书局1992年版,第190。
③ [梁]释宝昌著,王孺童校注:《比丘尼传校注》卷4,中华书局2006年版,第195页。
④ [梁]释宝昌著,王孺童校注:《比丘尼传校注》卷3,中华书局2006年版,第134页。
⑤ 《续高僧传》卷5《梁扬都宣武寺沙门释法宠传》,中华书局2014年版,第152页。
⑥ [梁]释宝昌著,王孺童校注:《比丘尼传校注》卷4,中华书局2006年版,第209页。
⑦ 《太平广记》卷120引《还冤记》"释僧越",中华书局1961年版,第841页。
⑧ 《魏书》卷114《释老志》,中华书局1974年版,第3038页。
⑨ 《魏书》卷71《裴叔业传附从子植传》,中华书局1974年版,第1571页。

长康又尝于瓦棺寺北殿内画维摩居士，画毕，光辉月余。《京师寺记》云，兴宁中，瓦棺寺初置僧众，设刹会，请朝贤士庶宣疏募缘。时士大夫莫有过十万者，长康独注百万。长康素贫，众以为大言。后寺僧请勾疏，长康曰："宜备一壁。"闭户不出一月余，所画维摩一躯工毕。将欲点眸子，乃谓僧众曰："第一日观者，请施十万；第二日观者，请施五万；第三日观者，可任其施。"及开户，光照一寺。施者填咽，俄而及百万。①

　　寺院募捐，先由捐者在宣疏上划注，然后由寺僧取资，捐者"勾疏"。可见当时寺院募捐已初步形成了制度，也说明当时捐助的确是寺院财产的重要来源。

　　隋唐时期，寺院浮财更是空前膨胀。

　　隋唐皇家基本上都崇奉佛教，对于寺院的施舍相当普遍，尤其贞观之后，"舍施钱帛金玉，积聚不可胜计"，"士女礼忏，阗咽施舍，争次不得，更有连车载钱绢，舍而弃去，不知姓名"。②《宋高僧传·唐京师崇圣寺文纲传》记载唐中宗为度弟子，曾一次赐文纲什物彩帛三千匹；睿宗也曾恩旨赐绢三千匹，文纲"悉付常住随事修营，或金地缭垣，用增上价；或宝坊飞阁，克壮全模；或讲堂经楼，舍利净土；或轩廊器物，厨库园林，皆信施法财，周给僧宝"。③唐睿宗曾将其旧宅建为大安国寺，施一宝珠，价值亿万，令镇常住库。

　　大兴善寺是当时著名的佛寺，尤其在不空和尚时期，其寺获得了空前的兴盛。《大唐故大德赠司空大辨正广智不空三藏行状》记载大兴善寺所获皇家赏赐情况说：

　　　　永泰元年十一月一日，制授大师特进试鸿胪卿，号大广智三藏。大历三年，大师于兴善寺立道场，赐瑞锦褥十二领、绣罗幡三十二口，价直千万，又赐二七日入道场大众斋粮。近侍大臣诸禁军使，敕令入灌顶道场，道俗之流，别有五千余众。四年冬，大师奏天下寺食堂中，特置文殊师利为上座。恩制许之，须宣宇内。五年夏五月，诏请大师，往太原台山修功

---

① 《太平广记》卷210引《名画记》"顾恺之"，中华书局1961年版，第1608页。
② 《太平广记》卷493引《辨疑志》"裴玄智"，中华书局1961年版，第4047页。
③ 《宋高僧传》卷14《唐京师崇圣寺文纲传》，中华书局1987年版，第333页。

德。是岁也,有彗出焉,法事告终,妖星自伏。季秋,居于京师,皇上以所乘师子,听并御鞍辔,遣中使出城迎大师。大师固辞,恩命不许。乃乘之入对,皇上大悦。并僧俗弟子,咸赐内殿斋饭,锡赉束帛甚厚。六年春二月,敕赐大师道场绣罗幡二十四口、绣缦天一,并绣额一。十月圣诞日,大师进前后所译经。有敕宣示中外,编入"一切经目录",并僧俗弟子等,都赐物五百一十疋。七年春,敕赐绢一百疋。是岁春夏旱,有诏请大师祈雨。中使李宪诚奉宣恩旨:"若三日内雨足,是和上功,非过三日,关和尚事。"大师受制,建立道场,一日已终,及依法祈请,亦不过限,大雨丰足。皇帝大悦,设千僧斋,并僧弟子衣七副,以报功也。冬,大师奏造文殊阁,圣上自为阁主,贵妃、韩王、华阳公主赞之,凡出正库财约三千万数,特为修崇。八年春,赐大师绢二百疋,充乳药。五月,奉敕译"萨路茶王经"一卷,赐绢二百二十疋。冬十二月十四日,上文殊阁梁,一切费用,皆是恩旨。别有锡赉,相望道路。九年春正月,赐彩六十疋。夏四月,赐绢三百疋,充衣钵。六月十一日,有诏就加开府仪同三司,封肃国公,食邑三千户,余如故。①

仅此可想当时此寺之盛景。在不空薨逝后,唐王朝也是"哀悼九重,辍朝三日。赠绢三百四、布二百端、钱三十万、米面共四百石,香油、薪炭及诸斋七,外支给。又赐钱二百二十五万,建以灵塔,宇内式瞻。②

官僚贵族施舍。大安国寺,供施数十百万,"贵臣盛族皆所依慕,豪侠工贾莫不瞻向,荐金宝以致诚,仰端严而礼足,日有千数,不可殚书"③。

据《新唐书》记载,高力士奉佛建寺,其"于来廷坊建佛祠,兴宁坊立道士祠,珍楼宝屋,国赀所不逮。钟成,力士宴公卿,一扣钟,纳礼钱十万,有佞悦者至二十扣,其少亦不减十"④。《太平广记》引《甘泽谣》记载:"李谏议源,公卿之子,当天宝之际,以游宴歌酒为务。父憕居守,陷于贼中,乃脱粟布衣,

---

① 《大唐故大德赠司空大辨正广智不空三藏行状》,《大正藏》第50册,第293页中—293页下。
② 《大唐故大德开府仪同三司试鸿胪卿肃国公大兴善寺大广智三藏和上之碑》,《大正藏》第52册,第849页中。
③ 《宋高僧传》卷6《唐京师大安国寺端甫传》,中华书局1987年版,第123—124页。
④ 《新唐书》卷207《宦者传上·高力士传》,中华书局1975年版,第5856页。

止于惠林寺，悉将家业为寺公财。"①唐肃宗时，润州刺史曾一次给福兴寺"施钱三十万"。②唐德宗贞元年中，有护军中尉邠国公扶风窦公，赐"三原县庄租赋之利"③给清凉山寺院。

而以香山寺、天竺寺、玉泉寺、奉先寺（龙华寺）、敬善寺、广化寺等为代表的龙门地区佛教寺院，在唐代形成了"幢塔林立，寺庙曲回，法事繁衍若雷动，缁素逐流以风趋"④的佛教崇拜人文生态聚落，是与官僚贵族的大量捐施密不可分的。例如1981年孟县西窑村出土唐天宝五年（746）元婉墓志记载其于开元十七年，"诣天竺寺崇昭法师受菩萨戒，持金刚经……顾谓左右，广修功德。乃舍财宝、放家僮，转大藏经，发最上愿"⑤；再如龙门西山出土李弘墓志，其中也记载志主生前"奉释氏福门，遵孝道仁义，累岁散财，施设无遮，启天人之路也"⑥。正是如此，洛都人士纷纷前来观游，感受梵天佛境独特的魅力："每熙春载阳，具物和畅，此都人士则填城隘陌，自北而南，遗光相涉，群听相接，震闻乎数十里外。无不举袂阴峰，阳桡沸水，洁诚而往，修礼而去……其崇信也如彼，其安闲也如此。禅期乐净道，讵越于身心，观其恶嚣事，已冥于世界。寺之梵众

---

① 《太平广记》卷387"圆观"，中华书局1961年版，第3089页。《旧唐书》卷187《忠义传·李憕传附子源传》载："源时年八岁，为贼所俘，转徙流离，凡七八年。及史朝义走河北，洛阳故吏有义源者，赎之于民家。代宗闻之，授河南府参军，转司农寺主簿。以父死祸难，无心禄仕，誓不婚妻，不食酒肉。洛阳之北惠林寺，憕之旧墅也，源乃依寺僧，寓居一室，依僧斋戒，人未尝见其所习。"《旧唐书》卷187，中华书局1975年版，第4889页。《宋高僧传》卷20《唐洛京慧林寺圆观传》载："大历末，与李源为忘形之友。源父憕居守，天宝末陷于贼中，遂将家业舍入洛城北慧林寺，即憕之别墅也；以为公用无尽财也。"《宋高僧传》卷20，中华书局1987年版，第518页。
② 《润州福兴寺碑并序》，[清]陆增祥撰：《八琼室金石补正》，文物出版社1985年版，第429页。
③ 《广清凉传》卷中，[唐]慧祥、[宋]延一、张商英撰，陈扬炯、冯巧英校注：《古清凉传·广清凉传·续清凉传》，山西人民出版社1989年版，第77页。
④ 《龙门佛教寺院与洛中缁白信众的人文生态》，张乃翥辑：《龙门地区佛教寺院史料辑绎》，国家图书馆出版社2013年版，第179页。
⑤ 《大唐故通议大夫上柱国剑州刺史晋阳县开国男郭府君夫人新郑郡君河南元氏权殡墓志》，张乃翥辑：《龙门地区佛教寺院史料辑绎》，国家图书馆出版社2013年版，第26—27页。
⑥ 《故李府君（弘）墓志铭并序》，吴钢主编：《全唐文补遗（千唐志斋新藏专辑）》，三秦出版社2006年版，第325页。

德，无量无转，不退轮末于斯也"①。

富商大贾施财者也很常见。晚唐时期的王酒胡曾舍钱十万贯入佛寺。《玉泉子》记载说："京辇自黄巢退后，修葺残毁之处。时定州有儿，俗号王酒胡，居于上都，巨富，纳钱三十万贯，助修朱雀门。昭宗又诏重修安国寺毕，亲降车辇，以设大斋。乃扣新钟，一撞舍钱一万贯，命大臣请各取意而击。上曰：'有能舍一千贯文者，即打一槌。'斋罢，王酒胡半醉入来，径上钟楼，连打一百下，便于西寺运钱十万贯入寺。"②唐先天年间大兴善寺焚毁后，僧众"急募"，重新缔构，"十二亩之地"，化缘"日盈千万"③；资圣寺遭火荡尽，"唯于灰中，得数部经，不损一字"，百姓听闻，施舍无数，"数日之间已盈巨万，遂再造其寺"。④

唐代佛教的流行，社会各阶层以建经幢的形式为国家、皇室、官僚、亡亲故人及法界众生祈福修功德，由此而来的赏赉、恩赐与捐施不断。《大唐西京千福寺多宝塔感应碑文》即著名的《多宝塔碑》中就详细记述了此塔兴建所获捐助的情况："七月十三日，敕内侍赵思侃求诸宝坊，验以所梦。入寺见塔，礼问禅师，圣梦有孚，法名惟肖。其日赐钱五十万、绢千匹，助建修也……我皇天宝之年，宝塔斯建，同符千古，昭有烈光。于时道俗景附，檀施山积，庀徒度财，功百其倍矣。至二载，敕中使杨顺景宣旨，令禅师于花萼楼下迎多宝塔额……额书下降，又赐绢百匹……其载，敕内侍吴怀实，赐金铜香炉，高一丈五尺……天宝十一载岁次壬辰四月乙丑朔廿二日戊戌建。"说明多宝塔的修建不仅历时长，而且获施钱物多。

同样，施舍也是敦煌佛教寺院获得浮财的重要途径之一。例如P.4624《唐大中七年（853）八月廿六日邓荣施入疏》记录的就是邓荣将匹帛、衣物、麦粟、瓦甕等物品及草驴一头施入某寺，以充转经、造窟、设斋之用：

（前缺）□□□□□盆三粗布……物施入修窟。家人定娘男德子放

---

① 苏颋：《唐河南龙门天竺寺碑》，[宋]李昉等：《文苑英华》卷856，中华书局1966年版，第4519页。
② [唐]阙名撰，[南唐]刘崇远撰：《玉泉子·金华子》，上海古籍出版社1988年版，第27页。
③ 《宋高僧传》卷21《唐成都府法聚寺法江传附兴善寺异僧》，中华书局1987年版，第551页。
④ 《宋高僧传》卷24《唐湖州法华寺大光传》，中华书局1987年版，第623页。

出从……黑布方毡袈裟一□褐长袖一绯，褐方毡一领，大床一张，铛一口，□铁鏊一面，鞍一具，单经布裙衫一对，牙盘子一，麦十硕，粟十硕，瓮大小四口，瓦盛一，油瓮一，案板一，食刀一，故袋一口，五岁草驴一头，已上物与沙弥德子。细布裤段一充法事。右件转经造窟设肃（斋）舍施功德，为己弟舍化已来，不知神识落在何道。今将生前受用，依（衣）物，叩触三尊，谨因此晨，伏愿慈悲，希垂回向。大中七年八月廿六日兄邓荣谨疏。①

总之，当时对于寺院的资财施舍，方式多样，其心迹亦各有不同，"或舍财同今法事者，或舍财以供养者，或舍财行慈悲者，或舍财乞诵经者，或舍财入节供者，或舍财入放生者，或舍财入布施者，或舍身施大众者，或烧指供养三宝者，或闻讲启求出家者"②。无论出于怎样的目的，对于佛教寺院而言，最终都是通过各种方式获取了经济资源，壮大了自身的经济实力。③

第二节　中古佛教寺院经济的生产经营活动

一、农业生产

中古时期，随着佛寺田产的增多，寺院庄园的规模渐趋形成。会稽龙华寺，乃宋元嘉二十四年所构筑，经过不断营建，"寺域则宅之旧基，左江右湖，面山背壑，东西连跨，南北纤萦"④。这些寺院的庄园，都已颇具规模。

---

① 唐耕耦、陆宏基编：《敦煌社会经济文献真迹释录》第3辑，全国图书馆文献微缩复制中心1990年版，第82页。
② 《广弘明集》卷19《御讲摩诃般若经序》，《大正藏》52册，第237页下—238页上。
③ 例如《释门自镜录》卷下《害物伤慈录·唐神都太平寺僧威整害蜘蛛事》记载太平寺僧威整因害蜘蛛疮，"晓夕苦痛，难言难忍"，于是"合寺徒众，时时来集，为其求佛，即觉小可，罄舍衣资，于龙门山造一万五千像一铺"，由此造像数量之巨亦可看出佛寺经济实力之强。《大正藏》51册，第814页中—814页下。
④ 《陈书》卷27《江总传》，中华书局1972年版，第344页。

北朝寺庄也相当富足。如北齐洛阳平等寺，"地兼爽垲，比竹林而并丽。寺带良田，匹鹿苑而不殊。花果氤氲，桂兰绮合。灵芝勺药，布护揩廷。房庑周通，斜绣出掎角。璧珰浮梁，止雪莲钱绕。浐井碧水类清泉。□楼交葛，□铎叁茗。羽翩翳林，食听妙响。鸳鸯双树，玩好真音"①，其规模亦不逊色。

隋唐时期，随着寺院经济实力的增强，尤其是田产的扩张，寺院庄园得到了新的发展。如蒲州普济寺，"置庄三所，麻麦粟田，皆在夏县东山深隐之所，不与俗争，用接羁远"②；长安清禅寺庄园水、陆庄田皆有。大象寺，"管庄大小七所"③。园仁在其游记《入唐求法巡礼行记》中也记载了许多寺院庄园，例如长山县醴泉寺北有"寺庄园十五所"；太原府三交驿有定觉寺庄；长安资圣寺也有庄园。④

河西敦煌地区也有很多寺院庄园。根据出土敦煌文书的记载统计，敦煌寺院的寺庄主要有某寺阴婆庄、宜秋庄、孟受庄（P.1053号）、拔恩寺南沙庄（S.4116号）、某寺翁渠庄（S.4657号）、某寺张老宿庄（S.4782号）、某寺大瀼庄（S.5049号）、某寺千渠庄（S.5937号）、某寺索胡庄、某寺索僧正庄（P.1519号）、吴僧正庄（P.2032号V）、某寺北府庄（P.4907号），等等。⑤敦煌寺院庄园的景况，也常为变文所描绘赞叹，如文书《降魔变文》就记述一处庄园说："竹木非常蓊蔚，三春九夏，物色芳鲜；冬际秋初，残花翕郁。草青青而吐绿，花照灼而开红，千种池亭，万般果药，香芬芬而扑鼻，鸟噪咭而和鸣。"⑥

虽然寺院庄园规模不一，但其所囊括的田产都相当庞大。例如智力禅师为营建佛寺，"遂买地山泉，经始福舍。开田凿井，倏为须达之园……□□□建苦通院一所。未惬素怀，更于此北二俱卢舍，瞻选形胜，为上方像祠庵。居涧饮伐麓□□□□□□□为命。于是四众奔凑，千里投诚。供献川盈，俟舍

---

① 李献奇：《北齐洛阳平等寺造像碑》，李献奇、黄明兰主编：《画像砖、石刻、墓志研究》，中州古籍出版社1994年版，第105—106页。
② 《续高僧传》卷26《唐蒲州普济寺释道英传》，中华书局2014年版，第1026页。
③ 《金石萃编》卷113《重修大象寺记》，中国书店1985年版。
④ ［日］圆仁：《入唐求法巡礼行记》卷2、卷3、卷3，花山文艺出版社1992年版，第252页、第317页、第347页。
⑤ 转引自张弓：《唐代的寺庄》，《中国社会经济史研究》1989年第4期。
⑥ 王重民等编：《敦煌变文集》（上集），人民文学出版社，1957年版，第365页。

山积。工伦继踵，良木输途。月殿雄崇，映□□□□□□□□齐湫，崿而临空。曲宇、回廊、联甍、翼栋成，经行宴坐，目眺云峰。乘兴登攀，岚翠可□□□□□□□□□也"①。

再如扬州六合县灵居寺，其庄园更显气势："灵居寺者，肇自齐天统元年创也。盖珠标榜，为古伽蓝。绵周历隋，或兴或废。暨有唐高宗御宇之代，上元元年，特降天书，赐题寺额。增我圣教，煜然有光。至若舍宅布金，倾财施树，前志磨灭，不可复知，故阙如也……积衣钵馀，崇常住业。置鸡笼墅肥地庄，山原连延，亘数十顷。诚功绩大者，亮福田不赀……并移厨置库，迁净人院，创常住仓。客省营，律堂设，功用大备，实有可观……北暨两河，南被五岭，莫不高山仰止，望景趋风。连帅稽首以传香，诸侯接足而施禄者矣。"② 灵居寺历经数朝，获朝廷敕赐无数，其鸡笼墅肥地庄竟达数十顷之广，设置机构复杂，可想其是经过了长时间的不断扩张才形成如此规模的。

在寺院中，僧众从事农业生产活动是很普遍的，例如法显，"尝与同学数十人，于田中刈稻"③；道安，"驱役田舍，至于三年，执勤就劳，曾无怨色"④。但随着田产的扩大，寺院也将土地出租。例如《唐贞观十四年（640）张某夏田契》记载：

```
1 □□□□□□□ 宝寺都□
2 □□□□□ 匡渠常田十七亩，亩别与
3 □□□□□ 斛，到十月内与夏价
4 □□□□□ 种床与五斛，种
5 □□□□□ 与耕田人。床、粟、麦要
6 □□□□□ 渠破水滴，仰耕田人承了
7 □□□□□ 要经丑岁一年用种。风
8 □□□□□ 一车。治渠圣道张
```

---

① 《唐故大德智力禅师遗德之碑》，吴钢主编：《全唐文补遗》第4辑，三秦出版社1994年版，第12页。
② 《全唐文》卷745叔孙矩《大唐扬州六合县灵居寺碑》，中华书局1983年版，第7713—7716页。
③ 《高僧传》卷3《宋江陵辛寺释法显传》，中华书局1992年版，第87页。
④ 《高僧传》卷5《晋长安五级寺释道安传》，中华书局1992年版，第177页。

9□□□□□成之后，各不得返□

10□□□□□私要，要行二□

（后缺）①

可见，寺院庄园农业生产的经营方式，也随着时代的发展呈现出多样化的形式。

二、经济作物种植

寺院庄园除种植粮食作物外，还种有大量的经济作物。例如南朝刘孝标《东阳金华山栖志》描写说："寺观之前，皆植修竹，檀栾萧瑟，被陵缘阜。竹外则有良田，区畛通接，山泉膏液，郁润肥腴，郑白决漳，莫之能拟。致红粟流溢，凫雁充厌。春鳖旨檀碧鸡，冬蕈味珍霜鹎，縠巾取于丘岭，短褐出自中园。莞蒋逼侧于池湖，营蒴骈填于原隰。养给之资，生生所用。"②可见其种类繁多。

北魏洛阳景林寺，"寺西有园，多饶奇果。春鸟秋蝉，鸣声相续"③，其他如景明寺、永明寺、建中寺等莫不如此。白马寺，"浮图前柰林蒲萄异于余处，枝叶繁衍，子实甚大。柰林实重七斤，蒲萄实伟于枣，味并殊美，冠于中京……京师语曰：'白马甜榴，一实直牛'"④。

唐代郑玄挺在寺院行香，曾看到寺中种有各种植物蔬菜⑤；大象寺，有果园一所⑥。

唐代敦煌的佛教寺院，大多都有自己的田园，种植各种树木、果蔬。P.4660《禅和尚赞》中称"合寺花果，供养僧尼"⑦。通过对敦煌文书的分析，可以看出敦

---

① 《吐鲁番出土文书》第4册，文物出版社1983年版，第40—41页。
② 《广弘明集》卷24《东阳金华山栖志》，《大正藏》第52册，第276页下—277页上。
③ 《洛阳伽蓝记校释》卷1，中华书局2010年版，第48—49页。
④ 《洛阳伽蓝记校释》卷4，中华书局2010年版，第135页。
⑤ 《太平广记》卷250引《启颜录》"邓玄挺"，中华书局1961年版，第1936页。
⑥ 《金石萃编》卷113《重修大象寺记》，中国书店1985年版。
⑦ 郑炳林：《敦煌碑铭赞辑释》，甘肃教育出版社1992年版，第204页。

煌的寺院除了种植榆、杨、柳等木材外,还种有桑、杏、李子、梨等经济林木。①

三、手工业经营

寺院也从事手工业经营。例如碾硙生产就是当时寺院普遍流行的手工业经营方式之一,这在唐代敦煌地区表现的尤为明显。②特别是寺院的水碾硙经营,不仅对于寺院经济有着重要意义,而且在唐代产生了重要的社会影响(详论见后文)。

除寺院碾硙经营之外,在魏晋南北朝时期,寺院建筑业相当发达,大规模的佛寺建筑和石窟开凿就是其最为明显的标志。例如《魏书·释老志》记载洛阳龙门石窟的开凿情况说:"景明初,世宗诏大长秋卿白整准代京灵岩寺石窟,于洛南伊阙山,为高祖、文昭皇太后营石窟二所。初建之始,窟顶去地三百一十尺。至正始二年中,始出斩山二十三丈。至大长秋卿王质,谓斩山太高,费功难就,奏求下移就平,去地一百尺,南北一百四十尺。永平中,中尹刘腾奏为世宗复造石窟一,凡为三所。从景明元年至正光四年六月已前,用功八十万二千三百六十六。"③如此浩大的工程,肯定需要佛教界的大力支持和帮助,其参与的僧众自然不在少数。

唐代寺院手工业,涉及建筑工程、粮食油料加工、雕版印刷等各个方面,表明当时寺院手工业得到了大力发展。④唐代造像之风盛行,就连寺院僧众也在"坊巷之内,开铺写经,公然铸佛"⑤。雕版印刷推动了佛教的发展,佛经广为传播。玄奘就曾经"以回锋纸印普贤象,施于四众,每岁五驮无余"⑥。

---

① 敦煌地区佛寺的林业种植概况,参见郑炳林、李军著:《敦煌历史地理》第三章《敦煌的经济地理》第一节《敦煌的农业》,甘肃教育出版社2010年版,第193—202页。
② 关于敦煌碾硙经营,可参见姜伯勤《唐五代敦煌寺户制度》等论述。姜伯勤:《唐五代敦煌寺户制度》,中华书局1987年版。
③ 《魏书》卷114《释老志》,中华书局1974年版,第3043页。
④ 关于中古时期寺院手工业的发展情况,可参见魏明孔《中国手工业经济通史·魏晋南北朝隋唐五代卷》的具体论述。《中国手工业经济通史·魏晋南北朝隋唐五代卷》,福建人民出版社2004年版。
⑤ 《全唐文》卷26《禁坊市铸佛写经诏》,中华书局1983年版,第300页。
⑥ [后唐]冯贽编,张力伟点校:《云仙散录》卷5引《僧园逸录》"印普贤",中华书局1998年版,第62页。

其他手工业制作。比如唐永徽中，绛州某寺，"夏中蓝熟，寺众于水次作靛"①出售。

四、商业经营

寺院僧众还从事商业经营，买卖活动相当普遍。《玉堂闲话》记载宜春郡东安仁镇齐觉寺，一老僧"上公"，年九十余，门人弟子有一二世者。其寺常住庄田，孳畜甚多。常住有老牸牛一头死，主事僧于街市鬻之，只酬钱八百。②《酉阳杂俎》记载唐代寺僧商业交易："长安平康坊菩提寺，缘李林甫宅在东，故建钟楼于西。寺内有郭令玳瑁鞭，及郭令王夫人七宝帐。寺主元意，多识故事。云，李相每至生日，常转请此寺僧，就宅设斋。有一僧尝赞佛，施鞍一具，卖之，价直七万。又僧广有声，口经数年，次当赞佛。因极祝林甫功德，冀获厚衬。毕，帘下出彩筐；香罗帊籍一物，如朽钉，长数寸。僧归，大失所望，惭惋数日。且意大臣不容欺已，遂携至西市，示于胡商，索价一千。胡见之，大笑曰：'未也。'更极意言之，加至五百千。胡人曰：'此宝价直一千万。'遂与之。僧访其名。曰：'此宝骨也。'"③

敦煌寺院及僧众之间也有频繁的商品交易。文书《未年（803）尼明相卖牛契》（S.5820＋S.5826）记载尼明相卖牛：

> 黑牸牛一头三岁，并无印记。未年润十月廿五日，尼明相为无粮食及有债负，今将前件牛出卖与张抱玉。准作汉斗麦一十二硕，粟两硕。其牛及麦即日交相分付了。如后有人称是寒道（盗）识认者，一仰本主卖（买）上好牛充替。立契后有人先悔者，罚卖三石，入不悔人。恐人无信，古（故）立此契为记。
>
> 麦主
> 牛主　尼僧明相年五十三
> 保人　尼僧净情年十八

---

① 《太平广记》卷220引《广五行记》"绛州僧"，中华书局1961年版，第1688页。
② 《太平广记》卷134引《玉堂闲话》"上公"，中华书局1961年版，第960页。
③ 《太平广记》卷403引《酉阳杂俎》"宝骨"，中华书局1961年版，第3251页。

保人　僧空照

保人　王忠敬年廿六

见人　尼明香①

从此件文书可以看出,"牛主"尼僧明相因无粮加之债负,不得已才将自己拥有的私产卖出。

再如S.1350《唐大中五年(851)僧光镜负僱布买钏契》:

> 大中五年二月十三日,当寺僧光镜缘阙车小头钏壹交停事,遂于僧神捷边买钏一敉(枚),断作价直布一百尺。其布限十月已后(前)于僱司填纳。如过十月已后至十二月勾填更加二十尺。立契后,不许休悔。如先诲(悔),罚布一尺,入不诲(悔)人。恐后无凭,答项印为验。(朱印)
>
> 　　　　负僱布人　僧光镜(朱印)
>
> 　　　　见人　僧龙心
>
> 　　　　见人　僧智眃(朱印)
>
> 　　　　见人　僧智恒字达②

吐鲁番出土文书也有关于寺院商品买卖的记载,例如《唐上元二年马寺尼法□买牛契》就记有马寺尼法□于上元二年(761)七月廿六日在西州购买一头五岁黑犍牛的事情。③

寺院也从事邸店经营。例如福田寺大德法师常俨,"与常住造立铺店并收质钱舍屋计出缗锱,过十万余资"④;大象寺,在东市善和坊也有店舍六间半⑤。

---

① 沙知:《敦煌契约文书辑校》,江苏古籍出版社1998年版,第55—56页。

② 沙知:《敦煌契约文书辑校》,江苏古籍出版社1998年版,第62页。

③ 《吐鲁番出土文书》第10册,文物出版社1991年版,第290—291页。唐临《冥报记·谢氏》记载变身为牛的谢氏被卖于法界寺夏侯师家并被驱向城南耕地,故事一定程度上说明唐代寺院僧尼可蓄有私产并可进行买卖活动。《太平广记》卷134,中华书局1961年版,第956页。

④ 吴钢主编:《全唐文补遗》第7册,三秦出版社1994年版,第108页。

⑤ 《金石萃编》卷113《重修大象寺记》,中国书店1985年版。

五、畜牧业经营

北齐时，就曾发生过寺院僧众因放马而吃掉农田麦苗之事。[1]后周武帝时，敷州义阳寺僧昙欢有羊数百口，恒遣沙弥及奴放于山谷。[2]唐天宝初衡岳寺执役僧懒残，"书专一寺之工，夜宿群牛之下"，辛勤执役长达二十年之久。[3]

阿斯塔那80号墓出土67TAM80：12《高昌延寿元年（624）张寺主明真雇放羊儿券》记载该寺有羊一百五十口，而且寺主明真出雇价，让别人来放养。[4]

敦煌寺院也从事畜牧业。民众的施舍是寺院畜群的主要来源，例如P.2567背《癸酉年（793）二月沙州莲台寺诸家散施历状》记载该年正月三日起至二月八日以前，佛戒忏的信士们施入本寺"马两匹，二岁黄牛一头"。[5]S.542背《戌年（818）六月沙州诸寺丁口车牛役簿附亥年一卯年注记》载有："曹进兴_{放驼}"，"索再晟_{打钟 守普光囚五日 贴驼群五日}"，"史升朝_{放羊贴驼群五日}"。[6]说明羊、骆驼等是敦煌地区寺院主要的畜牧对象，尤其是牧羊业，在敦煌文书中有较多的记载，如S.5964号文书记载：

（前缺）

□当年儿白羊羔子两口，女羔子一口。已上通计白羊、殺羊儿女大小二百八十五口，一一并分付牧羊人王住罗悉鸡，后算为凭。牧羊人王悉罗准羔子数合得苏五斗二升

  牧羊人 王住罗悉鸡

  牧羊人 程万子

S.542-4V《丑年（809或821）十二月二十一日灵修寺寺卿薛惟谦算见在羊

---

[1]《释门自镜录》下卷，《大正藏》第51册，第815页。
[2]《太平广记》卷131引《广古今五行记》"僧昙欢"，中华书局1961年版，第933页。
[3]《太平广记》卷96引《甘泽谣》"懒残"，中华书局1961年版，第640页。
[4] 张传玺主编：《中国历代契约会编考释》（上），北京大学出版社1995年版，第187页。
[5] 唐耕耦、陆宏基：《敦煌社会经济文献真迹释录》第3辑，全国图书馆文献缩微复制中心1990年版，第71—72页。
[6] 唐耕耦、陆宏基编：《敦煌社会经济文献真迹释录》第2辑，全国图书馆文献缩微复制中心1990年版，第381—393页。

牒》载：

> 灵修寺　状上
>
> 　　丑年十二月廿一日，就报恩寺暖堂算见在羊：大白羯四口，白羯羔一口，大白母一口，羖羯三口，羖羯羔一口，大羖母十二口，羖母叱般二口，羖母羔五口。卖肉腔令陪羖羊三口，无印陪羖羊一口，限寅年算羊时陪。
>
> 　　右见通如前，谨录状上。
>
> 　　牒件状如前 谨牒。
>
> 　　丑年十二月 日寺卿薛惟谦牒。[①]

其他如 S.542-2V《丑年（809或821）十二月二十一日金光明寺寺卿张点算史太平羊群见在数牒》、S.542-5V《丑年（809或821）十二月大乘寺寺卿唐千进点算见在及欠羊牒》[②]等也都有关于牧羊业的记载。根据敦煌文书的记载，敦煌的大云寺、龙兴寺、报恩寺、灵修寺、莲台寺、金光明寺、灵图寺、普光寺、开元寺、安国寺、乾元寺、永安寺、大乘寺等皆有一定数量的羊群，数量从几十只到数百只不等，且雇有牧人为之放牧。[③]

P.3774《丑年（821）十二月沙州僧龙藏牒——为遗产分割纠纷——》记述了龙藏进行牧业经营的具体状况："先家中无羊，为父是部落使，经东衙算赏羊卅口、马一匹、耕牛两头，牸牛一头，绯毯一。齐周自出牧子，方经十年。后群牧成，始雇吐浑放牧。至丑年羊满三百，小牛驴共卅头，已上耕牛十头，尽被贼将。残牛一头，驴一头。其时大哥身着箭，宣子病卧。贼去后，齐周请得知己亲情百姓，遮得羊一百卅口、牛驴共十一头。又知己亲情与耕牛：安督头一头、赵再兴一头、张英玉一头、安恒处二齿牛二。博得大牛两头，人上得牛五头。未得牛中间，亲情知己借得牛八具，种涧朵地至毕功。其年收得麦一十七车，齐周自

[①] 唐耕耦、陆宏基编：《敦煌社会经济文献真迹释录》第3辑，全国图书馆文献缩微复制中心1990年版，第573页。

[②] 唐耕耦、陆宏基编：《敦煌社会经济文献真迹释录》第2辑，全国图书馆文献缩微复制中心1990年版，第571、574页。

[③] 详论参见郑炳林、李军著：《敦煌历史地理》第三章《敦煌的经济地理》，甘肃教育出版社2010年版，第202—207页。

持打……"①龙藏和尚从事畜牧经营,而且牧群也在其经营下不断发展壮大。

此外,吐鲁番文书如《高昌义和二年(615)七月马帐》《高昌某年卫延绍等马帐》《高昌某年郡上马帐》《高昌合计马额帐》②等还记载了许多寺院拥有马匹的状况。而且,这些地区的寺院还拥有军马,斯坦因在西域探险时所获汉文文书中就有关于寺院军马的详细记载:

柳中县为申

七级寺:十六匹。

一匹白草十八岁(柳中县大印);

一匹紫玉面草二岁,　一匹;

一匹乌草二岁,　　　一匹赤;

一匹乌草二岁,　　　一匹者。

西塔寺:七匹。

一匹白草六岁,　　　一匹□……

一匹草乌九岁,　　　一匹……

一匹□□□岁③

六、高利贷经营

随着经济实力的日趋膨胀,使得寺院可以通过高利贷的经营方式获取经济收益。早在南朝,这种典当的方式就已出现,且典当物品涵盖丰富。《南史》记载了刘宋甄法崇之孙彬典当之事:

法崇孙彬。彬有行业,乡党称善。尝以一束苎就州长沙寺库质钱,后赎苎还,于苎束中得五两金,以手巾裹之,彬得,送还寺库。道人惊云:

---

① 唐耕耦、陆宏基编:《敦煌社会经济文献真迹释录》第2辑,全国图书馆文献缩微复制中心1990年版,第283—286页。
② 《吐鲁番出土文书》第4册,文物出版社1983年版,第159—168页。
③ 马伯乐:《斯坦因第三次西域探险所获汉文文书》,第311号文书,载148页。转引自〔法〕谢和耐著:《中国五~十世纪的寺院经济》,耿昇译,上海古籍出版社2004年版,第126页。

"近有人以此金质钱，时有事不得举而失。檀越乃能见还，辄以金半仰酬。"往复十余，彬坚然不受，因谓曰："五月披羊裘而负薪，岂拾遗金者邪。"卒还金。①

《南齐书》亦载褚渊死后，其弟澄"以钱万一千，就招提寺赎太祖所赐渊白貂坐褥，坏作裘及缨，又赎渊介帻犀导及渊常所乘黄牛"②。

北朝亦然。《北史·苏琼传》中载北齐时"道人道研，为济州沙门统，资产巨万，在郡多出息，常得郡县为征。及欲求谒，度知其意，每见则谈问玄理，应对肃敬，研虽为债数来，无由启口。弟子问其故，研曰：'每见府君，径将我入青云间，何由得论地上事。'"由此可见道研放贷的数目之大和其资财的富有，同时也说明道研及其寺院在当地的势力，其经济影响力已波及世俗社会。

尽管寺院僧尼谋求财货、追逐名利遭到世俗社会的诟病，但其对财富"营求不息"的劲头促使着隋唐时期的寺院继续扩大经营。

隋时，寺院高利贷就已深入到人们的日常生活领域。《太平广记》载：隋并州盂县竹永通，曾贷寺家粟六十石，年久不还。索之，云："还讫。"遂于佛堂誓言云："若实未还，当与寺家作牛。"此人死后，寺家生一黄犊，足有白文，后渐分明，乃是竹永通字。乡人渐知，观者日数千。此家已知，遂用粟百石，于寺赎牛，别立一屋，事之如生。仍为造像写经，月余遂死。③此故事虽有些离奇，但还是反映了隋朝寺院借贷和人们的生活紧密联系。也许正是这种与世俗社会和民众生活的密切接触、来往，才推动着寺院经济的深入发展和不断扩展。

唐代寺院高利贷继续发展，放贷者也日渐增多。《续高僧传》卷25《明解传》记载："贞观中，洺州宋尚礼者，薄学有神明，好为谲诈诗赋。罢县还，贫无食，好乞贷。至邺戒德寺贷粟，数与不还；又从重贷，不与之。"《北山录》记载说，唐徐世绩讨河北，因馈饷不给，王师且羸，于是"贷粮于市西僧寺"。④太和中，有处士姚坤，旧有庄，质于嵩岭菩提寺，坤持其价而赎之。⑤李翱《断僧通状判》

---

① 《南史》卷70《循吏传·甄法崇传附孙彬传》，中华书局1975年版，第1705页。
② 《南齐书》卷23《褚渊传附弟澄传》，中华书局1972年版，第432页。
③ 《太平广记》卷134引《异录》"竹永通"，中华书局1961年版，第953页。
④ [明]陶宗仪纂：《说郛》（涵芬楼影印版）卷3，中国书店1986年版。
⑤ 《太平广记》卷454引《传记》"姚坤"，中华书局1961年版，第3710页。

中也提及:"七岁童子,二十受戒,君王不朝,父母不拜,口称贫道,有钱放债。量决十下,牒出东界。"①

敦煌寺院的借贷相当普遍。《灵图寺贷麦契十一件》文书就记载了晚唐五代时期关于粮食借贷的情况,例如《张七奴借契》记载:

> 酉年十一月行人部落百姓张七奴纳突不办于灵图寺僧海清处便麦六硕。其麦限至秋八月内还足。如违限不还,其麦请陪。如身东西,一仰保人等代还,任牵掣家资杂物牛畜等。恐人无信故立此契。两共平章,书纸为记。
>
> 便麦人 张七奴年□□
> 保人 男黑奴年十三
> 保人 张□□年十一
> 见人 索满奴
> 见人 □□

在敦煌寺院中,寺户也有借贷者,如《丑年开元寺寺户张僧奴等请便麦牒》就记载寺户张僧奴等,"无种子年粮,请便上件斛斗。自限至秋,依时纳输"②。寺户便贷,大多是因为"缺乏种子年粮"③,或者"粮食罄尽,种子俱无,阙乏难为,交不存济"④而为之。例如 P.2964《巳年二月十日令狐善奴便刈价麦契》载:

> 巳年二月十日,康悉朾家令狐善奴为粮用,今于龙兴寺常住处便刈价麦一硕六斗,限至秋七月内刈麦一十亩。如主人麦熟吉报,依时请收刈;如法来糢了,不得为(违)时限。如若依时吉报不来,或欠收刈不了,其所得斛斗,请陪(倍)罚三硕二斗,当日便须佃(填)纳。如违,一任挚夺家资杂物牛畜等,用充麦直。其麦亦任别雇人收刈。如身东西不在,一

---

① 《全唐文》卷634,中华书局1983年版,第6408页。
② 沙知:《敦煌契约文书辑校》,江苏古籍出版社1998年版,第88—89页。
③ 例如《丑年安国寺寺户氾奉世等请便麦牒》《丑年灵修寺寺户团头刘进国等请便麦牒》等。沙知:《敦煌契约文书辑校》,江苏古籍出版社1998年版,第90—93页。
④ 例如《丑年金光明寺寺户团头史太平等请便麦牒》等。沙知:《敦煌契约文书辑校》,江苏古籍出版社1998年版,第94页。

仰保人代还。恐人无信，故立此契。两共平章，书指为宽。

  马明   便刈价麦人令狐善奴年卅一

        保人 孙愿奴卅五

        保人

        见人 解善

        见人

        见人

        见人[①]

此件令狐善奴与敦煌龙兴寺之间的借贷契约，对于借贷双方、保人等的权责做了明确说明。令狐善奴借麦一硕六斗，但要通过为龙兴寺割麦十亩的劳动来偿还。这体现了龙兴寺以借贷的方式来获取经济收益。

除了从寺院借贷粮食、钱财之外，还有借贷木材等其他物品的情况。例如唐坊州人上柱国王怀智家中就曾贷寺家木作门，作为功德物。[②]

寺院通过高利贷获得钱银后，多将其投资于寺产的再发展事业上。例如韦执谊《与善见禅师帖》所载之善见禅师，就用高利贷所得利润，购买田庄、菜园，扩大寺产。"所管施利钱银，到后量收籴米，支持到九月以来，馀钱即共义商量，至秋中籴米。收贮讫报，当所将钱三百贯内，二百八十贯充买庄，馀者买取菜园一所。"[③]

七、医药经营

"自中国佛教发轫之初，医术便与外国僧人的弘法事业结下了不解之缘。"[④]这一传统在佛教的发展过程中被继承了下来。中古时期的许多僧人都具有良好的医术，他们在宣扬佛法、传播佛教的同时，也担当起了救助疾病的慈善义务。例

---

① 沙知：《敦煌契约文书辑校》，江苏古籍出版社1998年版，第146页。
② 《法苑珠林》卷33，中华书局2003年版，第1070页。
③ 《全唐文》卷455，中华书局1983年版，第4648页。
④ [荷兰]许里和著：《佛教征服中国》，李四龙、裴勇译，江苏人民出版社2005年版，第142页。

如竺法旷,"时东土多遇疫疾,旷既少习慈悲,兼善神咒。遂游行村里,拯救危急,乃出邑止昌原寺,百姓疾者,多祈之致效"①。

竺佛图澄,《高僧传》记载:"时有痼疾世莫能治,澄为医疗,应时疗损,阴施默益者,不可胜记。"②

诃罗竭,"晋武帝太康九年暂至洛阳,时疫疾甚流,死者相继,竭为咒治,十差八九"③。

杯度,"不修细行,神力卓越,世莫测其由来";"有齐谐妻胡母氏病,众治不愈,后请僧设斋,斋坐有僧聪道人,劝迎杯度。度既至,一咒病者即愈,齐谐伏事为师"。④

释普明、释慧芬等都"善神咒",所救皆愈。⑤

惠怜,据《魏书》载:"时有沙门者,自云咒水饮人,能差诸病。病人就之者,日有千数。灵太后诏给衣食,事力优重,使于城西之南,治疗百姓病。"⑥

释道丰,"练丹黄白,医疗占相,世之术艺,无所不解"⑦。

慧达,"有陈之日,疠疫大行,百姓毙者,殆其过半。达内兴慈施,于扬都大市建大药藏,须者便给,拯济弥隆"⑧。

释神智,"恒咒水盃以救百疾,饮之多差。百姓相率,日给无筭,号大悲和尚焉"⑨。

释代病,"汾隰西河人有病,止给予净水,饮之必瘳"⑩。

僧智广,"德瓶素完,道根惟固,化行洪雅,特显奇踪。凡百病者造之,则以片竹为杖,指其痛端,或一扑之,无不立愈。至有癞者则起,跛者则奔,其他

---

① 《高僧传》卷5《晋于潜青山竺法旷传》,中华书局1992年版,第205页。
② 《高僧传》卷9《晋邺中竺佛图澄》,中华书局1992年版,第346页。
③ 《高僧传》卷10《晋洛阳娄至山诃罗竭》,中华书局1992年版,第370页。
④ 《高僧传》卷10《宋京师杯度》,中华书局1992年版,第379、383页。
⑤ 《高僧传》卷12《宋临渭释普明》,中华书局1992年版,第464页;卷13《齐兴福寺释慧芬》,中华书局1992年版,第515页。
⑥ 《魏书》卷22《清河王怿传》,中华书局1974年版,第591页。
⑦ 《续高僧传》卷26《齐相州鼓山释道丰传》,中华书局2014年版,第996页。
⑧ 《续高僧传》卷30《隋天台山瀑布寺释慧达传》,中华书局2014年版,第1209页。
⑨ 《宋高僧传》卷25《唐越州诸暨保寿院神智传》,中华书局1987年版,第639页。
⑩ 《宋高僧传》卷26《唐晋州大梵寺代病师传》,中华书局1987年版,第670页。

小疾，何足言哉"①。

净眼僧，"能用药煮乌头施人，治百疾皆验。又以秽迹咒治病、破铁城偈除鬼祟，发无不捷"②。

敦煌地区也有精通医术的僧人。例如 P.4010+P.4615《索崇恩和尚修功德记》称："瓜凉河陇，相节尊重。门师悲同药王，施分医术，故使道应神知，得垂加被。"③索崇恩被视为"药王"，可见其医术高明，受到民众的特别尊崇。此外，龙兴寺翟法荣、金光明寺索法律及索智岳也都是唐代敦煌著名的医僧。④

可以说，在中古时期，这样的僧人不可尽数。他们大都专有所长，如上举几位僧人，多善用神咒、圣水等治疗。除本土僧人外，大量的天竺僧、西域胡僧等都有治病救人的事迹，而且引进了新的医疗技术。比如眼科手术，就有天竺僧人的"金篦术"，拔除眼中翳障。唐代诗人刘禹锡《赠眼医婆罗门僧》写道："三秋伤望眼，终日哭途穷。两目今先暗，中年似老翁。看朱渐成碧，羞日不禁风。师有金篦术，如何为发蒙。"⑤白居易也有诗云："眼藏损伤来已久，病根牢固去应难。医师尽劝先停酒，道侣多教早罢官。案上谩铺龙树论，盒中虚撚决明丸。人间方药应无益，争得金篦试刮看。"⑥由此可见，金篦除障这一眼科手术在唐代已非常流行，并受到人们的欢迎。

"诸佛慈悲，病子先救。"⑦尽管僧人行医大都带有行医济世的味道，但也有从事商业服务的医僧。如胡人支法存"妙善医术"，并以此而成巨富，后遭广州刺史的觊觎，最终招致杀身之祸。⑧前述雅州开元寺智广，医术高明，虽不曾以此谋利，但"病者填噎其门，日收所施二十万至三十万钱"⑨。

此外，也有医僧通过医治而获取官僚贵族的赏赐。例如释法朗，"诵观音明

---

① 《宋高僧传》卷27《唐雅州开元寺智广传》，中华书局1987年版，第687页。
② 《云仙散录》卷7，中华书局1998年版，第91页。
③ 郑炳林：《敦煌碑铭赞辑释》，甘肃教育出版社1992年，第286页。
④ 参见郑炳林、党新玲：《唐代敦煌僧医考》，中国文化大学中国文学研究所敦煌学会编印：《敦煌学》（第20辑），乐学书局有限公司1995年版，第31—46页。
⑤ 《全唐诗》卷357，中华书局1999年版，第4036页。
⑥ 《全唐诗》卷447，中华书局1999年版，第5053页。
⑦ 斯2679号《奏请僧徒及寺舍依定表》，唐耕耦、陆宏基编：《敦煌社会经济文献真迹释录》第4辑，全国图书馆文献缩微复制中心1990年版，第322页。
⑧ 《太平广记》卷119引《还冤记》"支法存"，中华书局1961年版，第837页。
⑨ 《宋高僧传》卷27《唐雅州开元寺智广传》，中华书局1987年版，第688页。

呪，神效屡彰"。龙朔二年，城阳公主患病久治不愈，"有告言朗能持秘咒，理病多瘳。及召朗至，设坛持诵，信宿而安，赏赉丰渥"。虽然所赏钱帛珍宝，法朗"回为对面施"，但"公主奏请改寺额曰观音寺"①，法朗居此寺终老。这样的个案虽不属于行医经营所获，却也可视为一种特殊的收入渠道。

佛教僧侣通过医治疾病，扩大了佛教的影响，促进了佛教在民间的渗透，这也是推动佛教传播的有效方式。②

八、其他经营活动

僧人通过讲经来获得收入。如《纪闻·长乐村圣僧》记载开元二十二年，京城东长乐村有人家，素敬佛教，常给僧食。后来曾设斋供僧，一僧请求供施，主人曰："吾家贫，卒办此斋，施钱少，故众僧皆三十，佛与众僧各半之"③。

僧众还有以法术之类名目来敛财的，甚至"谬称医筮，左道求财"④。例如宝历二年，传言亳州出圣水，饮之者愈疾。李德裕访闻，得知此水"本因妖僧诳惑，狡计丐钱。数月已来，江南之人，奔走塞路。每三二十家，都顾一人取水。拟取之时，疾者断食荤血，既饮之后，又二七日蔬飧，危疾之人，俟之愈病。其水斗价三贯，而取者益之他水，沿路转以市人，老疾饮之，多至危笃"⑤。

由上所论，可以看出中古佛教寺院经济的经营活动是多方面的。寺院的多种经营活动，加强了与世俗社会生活的交往，拓展了佛教经济的领域，增强了寺院经济的实力。其经济实力增强的一个重要体现，就是在佛教僧侣中涌现出了众多的富僧。在整个僧众队伍中，富僧颇具特色。

南北朝时期的沙门竺法瑶和北齐道研，都是资产百万的富僧。其他富僧例如齐宋州昙亮，"籍以先福利养，丰委积聚绵绢数出万余"；齐青州道携，"不修

---

① 《宋高僧传》卷24《唐上都青龙寺法朗传》，中华书局1987年版，第613—614页。
② 陈明对唐代佛教医事与民间社会生活的互动进行了全面分析，指出了其在唐代社会的时代特征。陈明：《沙门黄散：唐代佛教医事与社会生活》，《唐代宗教信仰与社会》，上海辞书出版社2003年版。
③ 《太平广记》卷100，中华书局1961年版，第667页。
④ 《全唐文》卷5《度僧于天下诏》，中华书局1983年版，第67页。
⑤ 《旧唐书》卷174《李德裕传》，中华书局1975年版，第4516页。

戒行，广营田业，积布绢绫绮，动盈万计"；齐齐州道慧"戒行多阙，专求帛货。数十年成二千五百贯，纯用麻绳手自穿系文文相向，背背相压，期满三千贯方将费用"。① 这些僧人均可步入富僧行列，只不过他们多是贪财吝啬之徒而已。

  隋唐时期，富僧亦众。例如胡僧惠范，"家富于财宝"，"殖货流于江剑"②；沙门惠达，家甚富，有金钱巨万③。圆观者，大历末洛阳惠林寺僧，"能事田园，富有粟帛"，时人以富僧为名。《宋高僧传》称其"率性疎简，或勤梵学，而好治生。获田园之利，时谓之空门猗顿也"④。

---

① 《释门自镜录》上卷，《大正藏》第 51 册，第 806 页中、808 页上、808 页中。
② 《旧唐书》卷 183《外戚传·武承嗣传附攸暨妻太平公主传》，中华书局 1975 年版，第 4739 页。
③ 《太平广记》卷 121 引《宣室志》"师夜光"，中华书局 1961 年版，第 855 页。
④ 《宋高僧传》卷 20《唐洛京慧林寺圆观传》，中华书局 1987 年版，第 518 页。

第二章　制度与中古佛教寺院经济变迁

　　中古佛教寺院经济的发展,总是同那个时代的社会背景密切关联。其中制度则是最具举足轻重地位的因素之一。就制度而言,均田制不仅是中古时期最为重要的国家经济制度,而且唐代均田制僧尼授田的规定也对寺院经济的发展产生了重大的影响;《百丈清规》的出现,对于唐代后期寺院经济的自身变革以及中古寺院经济的转型和变迁都有着重要意义;僧尼度牒制度,也为中古寺院经济的扩张起到了推波助澜的作用。因此,从制度与寺院经济的互动关系角度进行考察,也是了解中古寺院经济变迁的重要方面。

第一节　均田制僧尼授田与中古佛教寺院经济

　　均田制是中古时期著名的经济制度,延续近三百年,对当时的社会经济生活有着重要影响。关于均田制的研究,已相当深入,相关著作连篇累牍,此不赘述。
　　均田制中与佛教寺院经济相关的重要内容,是唐代均田制僧尼受田的规定。关于僧尼受田的论述,大多还停留在就均田制法令本身而讨论的层面上,缺乏对法令深层社会意义的论述,尤其是很少将之与佛教寺院经济的发展联系起来进行考察。其中的原因,当然与僧尼受田所见相关文献材料缺乏有着相当的关系,同时也是在研究过程中对制度法令的社会功能、经济绩效等欠于考察所致。随着学术理论的不断发展,对于制度在经济发展变迁过程中的作用和意义,日益得到各学科的极大关注。而在现实经济发展运行中,制度也是愈来愈突现出自身的重要地位和影响。因此,考察均田制这一中古时期最为重要的经济制度与佛教寺院经济的关系,有助于我们对中古佛教寺院经济的发展变迁有更深刻理解。

一、均田制之历史回溯

关于均田制的推行，按《魏书》的说法，是为了改变当时北魏"时民困饥流散，豪右多有占夺"的状况。李安世在上疏中说：

"盖欲使土不旷功，民罔游力。雄擅之家，不独膏腴之美；单陋之夫，亦有顷亩之分。所以恤彼贫微，抑兹贪欲，同富约之不均，一齐民于编户"；"今虽桑井难复，宜更均量，审其径术；令分艺有准，力业相称，细民获资生之利，豪右靡余地之盈。则无私之泽，乃播均于兆庶；如阜如山，可有积于比户矣。又所争之田，宜限年断，事久难明，悉属今主。然后虚妄之民，绝望于觊觎；守分之士，永免于凌夺矣"。[①]

均田制就此而行。也就是说，均田制是在特殊时期下国家为最大限度掌握社会劳动人口并将之与土地结合的经济措施，以使达到"土不旷功，民罔游力"、"分艺有准，力业相称"的目的。

均田制的实施是和当时北魏的社会经济环境密切关联的。

晋末以来，战乱频仍，灾害严重，北方广大地区遭到了很大破坏，"百姓流亡，中原萧条，千里无烟，饥寒流陨，相继沟壑"[②]。人口流散，土地荒芜，《魏书·食货志》言："天下大乱，生民道尽，或死于干戈，或忿于饥馑，其幸而自存者盖十五焉。"[③]

北魏自入主中原以来，就是在这种经济环境下，不断调整自己的经济控制手段和方式，以适应北魏社会经济纷争的需要。道武帝开始，大规模迁徙人口到平城及代北地区，实施"计口授田"，进行屯垦。"既定中山，分徙吏民及徒何种人、工伎巧十万余家以充京都，各给耕牛，计口授田。"[④] 此后渐成制度，到太武帝拓跋焘时，"其制有司课畿内之民，使无牛家以人牛力相贸，垦殖锄耨。其有牛家与无牛家一人种田二十二亩，偿以私锄功七亩，如是为差。至与小、老无牛家种田七亩，小、老者偿以锄功二亩。皆以五口下贫家为率。各列家别口数，所

---

① 《魏书》卷 53《李安世传》，中华书局 1974 年版，第 1176 页。
② 《晋书》卷 109《慕容皝载记》，中华书局 1974 年版，第 2823 页。
③ 《魏书》卷 110《食货志》，中华书局 1974 年版，第 2849 页。
④ 《魏书》卷 110《食货志》，中华书局 1974 年版，第 2849—2850 页。

劝种顷亩，明立簿目。所种者于地首标题姓名，以辨播殖之功"①。

孝文帝时，更是加强了对农业生产劳动人口的管理。太和元年正月下诏："今牧民者，与朕共治天下也。宜简以徭役，先之劝奖，相其水陆，务尽地利，使农夫外布，桑妇内勤。若轻有征发，致夺民时，以侵擅论。民有不从长教，惰于农桑者，加以罪刑。"三月又诏令："朕政治多阙，灾眚屡兴。去年牛疫，死伤大半，耕垦之利，当有亏损。今东作既兴，人须肆业。其敕在所督课田农，有牛者加勤于常岁，无牛者倍庸于余年。一夫制治田四十亩，中男二十亩。无令人有余力，地有遗利。"②

此时已经是均田制推行的前夜，其"一夫制治田四十亩，中男二十亩。无令人有余力，地有遗利"的经济管理制度，也逐渐显现出均田制的轮廓。

因此，就北魏经济制度的变化而言，由早期的"计口授田"到后来的"均田制"，其之所以能够顺理成章的转化，就在于当时的经济环境是一致的。即是说，北魏实施均田制的前提条件，是长期战乱灾难和饥荒所造成的大量社会人口的死散流徙，是当时"地旷人稀"的经济景况。

北魏之后，均田制被后继者所承袭沿用，继续推行。当然，随着社会经济的不断发展，这种"地旷人稀"的经济环境也在发生变化，而均田制法令也相应地随之得到调整、修订，以保持制度的行之有效。从此后的均田令来看，其主要的变化集中在受田者的年龄、性别和身份及受田的数额等方面。

均田制推行后，的确取得了良好的收益和效果，促进了北魏社会经济的发展。孝文宣武之时，"四方无事，国富民康"③，"缥囊纪庆，玉烛调辰。百姓殷阜，年登俗乐，鳏寡不闻犬豕之食，茕独不见牛马之衣"④。

因此，就制度本身而言，均田制从法令制定到具体实施并获得成功，可以说它是适宜当时社会经济环境的一项有效的经济制度。经过从北魏到隋代的不断实践，可以说，均田制对于中古国家的经济决策、法令制定等方面有着不可估量的影响力。这也就是说，均田制被纳入了制度推行的"路径依赖"中，而制度实施的惯性又将其推入到唐代的历史进程。

---

① 《魏书》卷4《世祖纪下》，中华书局1974年版，第108页。
② 《魏书》卷7《高祖纪》，中华书局1974年版，第143—144页。
③ 《魏书》卷19《景穆十二王·任城王传》，中华书局1974年版，第481页。
④ 《洛阳伽蓝记校释》卷4，中华书局2010年版，第147—148页。

二、唐代均田制"僧尼授田"

唐初均田制是在隋末战争之后，国家经济恢复时期实施的。随着社会经济环境的变化，其法令规定已不同于前朝。同北魏均田令相比，就受田对象而言，唐代均田令主要的变化在于：北魏均田制奴婢、妇人、丁牛都是受田对象，而在唐初的均田令中，除了寡妻妾以外的妇人及奴婢、牛都不再受田，但是增加了道士、女冠、僧尼、工商业者和贱民中的杂户、官户的受田。

均田制僧尼受田的规定，《唐六典·尚书户部》中记载："凡道士给田三十亩，女冠二十亩，僧、尼亦如之。"①

关于僧尼受田的时间，一般认为是从唐初高祖武德年间开始实行的。②据《金石萃编》卷74《少林寺赐田敕》记载，在太宗时期，少林寺"都维那故惠义，不闲敕意，妄注赐地为口分田"③，说明在太宗时是实行了僧尼受田的。另外，从《法苑珠林》的记载中也可看到唐初僧尼道士受田确实存在：

"至唐贞观二十年，有吉州囚人刘绍略妻王氏有五岳真仙图，及旧道士鲍静所造三皇经合一十四纸……又得田令官奏云：如佛教依内律僧尼受戒，得荫田，人各三十亩。今道士女道士皆依三皇经受其上清下清，替僧尼戒处，亦合荫田三十亩。此经既伪废除，道士女道士既无戒法，即不合受田，请同经废。京城道士等当时惧怕，畏废荫田，私凭奏官，请将老子道德经替处……"④

这段文字中提及僧尼道士得荫田各三十亩，应该就是均田令所规定的僧尼道士受田。由此可见，僧尼受田作为国家经济制度的重要政策法令，在当时确实是实行了。

在宁波天一阁发现的原以为失传的宋仁宗天圣七年（1029）修订的令典《天圣令》中，保存了大量的已佚唐代《开元二十五年令》原文。《开元二十五年令》的许多令文，在仁井田陞的《唐令拾遗》中也予收录，所附录的唐《田令》较为

---

① 《唐六典》卷3，中华书局1992年版，第74页。
② 白文固《唐代僧尼道士受田问题的辨析》辨明了唐代均田令关于僧道受田令文得制定时间以及这条令文的执行情况和实际意义。白文固：《唐代僧尼道士受田问题的辨析》，《甘肃社会科学》1982年第3期。
③ 《金石萃编》卷74，中国书店1985年版。
④ 《法苑珠林》卷55，中华书局2003年版，第1675—1676页。

完整地保持了唐令的原貌，对于中古时期的土地制度及其律令研究具有重要的学术价值。①《天圣令·田令》中第28条令文对于僧尼授田有这样的记载："诸道士、女冠受老子《道德经》以上，道士给田三十亩，女冠二十亩。僧尼受具戒者，各准此。身死即还俗，依法收授。若当观寺有无地之人，先听自受。"② 由此来看，均田制僧尼授田法令的确在当时实施了。

关于均田制僧尼受田的原因，一般认为是由于寺院经济势力强大，国家承认寺院经济的既成事实，同时为了限制寺院经济的发展，而将其纳入全国性制度的统一规范中。例如韩国磐认为："由于前代以来寺院经济的发展和商贾占有大量土地，故均田法令中把这个情况合法化，保证僧侣地主和商人的既得利益。"③ 武建国也指出："面对寺观广占田地，侵夺国有土地和民田的情况，又不能不加以限制。若任其发展，则不仅破坏均田制的施行，而且影响国家的兵源和财政收入……所以，唐政府在均田令中规定道士、女冠、僧尼的受田数额，便具有此两重意义"；"唐初定道士、女冠、僧尼的受田，其主要意图是在于将寺观的土地纳入均田制之下，限制寺观的占田"。④

从国家统治者的初衷和意图来看，这种说法确有道理。就寺院经济而言，经过南北朝及隋代的积累和自我发展，其势力确实不可小觑。其间虽然有过两次大规模的废佛行为，但寺院经济的实力并未被削弱，而是依旧保持了较强的扩张势头。因此，到唐朝初期，通过均田制僧尼受田的方式，对寺院经济扩张加以限制。从制度选择的角度考虑，由于均田制已有相当时期的成功经验，给予僧尼受田，将之纳入均田制的统一管理体系中，的确也是不错的方式。

同时，从制度的推行而言，均田制也已经成为当时国家经济管理中的一项制度惯例。而这种惯例的长久推行与其取得的良好的绩效，也使得均田制具备了很高的社会经济价值和意义。因此，在制度资源相对稀缺的情况下，如何处理寺院经济的资源配置问题，均田制在制度上自然而然拥有先天的优势。埃莉诺·奥斯特罗姆（Elinor Ostrom）通过研究指出："惯例的建立并不是集体的和自觉的，

---

① 戴建国：《唐〈开元二十五年令·田令〉研究》，《历史研究》2000年第2期。
② 宋家钰：《唐开元田令的复原研究》，天一阁博物馆、中国社会科学院历史研究所天圣令整理课题组：《天一阁藏明钞本天圣令校证：附唐令复原研究》，中华书局2006年版，第451页。
③ 韩国磐：《隋唐五代史纲》（修订本），人民出版社1979年版，第158页。
④ 武建国：《均田制研究》，云南人民出版社1992年版，第242—243页。

它涉及新规则的建立或创造新的获利机会。在一个具体位置上和特定的时间里，面对一个特别的机遇或问题，个人会决定以特别的方式去处理。当再次面对相关的机遇或问题时，那个决定就会成为取得相同协定的一个先例。如果基于过去行为的相互期望再三地被实现，那么这个先例就会在未来成为个人如何处理活动、成本和收益的一个惯例。惯例具有经济价值，因为在许多参与者都同意一个独特的惯例是合适而又积极的收获时，交易成本很低，并能以较低的崩溃风险获得该惯例。尽管惯例的建立发生在所有参与者没有正式考虑之时，权衡在这种情况下怎样做得最好是许多独立个体早已在进行中的事，因为他们在很多时候面对的情形是相同的。先例、共同期望和与惯例相一致的持续行为就逐渐成为惯例。"[1] 制度的惯性，使均田制得以在唐代继续推行。但这种制度惯性，并不是制度法令条文的简单叠加，而是随着社会经济环境的变化，在整体制度下对于具体法令的修订和推陈出新。从北魏到唐代，均田制法令的不断调整，即是经济环境变化下对制度的更新。对于寺院经济的管理，涉及僧俗社会等各方面的利益，要将这些不同利益群体的关系处理恰当，的确是一个复杂的权衡利弊的博弈过程。而均田制僧尼授田，就是在惯例的权衡之下作出的选择。这其中既含有均田制本身的成功经验，亦有统治者对于僧尼授田管理的期望，甚至也含有僧俗社会利益共享等各种因素。因而，均田制僧尼授田也可以说是制度惯性下的一种选择。

均田制僧尼受田对于佛教寺院经济有着怎样的影响？对于这个问题，学界也有过讨论，但限于僧尼受田相关史料的缺乏，大都从僧尼受田的立意角度来说明，而就僧尼受田本身对唐代寺院经济的影响方面则论述较少。

唐代是佛教发展的鼎盛时期，而寺院经济实力也达到了很高的程度。就唐代寺院经济发展而言，其和均田令僧尼受田究竟有着怎样的内在关系，值得我们做深入考察。暂且不考虑僧尼受田在实际过程中的执行情况，就均田制僧尼受田本身而言，其制度的确立在寺院经济发展的过程中就扮演着重要的角色。作为中古时期实施相当有效的一项国家经济制度，均田制在当时社会中的重要作用和影

---

[1] [美]埃莉诺·奥斯特罗姆（Elinor Ostrom）：《社会资本：一种时尚还是一个基本概念？》，[印度]帕萨·达斯古普特（Partha Dasgupta）、[埃及]伊斯梅尔·撒拉格尔丁（Ismail Serageldin）编：《社会资本——一个多角度的观点》，张慧东等译，张慧东、姚莉审校，中国人民大学出版社2005年版，第225页。

响不言而喻。作为国家一项正式制度，其意义就在于它获得了国家的授权和认可，具备了权威的意义。自然，以国家官方名义制定颁布的"僧尼受田"法令，自然而然地具备了其在制度上的权威性和强制性。

有研究者指出："僧尼、道士、女冠的应受田数远低于白丁，这是由于：给僧尼、道士、女冠'授田'的本意，只在于维持寺观众僧道的生活，不似一般白丁须养活众多家口。从这个意义上讲，给僧尼、道士、女冠规定较低的应授田额，也隐含有限制寺院大量兼并民田之意。"①

对此说法，值得商榷。如果说受田是为了维持僧道的生活，那其实大可不必以此方式来限制，只要统治者平时减少对寺院僧尼的赏赐、捐施即可限制其实力的扩张。或者说，僧尼受田法令确实得以很好地执行，其权威性和强制性得以充分体现，那么我们有理由相信，寺院经济势力尤其在土地资源方面的膨胀是会得到有效限制。但是，在僧尼受田法令的实际执行过程中，制度的权威性遭到了寺院经济的挑战。寺院并没有在国家法令制度的约束局囿下发展自己的经济，反而利用法令所给予的机会，超越法令的约束，凌驾于制度之上，扩张势力，"公私田宅，多为僧有"。②以实施均田制的唐代西州地区为例，根据吐鲁番出土文书的记载，我们可以看到当时西州地区的寺院经济颇具实力，不仅拥有数量较多的土地，而且将土地出租收取地子。如《唐马寺尼诉令狐虔感积欠地子辞稿》载：

柳中县百姓令狐虔感负（二年地子青麦一石六㪷。住高宁城）〇右件常住地在高宁城被上件人每强（？）力遮护佃种，皆欠三年、二年子，不与地子，常住无人，尼复□□弊。其人倚老，纵往人往征，又被打。尼女人不□□□③

（后缺）

《唐大历四年（769）后马寺请常住田改租别人状》载：

---

① 杨际平：《均田制新探》，厦门大学出版社1991年版，第106—107页。
② 《资治通鉴》卷205，中华书局1956年版，第6498页。
③ 《吐鲁番出土文书》第10册，文物出版社1991年版，第294页。文书编者指出"辞中'皆三年、二年子'，疑指大历二年、三年"。

　　　　　　　　　　马寺　状上

　　当寺常住分地一亩半，在高宁城。

　　右件地大历四年租与高宁城左寺僧□□佃，其地子麦粟并征不□（纳？），今改租与别人□□　□□□不听改□□□①

　　（后缺）

《唐大历六年（771）某寺田园出租及租粮破用帐》载：

　　　　　　　　　□□状上

　　□□从大历五年正月一日至大历六年七月十六日以前，管常部田总六十亩六十步；十八亩六十步出租并常□樊渠地六亩（亩别麦粟各六斗王居随）计七硕二斗（麦粟各半）；杜渠菜园一亩八十步，得麦粟四硕（麦粟各半）；张渠地半亩，麦粟（傅元相）六斗（各半）；王德实（单秋）樊渠四亩（亩别四斗）计粟一硕六斗；王居遂石宕渠一亩一百步，得床一硕一斗；崇福寺酒泉城地五亩租得粟五硕；刘客四十二亩田空荒不种（内一亩常田）：四十一亩部田；高宁城一亩常田；左部十亩；九亩胡房渠；九亩枣树渠；□□不识；二亩白渠不识；二亩申石渠。②

　　以上几件文书，表明在实施均田制的西州地区，寺院不仅拥有大量的田产，并且还进行着土地租佃的经营方式。同时，无论是土地租佃与收入地租，还是商品买卖乃至寺院与居民发生利益冲突后，西州寺院都会尽可能地维护自身的经济利益。③

---

① 《吐鲁番出土文书》第10册，文物出版社1991年版，第295页。
② 《吐鲁番出土文书》第10册，文物出版社1991年版，第296—298页。
③ 季爱民将阿斯塔那506号墓出土的反映马寺尼众与西州坊里居民广泛经济联系的文书如《唐天宝七载（748）杨雅俗与某寺互佃田地契》《唐上元二年（761）马寺尼法□买牛契》《唐大历四年（769）后马寺请常住田改租别人状》《唐大力五年（770）后前庭县马寺常住田收租帐》《唐马寺田亩帐》《唐马寺租地帐》《唐马寺尼诉令狐虔感积欠地子辞稿》等分为商品买卖契约、土地租佃文书及诉讼文书三种，并认为三种文书都是西州寺院确保买卖商品来路正当、地租收入稳定和通过诉讼维护寺院利益不受损失的有力保证，寺院僧尼与坊里居民通过契约的形式保障双方利益。参见季爱民：《唐代西州僧尼的社会生活》，原载《西域研究》2007年第4期；兹据孟宪实、荣新江、李肖主编：《秩序与生活：中古时期的吐鲁番社会》，中国人民大学出版社2011年版，第262—278页。

尽管由于安史之乱,使得西州劳动力资源匮乏,土地大都荒芜,以至于出现了不同于唐代内地、具有西州地区特色的"空荒不种"的现象①,但这同样体现出寺院经济的不俗实力和对国家制度及宗教政策约束的突破②。

三、均田制"僧尼授田"之意义及其制度分析

将寺院经济的管理纳入国家经济制度体系内,可以说在此之前还没有实行过。在此,我们将均田制僧尼受田这一管理方式称为"制度化"方式。在均田制僧尼受田之外,佛教寺院经济还通过多种渠道获取经济资源。但无论国家统治者的赏赐、贵族官僚的施舍、下层民众的捐施贡献,或是佛教寺院的自我扩张掠取,可以说都带有随意性的特点,是一种非明文规定的、不具制度化的行为和做法。我们将这种方式称为"非制度化"的方式。但正是这种"非制度化"的方式,却得到了历代王朝统治者的默许和认可,在实际的日常生活中,其实是以正式的、"常态"的面貌光明正大、堂而皇之地出现的。即使当均田制僧尼受田这一"制度化"方式步入历史舞台之后,"非制度化"的方式却并未退居幕后,而是依旧我行我素,扮演着其固有的角色和地位。

因此,在唐代僧尼受田法令出现后,佛教寺院经济踏进了"双轨制"的经济管理时代,即"制度化"方式—僧尼授田与"非制度化"方式—国家赏赐、社会各阶层的捐助、施舍及其寺院买卖等其他方式并行不悖的历史时期。可以说,这是佛教寺院经济在中古时代进入唐代时期最为显著的特色。而这一特点也恰好成为唐代寺院经济发展变迁的一个重要历史背景。正是在这一特殊的历史环境下,唐代佛教寺院经济展现出其不同以往的历史风貌。

一方面,通过"非制度化"方式,唐代寺院经济发展的势头更为迅猛。社会各阶层的赏赐、捐助和施舍不断。唐朝皇帝的崇佛,使得寺院不断获得来自统

---

① 卢向前《唐代西州土地关系论述》,上海古籍出版社2001年版,第301—329页。
② 季爱民对《唐西州丁谷僧惠静状为诉僧义玄打骂诬陷事》《唐西州丁谷僧惠净与弟书》等文书的分析认为西州寺院僧侣拥有丰富的个人财产,且随着僧众个人财富的增加,其活动所受限制大为减少,僧团对个人的控制力也相对削弱。参见季爱民《唐代西州僧尼的社会生活》,原载《西域研究》2007年第4期;兹据孟宪实、荣新江、李肖主编:《秩序与生活:中古时期的吐鲁番社会》,中国人民大学出版社2011年版,第262—278页。

治者的大量赏赐。唐朝初期，太宗曾给少林寺一次赐地四十顷。[①]高宗在西明寺修建完成后，"赐田园百顷，净人百房，车五十两，绢布二千匹"[②]。

官僚贵族和普通民众的捐施、投献也是数目庞大。例如金仙公主就曾向皇帝上奏要求将"范阳县东南五十里，上垈村赵襄子演中卖田庄，并果园一所，及环山林麓，东接房南岭，南逼他山，西止白带山口，北限大山分水界，并永充供给山门所用"[③]。可想而知其寺院获得土地之广。史籍记载描述当时寺院的情形是："沙门盛洙泗之众，精舍丽王侯之巨。既营之于爽垲，又资之以膏腴。擢修幢而曜日，拟甲第而当衢。王公大人助之以金帛，农商富族施之以田庐。"[④]

寺院经济在这种"非制度化"轨道上的急剧扩张，屡屡引起唐王朝统治者的关注。如唐睿宗时，由于寺观广占田地，侵损百姓，所以下敕："宜令本州长官检括，依令式以外，及官人百姓，将庄田宅舍布施者，在京并令司农即收，外州给贫下课户。"[⑤]唐王朝还曾下敕"王公以下，不得辄奏请将庄宅置寺观"[⑥]，以示规束。但这些法令措施都未能取得理想的收效，寺院经济仍旧呈现出向上发展与膨胀的势头。

另一方面，这种"非制度化"的扩张，恰好也表明均田制僧尼受田"制度化"方式的不成功，其限制寺院经济势力发展的意图和目的在实际操作层面上并未得以实现。唐玄宗开元十年正月二十三日对祠部的敕令中说："天下寺观田，宜准法据僧尼道士合给数外，一切管收，给贫下欠田丁。其寺观常住田，听以僧尼道士女冠退田充，一百人以上，不得过十顷，五十人已上，不得过七顷，五十以下，不得过五顷。"[⑦]敕令本身反映出寺院占有的土地数量早已超出法令所规定的数目，因此不得不对其土地数量予以限制。同时也透露出僧尼受田的规定在实际执行中并未如预期所愿，达到限制寺院经济的目的。

在此，我们所要强调的是均田制僧尼受田法令在制度层面上的重要意义——即僧尼受田的规定实际上为寺院在获取经济资源尤其土地资源方面开辟了

---

① 《全唐文》卷279裴漼《少林寺碑》，中华书局1983年版，第2834页。
② 《全唐文》卷257《长安西明寺塔碑》，中华书局1983年版，第2597页。
③ 《山顶石浮图后记》，《房山石经题记汇编》，书目文献出版社1987年版，第11—12页。
④ 《全唐文》卷157李师政《辨惑一》，中华书局1983年版，第1603页。
⑤ 《全唐文》卷19《申劝礼俗敕》，中华书局1983年版，第223页。
⑥ 《唐会要》卷50，中华书局1955年版，第878页。
⑦ 《唐会要》卷59"祠部员外郎"，中华书局1955年版，第1028页。

一条不同以往的新的途径。尽管僧尼受田，往往是将寺院旧有土地顶替口分地计算，但这种做法在实际实施过程中究竟有多大可行性、其制度的权威性得到多大程度的保证及制度的实施力度等因素，都值得怀疑。① 就均田制本身而言，虽然我们说它是相当成功的经济制度，但是自北魏以来，历经几百年的发展，随着社会经济条件的变化，均田制的实际绩效也逐渐减弱。"唐初定均田，有给田之制，盖由有在官之田也。其后给田之制不复见，盖官田益少矣。"② 故而，作为一项贫国之政，在人地关系的流转变迁过程中，土地资源相对人口的增长显得发展缓慢，人多地少就大大限制了均田制的深入推行。③ 而且随着社会经济的发展，庶族地主势力的壮大，土地买卖和土地兼并日趋严重，加之户口流移逃亡，均田制本身也遭到了严重破坏。《文献统考》称："开元后，久不为版籍，法度废弊，丁口转死，田亩换易，贫富升降，悉非向时。"④ 到至德后，"天下兵起，人口凋耗，

---

① 白文固《唐代僧尼道士受田问题的辨析》一文认为僧尼受田是以寺院赐地或旧业来顶替口分田。作者同时还认为，个别政治地位很高的国立大寺，既可得赐田，又可得口分田，吃"双份"。其实，对于寺院的赏赐，是统治者历来的做法，道世所言"若是国家大寺，如似长安西明、慈恩等寺，除口分地外，别有敕赐田庄"，"若如今时，或有大寺，国家营造，别有供给，并有敕赐田庄"，恰好说明唐王朝在僧尼受田的同时，并没有放弃对佛教寺院的赏赐施舍，其他官僚贵族以及民众的施舍、捐助更是照旧。白文固：《唐代僧尼道士受田问题的辨析》，《甘肃社会科学》1982年第3期。
② ［宋］王应麟著：《困学纪闻》卷16《考史》，［清］阎若璩、何焯、全祖望注，栾保群、田松青校点，上海古籍出版社2015年版，第476—477页。
③ 赵向群、刘小平：《经济环境与均田制的变化》，《西北师大学报》（社会科学版）2003年第3期。
④ 据吐鲁番出土文书，高昌——西州地区存在着大量均田农民进行土地互换耕种、土地互租现象。例如《唐天宝七载（748）杨雅俗与某寺互佃土地契》，即是一种土地交换佃种：
"▢▢▢▢▢渠口分常田一段肆亩 东 西 南 北
▢▢▢▢▢平城南地一段叁▢东 西 南 北
▢▢七载十二月十三日杨俗寄住南平，要前件寺地营种，今将郡城樊渠口分地彼此逐▢▢种，缘田地税及有杂科税，仰▢▢▢各自知当。如已后不硕佃地者，彼此收本地，契有两本，各执一本为记"《吐鲁番出土文书》（录文本）第10册，文物出版社1991年版，第275—276页。
这是寺院对农民之间一种不对等的土地换种。吐鲁番出土的类似文书如《唐永徽二年（651）孙客仁夏田契》《唐龙朔元年（661）孙沙弥子夏田契》等，根据乜小红的研究，唐代的西州地区既有土地出租又须土地佃入的情形非常普遍。参见乜小红：《吐鲁番所出土地租佃契多是民间的互助互惠契》，新疆吐鲁番学研究院编：《吐鲁番学研究：第三届吐鲁番学暨欧亚游牧民族的起源与迁徙国际学术研讨会论文集》，上海古籍出版社2010年版，第759—769页。

版图空虚""是以天下残瘁荡为浮人,乡居土著者,百不四五"。①因此,宋人刘恕就说:"后魏均田制度,似今世佃官田及绝户田出租税,非如三代井田也。魏、齐、周、隋兵革不息,农民少而旷土多,故均田之制存。至唐承平日久,丁口滋众,官无闲田,不复给授,故田制为空文。"②后来的史实也证实唐代均田制确实已不能如前朝那样保证制度的执行和落实。唐中叶,均田制已名存实亡。所以在这一点上,元人马端临指出:"其间能行授田均田之法者,自元魏孝文至唐初才二百年。"③故而,"制度化"的僧尼受田法令,最后只能沦落为寺院经济继续膨胀的另一种方式。

寺院经济自南北朝以来,借助于其在王权国家宗教信仰领域中的特殊地位,一直通过多种方式来充实自己的经济实力。因此,寺院经济的发展有着其他阶层不可企及的特权和优越性。这种多渠道的"非制度化"的敛财手段,由于没有受到国家强有力的干预和调整而一直延续不断,这也就使得寺院经济实力能够保持持续的发展扩充。其间虽有不断的限制佛教的呼声,但真正抑制寺院经济发展取得实效的措施并不多。北朝时期,凭借在行政干预方面的强大优势,国家采取了两次废佛行动,但寺院经济实力在根本上并未受到很大削弱,其势力依旧强大。

唐代均田制僧尼受田的规定,是想借助现有均田制的制度约束来限制寺院经济势力的扩张。但是,如上所论,一方面由于均田制在唐代之后,随着社会经济条件的变化,其不可能保证制度的有力执行,从而也就不能达到限制约束寺院经济发展的目的。例如在《天圣令·田令》中所规定的"诸官人、百姓,并不得将田宅舍施及卖易与寺观。违者,钱物及田宅并没官"④法令,在实际生活中屡屡遭到破坏,田地施舍及买卖相当频繁活跃。另一方面,也是更重要的,就是国家在颁布推行均田制僧尼受田这一"制度化"方式的同时,并没有消除寺院经济一贯的通过"非制度化"方式获取经济资源的途径。国家的赏赐、社会各阶层的捐施及寺院经济的自我发展等方式依旧大行其道。可以说,均田制僧尼受田是在寺院经济发展原有基础上新开辟的另一条途径,只不过这条途径在表面看来是出于

---

① 《文献通考》卷3《田赋三》,中华书局1986年版,第46页。
② [宋]王应麟著,[清]阎若璩、何焯、全祖望注,栾保群、田松青校点:《困学纪闻》卷16《考史》,上海古籍出版社2015年版,第476页。
③ 《文献通考》卷1《田赋一》,中华书局1986年版,第36页。
④ 参见戴建国《唐〈开元二十五年令·田令〉研究》,《历史研究》2000年第2期。

限制寺院经济扩张的目的，且由国家颁布实施，具有一定的"制度化"特色。

在国家僧尼受田法令确立之后，寺院僧尼的经济特权也并未受到剥夺。在僧尼受田这一国家正式制度的规范下，佛教寺院僧尼依旧保持着运用特权谋取经济利益的手段，延续其经济扩张的道路。

由于均田制僧尼受田法令在实施过程中缺乏有效的监督、管理，给了寺院经济获取经济资源的机会，其借助国家制度的名义，谋求寺院自身的经济利益。在唐代中期均田制遭到严重破坏以后，这更加剧了寺院经济的扩张。"富人多丁者，以宦学释老得免"①，使得寺院成为富户大族免除赋税、享受特权的渊薮，助长了寺院经济在经济资源方面膨胀的风气。

唐代推行两税法，均田制废除，国家对寺院经济"制度化"层面的约束也最终得以解除，这一定程度上缓解了寺院经济的扩张势头。尽管我们知道，均田制早已名存实亡，一纸法令对僧尼寺院经济的膨胀并未产生多大的约束力，但就制度本身而言，毕竟直到两税法的推行，才正式标志着国家制度对僧尼受田规定的废除。加之唐代后期寺院僧尼特权的渐趋消除，可以说寺院经济实力得到了一定程度的抑制。然而，"户无土客，以见居为簿；人无丁中，以贫富为差"②的两税法改革之后，"不抑兼并"的趋势日益严重，正所谓"兼并者不复追正，贫弱者不复田业"③。在这种境况下，寺院经济"非制度化"的扩张强度并未被削弱，反而借助"法制隳弛，田亩之在人者，不能禁其卖易"④的洪流，加入土地买卖的行列当中，扩张寺院地产。前述昭成寺购买田产，就是这种大背景下寺院扩张经济实力的典型个案。

唐武宗会昌法难，在均田令"僧尼受田"规定废除和僧尼特权渐趋削弱的状况下，将寺院经济推向了寺院自主发展的状态，打击了寺院经济的势力，而这也恰好促进了百丈怀海之后禅林经济的突起。

可以说，"制度化"的僧尼受田方式与"非制度化"的其他方式这种双轨制的发展道路，是唐代佛教寺院经济兴盛的原因所在。

---

① 《文献统考》卷3《田赋三》，中华书局1986年版，第46页。
② 《唐会要》卷83，中华书局1955年版，第1536页。《旧唐书》亦载："户无主客，以见居为簿；人无丁中，以贫富为差。"《旧唐书》卷118《杨炎传》，中华书局1975年版，第3421页。
③ 《文献统考》卷3《田赋三》，中华书局1986年版，第46页。
④ 《文献统考》卷3《田赋三》，中华书局1986年版，第48页。

因此，对于唐王朝而言，以均田制僧尼受田的方式限制寺院经济的扩张，从制度选择的成本和制度惯性等因素来看，确实有其合理性和积极意义。有研究者认为："李唐政府通过颁布法令的形式对僧尼阶层进行授田，解决了僧尼的基本生活问题，避免了僧侣滥占土地和直接向信仰群众索取财物的现象，保证了国家均田制的实施。由于有了政府授田给僧尼这一前提，封建国家也就有足够的理由颁布法令对寺院僧尼占田的数量及规模进行限制。"① 可实际上，唐王朝并未很好地限制寺院地产的膨胀，也未能制定和颁布出有效的管理措施。即使面对唐王朝的一些干预措施，寺院方面也显得反映积极，应对有余。② 故而，从经济绩效的角度而言，僧尼受田法令未能达到预期的目的，也没有取得限制寺院经济的良好收益。从这个意义上说，均田制僧尼受田的制度安排，实际上是不成功的。它实际上未能有效地限制和阻止寺院经济的扩张，反而在一定程度上助长了其势力的膨胀。好的制度可以促进经济的发展，保证社会局势的安定，相反，不好的制度安排，也可以造成与预期相反的后果，导致社会经济发展的无序和混乱。这或许是当时僧尼受田法令的制定者们所没有料想到的结局。

第二节 《百丈清规》与中古佛教寺院经济变迁

中古时期佛教的不断发展和寺院经济的日趋膨胀，对佛教寺院的组织管理尤其是经济管理制度也提出了新的挑战。经历了南北朝时期寺院经济的发展和积淀，在唐代新的社会经济环境下，寺院组织管理亦随之发生了新的变化。③ 中古

---

① 郑显文：《唐代律令制研究》，北京大学出版社2004年版，第264页。
② 例如在经济干预方面，唐代开元九年（721）实行的宇文融括户政策，可能会触及寺院经济资源配置，但其影响毕竟有限。尽管如此，佛教方面还是对此做出了积极的反映，例如少林寺碑的建立，就是为了防止括户政策对其寺院庄园的侵损，"是为了确保敕赐寺田亦即寺领庄园的稳定而建立的桥头堡"。参见砺波护著，韩昇、刘建英译：《隋唐佛教文化》第五章《嵩岳少林寺碑考》，上海古籍出版社2004年版，第144页。
③ 关于南北朝时期佛教寺院僧官管理制度的论述，主要有谢重光、白文固：《中国僧官制度史》，青海人民出版社1990年版；王永会：《中国佛教僧团发展及其管理研究》，巴蜀书社2003年版等。

佛教寺院经济发展史上最主要的制度变迁——《百丈清规》即创制于这一时期。

一、《百丈清规》的创制

长期以来，禅宗与律寺有着密切的关联，禅律共居。《景德传灯录》载："以禅宗肇自少室，至曹溪已来，多居律寺。虽则别院，然于说法住持未合轨度故。"① 但随着禅宗的不断发展、兴起，其说法修行也不合当时之轨度。因此，对于禅门而言，需要制定其相应的规制新例。唐代百丈怀海所立之清规，即是在这一历史时期出现的最为重要的创建。

百丈怀海，俗性王氏，福州长乐人。"少离朽宅，长游顿门，禀自天然，不由激劝。闻大寂始化南康，操心依附，虚往实归，果成宗匠。"② 他是马祖道一禅师的弟子。怀海"唯以道相授受，或岩居穴处，或寄律寺，未有住持之名。百丈以禅宗浸盛，上而君相王公，下而儒老百氏，皆向风问道，有徒实蕃"③。可见，在禅宗日益纷扰的时代，百丈怀海还是具有一定的影响力。

对于清规的创制，《高僧传·怀海传》记载说："后檀信请居新吴界，有山峻极，可千尺许，号百丈欤。海既居之，禅客无远不至，堂室隘矣。且曰：'吾行大乘法，岂宜以诸部阿笈摩教为随行邪？'或曰：'《瑜伽论》《璎珞经》是大乘戒律，胡不依随乎？'海曰：'吾于大小乘中博约折中，设规务归于善焉。'乃创意不循律制，别立禅居。"宋代杨亿在《古清规序》中也说："百丈大智禅师，以禅宗肇自少室至曹溪以来，多居律寺，虽列别院，然于说法住持，未合规度，故常尔介怀。乃曰：佛祖之道，欲诞布化元，冀来际不泯者，岂当与诸部阿笈摩教为随耶？或曰：《瑜珈论》《璎珞经》是大乘戒律，胡不依随哉？师曰：吾所宗非局大小乘，非异大小乘，当博约折中，设于制范，务其宜也。于是创意，别立禅居。"④

---

① 《景德传灯录》卷6《大正藏》第51册，第250页下。
② 《宋高僧传》卷10《怀海传》，中华书局1987年版，第236页。
③ 《敕修百丈清规》卷2《大正藏》第48册，第1119页上。
④ 《敕修百丈清规》卷8《大正藏》第48册，第1157页下—1158页上。

二、百丈清规的管理制度

百丈怀海所创制之清规中，对于禅宗内部僧众行为有着制度性的规束。杨亿推原百丈立规之意就说："或有假号窃形混于清众，别致喧挠之事，即当维那检举，抽下本位挂搭，摈令出院者，贵安清众也。或彼有所犯，即以拄杖杖之，集众烧衣钵道具，遣逐从偏门而出者，示耻辱也。详此一条，制有四益：一不污清众，生恭信故；二不毁僧形，循佛制故；三不扰公门，省狱讼故；四不泄于外，护宗纲故。"

也就是说，新的规制加强了禅宗内部的自我管理和约束，要求僧众抛弃以往"假号窃形，混于清众"的行为，而以全新的形象示于世人。为此，清规中制定了众多关于僧众日常生活和行为的规范律例。《大宋僧史略》中说："后有百丈山禅师怀海创意经纶，别立通堂，布长连床，励其坐禅。坐歇，则带刀斜卧，高木为椸架，凡百道具，悉悬其上，所谓龙牙杙上也。有朝参暮请之礼，随石磬木鱼为节度。可宗者谓之长老，随从者谓之侍者，主事者谓之寮司，共作者谓之普请。或有过者，主事示以拄杖，焚其衣钵，谓之诫罚。凡诸新例，厥号丛林，与律不同，自百丈之始也。"[①]

同时，百丈清规还在寺院和僧众管理方面也进行了重要的创建，尤其在寺院经济管理方面，更是颇有新的创设。例如在寺院经济的组织管理方面，百丈清规就设定了分工明确细致、僧众集体职掌负责的管理模式。这种管理体制对后世影响深远，因而也得以流传沿革。从后世的清规中，我们大体可以了解《百丈清规》中关于组织管理的基本状貌。据《敕修百丈清规》的记载，寺院日常的生活管理是由东西两序负责的。其中关乎佛教寺院经济及僧众日常生活的主要管理者有：

都监寺，古规唯设监院，后因寺广众多，添都寺以总庶务。"早暮勤事香火，应接官员施主，会计簿书，出纳钱谷，常令岁计有余，尊主爱众。凡事必会议，禀住持方行，训诲行仆，不妄鞭捶，设当惩戒摈罚，亦须禀议，量情示警。"

监寺，也即寺主。总领院门诸事。

维那，《寄归传》云：维那，华梵兼举也。维是纲维，华言也；那是梵语，

[①] 富世平校注：《大宋僧史略校注》卷上，中华书局 2015 年版，第 58 页。

羯磨陀那删去三字从略，此云悦众也。"纲维众僧，曲尽调摄。堂僧挂搭，辨度牒真伪。众有争竞遗失，为辨析和会。戒腊资次，床历图账，凡僧事内外无不掌之。"

知客，职典宾客。凡官员、檀越、尊宿、诸方名德之士相过者，负责接待，通报方丈。另外"其旦过寮床帐什物灯油柴炭，常令齐整，新到须加温存。维那在假，则摄其行事。僧堂前检点行益客僧粥饭，遇亡僧同侍者把帐，暂到死主其丧"。

副寺，古规之库头，今诸寺称柜头，北方称财帛，"盖副贰都监寺分劳也"。职掌"常住金谷钱帛米麦出入，随时上历收管支用"。

典座，职掌大众斋粥。一切供养务在精洁。物料调和检束局务。"护惜常住不得暴殄，训众行者循守规矩，行益普请不得怠慢。"

直岁，职掌一切作务。凡殿堂寮舍之损漏者，常加整葺；动用什物常阅其数，役作人力、稽其工程、黜其游堕。田园庄舍碾磨碓坊，头匹舟车，火烛盗贼，巡护防警，差拨使令赏罚惟当，并宜公勤劳逸必均。

此外，"列职杂务"中还包括：化主，凡安众处常住租入有限，必籍化主。劝化檀越随力施与，添助供众；

园主，栽种菜蔬，及时灌溉，供给堂厨；

磨主，兼主碓坊米面；

庄主，视田界至，修理庄舍，提督农务，抚安庄佃。

从以上所列管理职务来看，已涉及寺院僧尼生活的各个方面。其管理制度，组织严密，分工明确，僧人各司其职，保证了寺院僧众经济生活的有序和稳定。《百丈清规》的这种管理制度，体现了农禅制度自我发展、自给自足的精神，提高了禅宗寺院经济的生存能力和发展空间，对后世寺院管理方式有着重大影响。

三、《百丈清规》在唐代后期的社会影响和历史意义

从上文的论述来看，百丈怀海主要是为了加强对禅宗丛林制度的管理和规范，对大小乘戒律"博约折中，设于制范"，才制定了"与律不同"的新的修行生活仪轨——《百丈清规》。但实际上，百丈怀海创制清规的原因，不仅仅为了禅宗自身发展而对佛教戒律的变通和制宜。将其置于中古时期的历史长河中，可

知《百丈清规》的产生是和当时社会政治背景、经济环境及佛教的发展等因素都有着密切关系。[①]

此处，我们所要强调的是当时的社会经济因素。唐代社会中叶以后，商品经济发展，均田制废坏，土地买卖流转日渐频繁。随着私有制土地的发展，庶族地主势力的兴起，也使得劳动者的人身依附关系逐渐减弱。这种历史变化的潮流，对社会经济生活形成了严重的冲击。而寺院经济"双轨制"的发展，经济势力急剧膨胀，引起唐代朝野的极大关注，反对呼声不绝。安史之乱后，社会环境剧变，佛教的生存发展空间受到严重影响，加之佛教尤其是禅宗内部的危机，也要求佛教界对其自身的管理进行制度变革。面对如此困境，禅宗僧众创建了新的管理制度——《百丈清规》。这也可以说是中古时期佛教自身发展最为重要的制度变迁。

《百丈清规》的这种管理制度，对于中古佛教的发展有着重要意义，也对后世产生了重要的影响。

1.《百丈清规》"普请法"之历史意义

就《百丈清规》中的经济制度而言，对于佛教寺院经济发展有着重要意义的制度即百丈怀海所提出的"一日不作，一日不食"的"普请法"。

关于普请法，《敕修百丈清规》中称："普请之法，盖上下均力也。凡安众处，有必合资众力而办者，库司先禀住持，次令行者传语首座维那，分付堂司行者报众挂普请牌。仍用小片纸书贴牌上云（某时某处）或闻木鱼或闻鼓声，各持绊膊搭左臂上。趋普请处宣力，除守寮直堂老病外，并宜齐赴。当思古人一日不作一日不食之诫。"[②]

普请法，要求僧众劳作时，除了"守寮直堂老病"外，一律参加。百丈本人也身体力行，做以表率。《祖堂集》记载说："（怀海）师平生苦节高行，难以喻言。凡日给执劳，必先于众。主事不忍，密收作具，而请息焉。师云：吾无德，争合劳于人？师遍求作具，既不获而亦忘食。故有一日不作一日不食之言流播寰宇矣。"

"上下均力"的普请之法，确实在当时有着其独创的意味，它改变了以往

---

① 关于《百丈清规》产生的社会背景，王永会有着详细的分析，参见其《中国佛教僧团发展及其管理研究》，巴蜀书社 2003 年版，第 101—114 页。
② 《敕修百丈清规》卷6，《大正藏》第48册，第1144页上—1144页中。

寺院经济对于国家社会捐助赏赐的依赖性，增强了自我生存发展的能力和独立性。吕澂在《中国佛学源流略讲》一书中指出，百丈行"普请"之法，"一日不作，一日不食"，上下共同劳动，耕种自给，这些规矩能达到整肃风气的目的。① 任继愈认为，禅宗保持了中国封建社会自给自足的小农经济的生产方式，"他们的原则是自己劳动，自己消费，'一日不作，一日不食'，从而在经济上立于不败之地"②。

普请之法随着百丈怀海的倡导而渐趋广泛流播，同时也吸引了众多僧徒。例如普岸，因当时"怀海禅师居百丈山，毳纳之人骈肩累足，时号大丛林焉"，故而也来到百丈山，"日随普请施役，夜独执烛诵经，曾不惮劳，遂谐剃染"。③

普请法的推行，适应了当时生活经济变迁的趋势。随着唐代世族地主经济的渐趋衰落和庶族地主经济的兴起，传统的小农经济生产也得以继续发展。而佛教寺院经济在"双轨制"的发展膨胀下，逐渐遭到唐王朝的干预压制。安史之乱的打击和接踵而来的会昌法难，最终促使"普请法"的广泛推行。这为佛教寺院经济以崭新的模式发展开辟了道路。

2.《百丈清规》在中古历史变迁下的影响和意义

在此值得注意的是，在中古佛教寺院经济变迁的过程中，《百丈清规》究竟有着怎样的历史作用和意义。以往对于《百丈清规》的历史评价，多集中于其经济思想和佛教僧团的管理方面。④ 但将《百丈清规》与中古社会变迁和佛教发展尤其在寺院经济发展方面联系起来的的评述，似显不够。

首先，《百丈清规》为唐代后期佛教的生存发展扩展了空间。唐代社会的繁华奢丽，在经历了渔阳鼙鼓下的喧嚣和尘埃之后，踏上了往昔不再的漫漫不归路。安史之乱，唐代历史的分水岭，也标志着中古时代的大变迁。当时北方社会遭到极大的破坏，"天宝末，贼将禄山掩有河洛，乾元之中思明继祸，中原鼎沸，

---

① 吕澂:《中国佛学源流略讲》，中华书局1979年版，第383页。
② 任继愈《禅宗的特点和地位》，《禅学研究》第1辑，江苏古籍出版社1992年版，第2页。
③ 《宋高僧传》卷27《唐天台山福田寺普岸传》，中华书局1987年版，第681页。
④ 例如赵靖:《汉传佛教经济思想发展的重要阶段——试论禅宗的农禅思想》，《国学研究》第3卷，北京大学出版社1995年版，第617—644页；王永会:《中国佛教僧团发展及其管理研究》，巴蜀书社2003年版，第124页、148页。

涂炭生灵，十室九空，人烟断绝，少有疾疹，遂之膏肓"①。

在战乱动荡的年代，佛教也未能幸免，遭到了严重冲击。《宋高僧传》载："（天宝）十四年，范阳安禄山举兵内向，两京板荡，驾幸巴蜀……于时寺宇宫观，鞠为灰烬"②；"安史俶扰，焚燎丧寺"③，寺院废毁，僧众逃窜，寺院经济亦遭到相当破坏④。西安碑林所存徐岱《唐故招圣寺大德慧坚禅师碑铭》记载说："幽陵肇乱，伊川为戎，凭陵我王城，荡焚我佛刹。"⑤伯.3680号《讽谏今上破鲜于叔明令狐垣等请试僧尼及不许交易书》文书也载："天下寺舍，翻作军营；所在伽蓝，例无僧饭。"⑥

众多僧尼被迫逃往异地，寻求一方安宁。李华《故中岳越禅师塔记》记载当时"狂房逆天，两京沦翳，诸长老奉持心印，散在群方"⑦。例如西明寺乘恩，避地姑藏，并在河西地区继续传布佛教，《宋高僧传》记载说："及天宝末，关中版荡，因避地姑藏。旅泊之间，嗟彼密迩羌虏之封，极尚经论之学。恩化其内众，勉其成功，深染华风，悉登义府。自是重撰百法论疏并钞，行于西土。其疏祖慈恩而宗潞府，大抵同而少闻异，终后弟子传布。迨咸通四年三月中，西凉僧法信精研此道，禀本道节度使张义潮表进恩之著述，敕令两街三学大德等详定，实堪行用，敕依，其僧赐紫衣，充本道大德焉。"⑧

大历寺神邕，"天宝中本邑郭密之请居法乐寺西坊，恢拓佛舍，层阁摩霄，半澄江影，廊宇完备。后乃游问长安，居安国寺。公聊藉其风宇，追慕者结辙而至。方欲大阐禅律，倏遇禄山兵乱，东归江湖，经历襄阳，御史中丞庾光先出镇

---

① 周绍良主编：《唐代墓志汇编·大唐故桑府君夫人太原王氏墓志之铭》，上海古籍出版社1992年版，第1853页。
② 《宋高僧传》卷8《神会传》，中华书局1987年版，第180页。
③ 《宋高僧传》卷14《唐开业寺爱同传》，中华书局1987年版，第345页。
④ 安史之乱，并非所有寺院经济遭到削弱，也有得以扩张发展者，如《宋高僧传》记载："（李）源父憕居守，天宝末陷于贼中，遂将家业舍入洛城北慧林寺。即憕之别墅也；以为公用无尽财也。"《宋高僧传》卷20《唐洛京慧林寺圆观传》，中华书局1987年版，第518页。
⑤ 转引自葛兆光：《中国禅思想史》，北京大学出版社1995年版，第186页。
⑥ 唐耕耦、陆宏基编：《敦煌社会经济文献真迹释录》第4辑，全国图书馆文献缩微复制中心1990年版，第316页。
⑦ 《全唐文》卷316，中华书局1983年版，第3311页。
⑧ 《宋高僧传》卷6《唐京师西明寺乘恩传》，中华书局1987年版，第128页。

荆南,邀留数月"①。

《杜阳杂编》记载开元中巩县真如舍俗为尼,天宝末,由于"禄山作乱,中原鼎沸,衣冠南走"②,真如不得不展转流寓于楚州安宜县。

可以说,安史之乱不仅仅形成对佛教思想的一种冲击,而且对佛教的生存空间也构成威胁。③这就使得佛教界不得不考虑在社会政治环境变幻下,如何保持其自身的生存和发展。《百丈清规》的诞生,即是这种社会背景下佛教自身制度变革的产物。它为佛教的发展提供了新的发展空间。

其次,《百丈清规》规整了佛教风气。在社会环境剧变所造成的外在压力存在的同时,禅宗自身内部也出现危机。正如葛兆光指出的:"过分的'自然'给信仰者过多的'自由',过多的'顿悟'使宗教修行无从立足,于是禅成了一种来自个人的感悟,瓦解了理性的约束,随心所欲的自然一旦冲破宗教的规范,自然适意可能变成自由放纵,从而导致'狂禅'。"④

于是禅僧们行为约束放松,出现了放荡无拘的风气,坏佛像,烧木佛,食肉贪财,这样的例子随处可见。例如丹霞山天然,"于慧林寺遇大寒,然乃焚木佛像以御之。人或讥之,曰:'吾荼毗舍利。'曰:'木头何有?'然曰:'若尔者,何责我乎?'元和三年,晨过天津桥,横卧,会留守郑公出,呵之不去。乃徐仰曰:'无事僧。'"⑤

《云溪友议》记载邓州有老僧,日食二鸥鸠,"僧俗共非之",老僧终无所避;兴元县西墅有兰若,上座僧常饮酒食肉,群辈皆效焉。⑥

---

① 《宋高僧传》卷17《唐越州焦山大历寺神邕传》,中华书局1987年版,第422页。
② 《太平广记》卷404引《杜阳杂编》"肃宗朝八宝",中华书局1961年版,第3254页。
③ 美国学者斯坦利·威斯坦因认为安史之乱不仅严重地影响了朝廷的权威,破坏了帝国的经济,给佛教也带来了巨大损害。滥发度牒使得佛教界充斥着只顾世俗利益的假"和尚";战乱在败坏佛教界素质的同时,也无可避免地造成寺院及其建筑的毁坏,但更重要的是中断了学术的传统,大量佛教注疏与论著也毁于安史之乱。[美] 斯坦利·威斯坦因著:《唐代佛教》,张煜译,上海古籍出版社2010年版,第66—67页。
④ 《葛兆光自选集》,广西师范大学出版社1997年版,第47页。
⑤ 《宋高僧传》卷11《唐南阳丹霞山天然传》,中华书局1987年版,第250—251页。
⑥ 《云溪友议》卷11,《笔记小说大观》第1册,江苏广陵古籍刻印社1983年版,第84页。《宋高僧传》亦载:"邓州有僧亡名,年且衰朽,游行穰、邓州间,日食二雉鸠,僧俗共非之。老僧终无避回。"《宋高僧传》卷21《唐代州北台山隐峰传附亡名、雉鸠和尚》,中华书局1987年版,第548—549页。

释义师"状类风狂,语言倒乱","好止废寺中,无冬夏常积聚坏旛盖、木佛像,悉代薪炭。又於煨火烧炙鲤鱼,而多跳跃,灰坌弥漫。抚掌大笑,不具匕筋而食";京兆安国寺僧,"事迹不常,熟地而烧木佛。所言人事,必无虚发"。①

扬州孝感寺广陵大师,"形质寝陋,性多桀黠,真率之状,与屠沽辈相类,止沙门形异耳。好嗜酒贪肉……或狂悖性发,则屠犬彘,日聚恶少斗殴,或醉卧道旁,扬民以是恶之"。广陵的行为,不仅招致普通百姓的厌恶,就是僧众也对其有所不满。一老僧劝诫说:"汝胡不谨守戒法,奈何食酒肉,屠犬彘,强抄市人钱物,又与无赖子弟斗兢,不律仪甚,岂是僧人本事耶!一旦众所不容,执见官吏,按法治之,何处逃隐?且深累佛法。"但却遭到广陵的反唇相讥:"蝇蚋徒喋膻腥,尔安知鸿鹄之志乎?然则我道非尔所知也。且我清中混外者,岂同尔龌龊无大度乎?"②耆僧的话,其实反映了佛教内部对于僧众种种放荡无束行为会招致官方对佛教意想不到打击的担心和忧虑。

禅宗宗教生活的自由放纵和信仰的无所依附,引起了佛教内部的激烈批评和反思。加之佛教在发展过程中,长久以来所形成的"弊俗",更是招致了统治阶层的反感和厌恶。这些"弊俗"的漫衍,对佛教的发展空间更是产生了巨大的压迫感。

在禅宗思想上,以百丈怀海为代表的马祖弟子,主张"心如木石"式的清净境界,出现了向传统思想的回归转向。而南宗禅这种理路上的补救与逆挽,使百丈怀海一系僧人集团增强了凝聚力,最后成为南宗禅的主脉。③而在这一过程中,《百丈清规》的创制即是改变这种局面的一个关键因素。《百丈清规》的成功,使得此后"他师所倡殊宗异者,虽各名其家,至于安处徒众,未有不取法于禅师者。"④

第三,《百丈清规》推动了会昌法难之后寺院农禅经济的兴起。在安史之乱后,接踵而来的唐武宗"会昌法难",是对佛教势力的又一次巨大的打击。尤其是对寺院经济的摧残,可谓前所未有。尽管如史载那样,当时寺院废毁,还俗僧

---

① 《宋高僧传》卷20《唐吴郡义师传》,中华书局1987年版,第525页。
② 《宋高僧传》卷19《唐杨州孝感寺广陵大师传》,中华书局1987年版,第490—491页。
③ 葛兆光:《中国禅思想史》,北京大学出版社1995年版,第351—352页。
④ 《百丈山大智寿圣禅寺天下师表阁记》,《敕修百丈清规》卷8,《大正藏》第48册,第1157页下。

尼无数，但还是有一定数量僧尼逃逸四方，寻求躲避。如衡山日照，"属会昌武宗毁教，照深入岩窟，饭栗饮流而廷喘息。大中宣宗重兴佛法，率徒六十许人还就昂头山旧基，结苫盖，构舍宇。复居一十五年"①。

德山院宣鉴，"后止澧阳。居无何，属武宗搜扬。洎大中还复法仪。咸通初，武陵太守薛延望坚请，始居德山，其道芬馨，四海禅徒辐凑。伏腊，堂中常有半千人矣"②。

苏州藏廙，"却回柯山，盖避会昌之搜扬也。至大中六年，郡收崔公寿重之，于州龙兴寺别构禅室，延居之"③。

五台山智頵，虽遭废法之劫，但依旧坚守佛法。宣宗即位后，"敕五台诸寺度僧五十人"，"山门再辟"。④

值得注意的是，在会昌法难之时，众多僧人得到佛教信众的保护和收留，并加以供养。例如大慈山寰中，"属武宗废教，中衣短褐，或请居戴氏别墅焉"⑤。

洛京广爱寺从谏，"属会昌四年诏废佛塔庙，令沙门复桑梓，亦例澄汰。乃乌帽麻衣，潜于皇甫氏之温泉别业……大中初，宣皇诏兴释氏，谏还归洛邑旧居"⑥。

余杭径山院洪諲，"俄而会昌中例遭黜退，众人悲泣者，怅叹者，諲晏如也。曰：'大丈夫钟此厄会，岂非命也？夫何作儿女之情乎？'时于长沙遇信士罗晏，召居家供施。盖諲执白衣比丘法，初无差失，涉于二载，若门宾焉。大中初，除灭法之律，乃复厥仪，还故乡西峰院"⑦。

这说明在晚唐时期，佛教已在民间社会有着深厚的根底，受到各个阶层的信仰和认同。也就是说，在信仰层面上，民众并没有排斥佛教。而这也恰好说明，武宗废佛的矛头是直指佛教寺院经济而非佛教信仰。

尽管遭此劫难，但高僧大德们仍"罔亏僧行"，其宗教情怀并未改变。例如文喜，"属会昌澄汰，变素服，内秘之心无改。遇大中初年例重忏度，于盐官齐

---

① 《宋高僧传》卷12《唐衡山昂头峰日照传》，中华书局1987年版，第274页。
② 《宋高僧传》卷12《唐朗州德山院宣鉴传》，中华书局1987年版，第275页。
③ 《宋高僧传》卷12《唐苏州藏廙传》，中华书局1987年版，第281页。
④ 《宋高僧传》卷27《唐五台山智頵传》，中华书局1987年版，第684页。
⑤ 《宋高僧传》卷12《唐杭州大慈山寰中传》，中华书局1987年版，第273页。
⑥ 《宋高僧传》卷12《唐洛京广爱寺从谏传》，中华书局1987年版，第278页。
⑦ 《宋高僧传》卷12《唐余杭径山院洪諲传》，中华书局1987年版，第283—284页。

丰寺讲说"①。

开元寺允文，"会昌三年，移居静林寺，专以涅槃宣导。属乎武宗澄汰，例被搜扬，昼披缝掖之衣，夜着缦条之服，罔亏僧行，唯逭俗讥。大中伊始，复振空门，重整法仪"②。

京兆福寿寺玄畅，"方事讲谈，遽钟堙厄，则会昌废教矣。时京城法侣颇甚彷徨，两街僧录灵宴、辩章，同推畅为首，上表论谏。遂著《历代帝王录》，奏而弗听。由是例从俗服，宁弛道情，龙蛇伏蛰而待时，玉石同焚而莫救。殆夫武皇厌代，宣宗在天，坏户重开，炎焵息炽。畅于大中中，凡遇诞辰，入内谈论，即赐紫袈裟，充内外临坛大德。懿宗钦其宿德，蕃锡屡臻"③。

吴郡释元慧，会昌五年，"例遭澄汰，权隐白衣"；"大中初，还入法门。至七年，重建法空王寺"。④

越州诸暨保寿院神智，在会昌法难时，"形服虽殊，誓重为僧"，"大中初年，复道"。⑤

五台山智頵，法难来临，"遁乎山谷，不舍文殊之化境"⑥，宣宗即位后，智頵为十寺僧长兼山门都修造供养主。

会稽吕后山文质，"钟会昌之搜简，乃藏乐成县大芙蓉山，胎息而已"⑦。

明州国宁寺宗亮，"属会昌之难，便隐家山深岩洞穴"⑧。

而法门寺之佛骨舍利在这次劫难中能够得以保存，僧众的努力恐怕也是重要的因素。法门寺出土的《大唐咸通启送岐阳真身志文》记载："洎武皇帝荡灭真教，毁焚具多。衔天宪者碎殄影骨，上以塞君命，盖君子从权之道也。缘谢而隐，感兆斯来，乃有九陇山禅僧师益贡章闻于先朝，乞结坛于塔下，果获金骨，潜符圣心，以咸通十二年八月十九日得舍利于旧隧道之西北角。"法难中受毁的只是影骨，以此搪塞王命，敷衍而过，佛骨舍利得以保全。

---

① 《宋高僧传》卷12《唐杭州龙泉院文喜传》，中华书局1987年版，第292页。
② 《宋高僧传》卷16《唐会稽开元寺允文传》，中华书局1987年版，第397页。
③ 《宋高僧传》卷17《唐京兆福寿寺玄畅传》，中华书局1987年版，第430页。
④ 《宋高僧传》卷23《唐吴郡嘉兴法空王寺元慧传》，中华书局1987年版，第589页。
⑤ 《宋高僧传》卷25《唐越州诸暨保寿院神智传》，中华书局1987年版，第639页。
⑥ 《宋高僧传》卷27《唐五台山智頵传》，中华书局1987年版，第684页。
⑦ 《宋高僧传》卷27《唐会稽吕后山文质传》，中华书局1987年版，第685页。
⑧ 《宋高僧传》卷27《唐明州国宁寺宗亮传》，中华书局1987年版，第686页。

正是这些僧众们的坚守,为武宗之后佛教的恢复做好了准备。

当然,不可否认唐武宗废佛对佛教势力的沉重打击,但是,武宗废佛的经济劫难恰好给了禅宗发展的一个机会。因为法难的重点直指那些拥有大量田地、资财和劳动人口资源的寺院,而禅宗僧众却没有自己的独立寺院,寄居他宗寺庙,如赞宁所言:"自汉传法,居处不分禅律,是以通禅达法者,皆居一寺中,院有别耳。"① 而百丈怀海元和九年创立丛林规制,才开始了禅宗农禅制度的推行。其行普请之法,循"一日不作,一日不食"之规诫,自给自足,并不依靠国家外来支援。这也促使佛教寺院经济逐渐走向分散的小型化的发展道路。因此,禅宗在经济实力上而言,是无法和其他拥占大量土地、劳动人口及巨额财富的宗派相比拟的。但正是如此,在会昌法难的浪潮中,其所受冲击和影响不大②,更何况其农禅制度推行不久。

故而,当会昌法难的风潮过后,在佛教的复兴过程中,禅宗能够成为佛教主流,且与王权社会保持了一种默契。③ 可以说,禅宗在经济上推行农禅制度是这种"默契"形成的重要因素。

所以,可以说正是借助唐武宗废佛的转机,最终促成了《百丈清规》日后的流播盛行。唐武宗打击佛教寺院经济的行为,却促成了佛教禅宗和农禅经济的崛起,"(清规)其诸制度,与毗尼师一倍相翻,天下禅宗如风偃草。禅门独行,由海之始也"④,也可谓是历史的因缘际会吧。

《百丈清规》的创制和发展是多种因素促成的,其中当然与社会经济制度有

---

① 《宋高僧传》卷10《唐新吴百丈山怀海传》,中华书局1987年版,第237页。
② 吕澂《中国佛学源流略讲》认为《百丈清规》增加了禅宗的势力,而会昌废佛对当时"以庄园经济为基础的义学"有较大的冲击,"但禅宗各家原就散住在各地山林,又同平民接近,不讲义理,无求于典籍,所以受到的影响较小"。吕澂:《中国佛学源流略讲》,中华书局1979年版,第242页。任继愈《从佛教到儒教——唐宋思潮的变迁》指出,唐代"各宗衰落,而禅宗独盛。时当乱世,唐中央政府对全国失去控制,禅宗更加发展了。因为禅宗有自己劳动养活自己的传统,不靠寺院经济收高利贷、收田租过活"。《中国文化》第3期秋季号,三联书店1990年12月。
③ 葛兆光曾指出:"自大中年间以后,禅门不仅逐渐从武宗灭佛的忍隐蛰伏状态中恢复过来,而且已经与中央的皇权或地方的诸侯之间有了相当的默契,成了佛教的主流,吸引了相当多的信仰者,很多文人士子与官僚贵族都对禅表现了异常的热情。"葛兆光:《中国思想史》(第二卷),复旦大学出版社2000年版,第195页。
④ 《宋高僧传》卷10《唐新吴百丈山怀海传》,中华书局1987年版,第236页。

着密切关联。有研究者认为，唐代均田制的实施，促使寺院经济高度发达，为中国化僧团制度的创建提供了坚实的物质基础。① 其实，唐代均田制的实施，如前文所论述，其僧尼授田的目的在于限制佛教寺院经济的发展，但在实际绩效上，却成为寺院经济扩张的因素之一。而寺院经济的发达，也并不是为中国化僧团制度的创建打下物质基础。恰恰相反，唐代佛教寺院经济的膨胀，导致了后来直指其经济命脉的"会昌法难"。而禅宗农禅制度的建制和其经济生产的独立自主性，才使得其在武宗废佛风潮之后迅速发展。

第三节　度牒与中古佛教寺院经济变迁

一、唐代度牒制度

度牒是由国家对依法剃度者颁发的一种承认其僧尼身份的凭证，由祠部发放。《佛祖历代通载》卷12记载："天宝五载丙戌五月，制天下度僧尼并令祠部给牒。"②

《释氏要览》卷上"祠部牒"条记载："天宝六年五月，制所度僧尼，仍令祠部给牒。此为始也。"③

赞宁在《大宋僧史略》中称："案续会要：天宝六年五月制，僧尼依前两街功德使收管，不要更隶主客。其所度僧尼，仍令祠部给牒。给牒，自玄宗朝始也。"④

由此可见，度牒应该始于唐玄宗开元天宝年间。当时颁发度牒，其主要目的在于加强对僧籍的管理，承认出家僧尼的身份。获得度牒，也就得到了官方的认可，自然也就享有一定经济特权。因此，就制度本身而言，度牒制度对于管理

---

① 王永会：《中国佛教僧团发展及其管理研究》，巴蜀书社2003年版，第113—114页。
② 《佛祖历代通载》卷12，《大正藏》第52册，第596页中。
③ 《释氏要览》卷上，《大正藏》第54册，第267页上。
④ ［宋］赞宁撰，富世平校注：《大宋僧史略校注》卷中，中华书局2015年，第132—133页。

僧尼有着积极的意义。

二、纳钱度僧及私度之风

安史之乱，打破了唐王朝的盛世太平。两京陷落后，唐朝廷为筹措费用，采纳裴冕建议，"乃下令卖官鬻爵，度尼僧道士，以储私为务"①，于是"大府各置戒坛度僧，僧税缗谓之香水钱，聚是以助军须"②。由此，颁发度牒成为国家获取经济收入的一条途径。

其实纳钱度僧，唐中宗时就已出现。史载景龙二年（708），钱三万则度为僧尼。③只要缴纳一定数目金钱，就可以获得僧尼的身份。这说明唐王朝在僧尼管理方面，存在一定的混乱无序。义净在《南海寄归内法传》中提及唐初僧尼出家受戒的情况："又神州出家，皆由公度。既蒙落发，遂乃权依一师。师主本不问其一遮，弟子亦何曾请其十戒？未进具来，恣情造罪。至受具日，令入道场。律仪曾不预教，临时讵肯调顺？"④十戒未受，律仪不修，唐王朝对僧尼出家受戒的管理相当松散。

因此，当发生安史之乱，国库匮乏时，就采取公开售卖度牒的方式筹集资金。当时发卖度牒所获资财数目很大，据称杨国忠使御史崔众于河东纳钱度僧尼道士，旬日间得钱达百万之多。《旧唐书》卷48《食货志》记载当时情景：

> 及安禄山反于范阳，两京仓库盈溢而不可名。杨国忠设计，称不可耗正库之物，乃使御史崔众于河东纳钱度僧尼道士，旬日间得钱百万。玄宗幸巴蜀，郑昉使剑南，请于江陵税盐麻以资国，官置吏以督之。肃宗建号于灵武，后用云间郑叔清为御史，于江淮间豪族富商率贷及卖官爵，以裨国用。⑤

---

① 《旧唐书》卷113《裴冕传》，中华书局1975年版，第3354页。
② 《宋高僧传》卷8《神会传》，中华书局1987年版，第180页。
③ 《资治通鉴》卷209，中华书局1956年版，第6623页。
④ 义净著，王邦维校注：《南海寄归内法传校注》，中华书局1995年版，第126页。
⑤ 《旧唐书》卷48《食货志》，中华书局1975年版，第2087页；《新唐书》卷51《食货志》，中华书局1975年版，第1347页。

河东纳钱度僧尼道士、江陵税盐麻、江淮卖官爵,其目的均是为了解决当时国家费用不足的问题。正是由于纳钱度僧所带来的巨大经济收益,使得其成为聚敛财富的有效手段,纳钱度僧也渐趋泛滥。在敦煌地区,也出现纳钱度僧。①据敦煌文书 P.4073 号《唐乾元二年(759)沙州张嘉礼纳钱告牒》残卷载:

(前缺)

1. 合管内六军州,新度未得祠部告牒僧尼道士、女道士,已奏未。
2. 陆佰陆拾陆人,计率得写告牒钱,共当壹阡肆佰陆拾伍贯伍。
3. 叁佰贰拾柒人僧,壹伯陆拾玖人尼。壹伯三十柒人道士,叁拾叁人女道士。
4. 张嘉礼,年拾伍,法名□□,兄庆为户,沙州敦煌县神沙乡灵□□里。

(后缺)

唐代后期的各地方节度使,为充实财力,扩张自己的势力,也纷纷设坛度僧。如宝历元年(825),徐州节度使王智兴以敬宗皇帝诞月之名,置坛于泗州度僧,谋取厚利:"王智兴于所属泗州置僧尼戒坛,自去冬于江淮以南,所在悬榜招置……自闻泗州有坛,户有三丁必令一丁落发,意在规避王徭,影庇资产。自正月以来,落发者无算。臣今于蒜山渡点其过者,一日一百余人,勘问唯十四人是旧日沙弥……寻已勒还本贯。访问泗州置坛次第,凡僧徒到者,人纳二缣,给牒即回,别无法事。若不特行禁止,比到诞节,计江、淮以南,失却六十万丁壮,此事非细,系于朝廷法度。"②于是,"四方辐凑,江、淮尤甚",王智兴也因此而家资"累巨万"。③

"户有三丁必令一丁落发,意在规避王徭,影庇资产",说明普通民众乃至富户大族为了逃避国家徭役、影庇自己的家财,宁愿纳钱买牒。

"自正月以来,落发者无算",可见买牒人之多。李德裕说"计江、淮以南,

---

① 关于晚唐五代宋初时期敦煌地区僧尼度牒研究,参见郝春文《唐后期五代宋初敦煌僧尼的社会生活》第一章《从俗人到僧尼》,中国社会科学出版社 1998 年版,第 6—73 页。
② 《旧唐书》卷 175《李德裕传》,中华书局 1975 年版,第 4514 页。
③ 《资治通鉴》卷 243,中华书局 1956 年版,第 7840 页。

失却六十万丁壮",这一方面说明国家为此损失了大量的劳动力,而另一方面,僧尼人数尤其伪滥僧的数目却不断增加。

泗州置坛度僧,"凡僧徒到者,人纳二缗,给牒即回,别无法事",不举行任何仪式,只要缴纳缗钱,即可获牒,纯粹为了敛财谋利。

人们之所以对获得度牒如此趋之若鹜,就在于领有度牒的僧人获得国家认可,并享有免除徭役租赋的特权。因此,寺院成为人们躲避租役的好去处。这种蜂拥而上的趋势,势必导致寺院僧尼的猥滥,私度成风。

对于没有僧籍的僧众,要想获得官度的认可,一般来说是比较困难的。但是在一些特殊的情况下,仍有部分私度僧尼获得官度的名分。例如不空和尚就曾为无籍的僧众请为官度。《不空制表集》卷1《降诞日请度七僧祠部敕牒一首》记载:

> 无名僧慧通,年五十五,绛州曲沃县,俗姓王,无籍,请住千福寺;
>
> 慧云,年二十三,京兆府长安县,俗姓段,无籍,请住大兴善寺;
>
> 僧慧琳,年三十,虢州阌乡县方祥乡阌乡里,俗姓何,名光王,兄眦为户,请住兴善寺;
>
> 僧慧珍,年卅三,京兆府万年县洪洞乡福润里,俗姓王,名庭,现伯高为户,请大兴住善寺;
>
> 僧法雄,年廿八,京兆府富平县赤阳乡毗山里,无籍,请住静法寺;
>
> 僧法满,年十八,京兆府万年县崇德乡文圆里,俗姓胡,祖宾为户;
>
> 僧慧琎,年四十;
>
> 右兴善寺三藏沙门不空奏。上件僧等自出家来,常寻法教,不阙师资,戒行精修,实堪为器。比虽离俗,诚昌私名。今因陛下开降诞之辰,朝贺欢欣之日,伏请官名以为正度,用资皇祚,以福无疆。如天恩允许,请宣付所司。
>
> 中书门下 牒祠部
>
> 牒奉 敕宜依牒至准 敕故牒
>
> 广德二年十月十九日
>
> 中书侍郎平章事 杜鸿渐
>
> 中书侍郎平章事 元载
>
> 黄门侍郎平章事 王(使)

检校侍中　李（使）
　　　检校右仆射平章事　（使）
　　　大尉兼中书令　（使）
　　　尚书祠部　牒　三藏　不空
　　　牒奉中书门下　敕牒如右牒至准　敕故牒
　　　广德二年十月十九日　令史牒
　　　　　　主事①

就此来看，要获得官度的名分，除了僧众自身要戒行精修外，最重要的是获得官方的认可。当然，这样由私度获得官方承认的情况毕竟是很少的。

正是如此，看到发卖度牒和持有度牒者的诸多好处，一些不法之徒不免要通过假冒或者伪造度牒以牟利。尽管唐律中对"私入道"有着严厉的惩处："诸私入道及度之者，杖一百；若由家长，家长当罪。已除贯者，徒一年。本贯主司及观寺三纲知情者，与同罪。若犯法合出观寺，经断不还俗者，从私度法。即监临之官，私辄度人者，一人杖一百，二人加一百，二人加一等。"②但是在经济利益的驱动和诱惑下，加之度牒管理和监督的混乱，私度盛行，"搭便车"现象十分严重，成为当时普遍关注的一大社会问题。

私度者，除一般百姓之外，还有大量的高门大户、富商大贾者。这些人为了影庇自己的资财，也加入"羼名伪度"的行列。而那些皇亲外戚、官僚贵族等愿意出私财造寺，也不仅仅是出于宗教信仰的目的，而是因为出卖度牒，可以钱入私门，从中获利。《龙筋凤髓判》就记录了关于"财贿"度僧的判词：

　　祠部郎中孙佺状称，往年度人，多用财贿，递相嘱请，元无经业。望更铨试，不任者，退还本邑。

　　国之大事，在祠与戎。人之所崇，惟仙与佛。伏自恒星夜陨，吉梦宵传既脱绀象之纵，爰开白马之寺。明须慈悲结虑，忍辱凝怀，坐鸽珍以勤诚，获鹅珠而守戒。指法场之门户，豁尔天开，导智海之波澜，涣然冰释。

---

① 《不空制表集》卷1，《大正藏》第52册，第831页上—831页中。
② [唐]长孙无忌等撰，刘俊文点校：《唐律疏议》卷12《户婚律》，中华书局1983年版，第235页。

如斯行业，乃出尘嚣，岂容阐提未品，沙弥浅学，不精不进，曾无罗汉之因，行嘱行赇，翻习檀施之业。四分十诵，本自面墙，六度三明，旧来胶柱。为鸡为鹜，玷鹤树之清风，如虺如蛇，秽能宫之妙法。铨择伪滥，解退为宜。①

可见，度僧已不论其学业道行，多是财贿度人，更加剧了僧尼猥滥的状况。从这些信息的描述，我们是不是可以推断，寺院和地方的富商、高门乃至官府官僚已经形成了相互共谋的局面，他们为了各自的利益所求，以"度牒"为中介，通过私度、伪度、贿度的方式，聚敛财富，从而损害国家的经济资源。虽然缺乏直接的史料证明这种经济"寻租"的存在，但这种度僧猥滥的风气在当时产生了恶劣的影响和后果，是不争的事实。

就度僧的价格而言，从中宗时期三万钱度为僧尼，到泗州人纳二缗即可获得度牒②，说明在私度和"伪度"之风的冲击下，度牒泛滥，其价格也日益下跌。相反，度牒的泛滥，则更加剧了私度僧尼的现象。

总之，当度牒被视为获取经济私利的手段时，也就吸引了众多的觊觎者，随之度牒混乱，僧尼猥滥，国用失空。

三、度牒制度推行的后果及其影响分析

由于缺乏有效的监督管理，度牒制度的管理意图并未实现。相反，却造成了僧尼度牒的混乱，导致国家财税减少及农业劳动力人口的流失。这引起了唐王朝的强烈反响和高度关注，例如：

李峤曾言："道人私度者几数十万，其中高户多丁，黠商大贾，诡做台符，羼名伪度。且国计军防，并仰丁口，今丁皆出家，兵悉入道，征行租赋，何以

---

① [唐]张鷟撰，田涛、郭成伟校注：《龙筋凤髓判校注》卷2，中国政法大学出版社1995年版，第55页。
② 敦煌在吐蕃管辖时期度牒的价格，是一份"度印"需用牛驴各一头。P.3774《丑年（821）十二月沙州僧龙藏牒》载："大兄度女平娘，于安都督处买度印，用驴一头，牸牛一头。"参见郝春文：《唐后期五代宋初敦煌僧尼的社会生活》，中国社会科学出版社1998年版，第9页。

备之？"①

姚崇说："自神龙以来，公主及外戚，皆奏请度人，亦出私财造寺者，每一出敕，则因为奸滥，富户强丁，皆经营避役。"②

又言："今度人既多，缁衣满路。率无戒行，宁有经业？空斋重宝，专附权门，取钱奏名，皆有定价。昔之卖官也，钱入公府；今卖度也，钱入私家。以兹入道，实非履正，诡情不变，徒为游食。使法侣有失，而流俗生厌。名曰度人，其实颓矣。"③

元和六年（811），宰相李吉甫奏称："国家自天宝以后，中原宿兵，见在军士可计者，已八十余万，其余去为商贩，度为僧道，杂入色役，不归农桑者，又十有五六。是天下以三分劳筋苦骨之人，奉七分待衣坐食之辈。"④

对此，一方面，唐王朝多次颁布诏令，给私度者予以惩处，加强僧籍管理。如元和二年（807）正月，唐宪宗在《元和二年南郊赦》中宣令："天下百姓，不得冒为僧尼道士，以避徭役；其创造寺观，广兴土木者，举前敕处分。"⑤同年三月，唐宪宗又敕诏令："男定女工，耕织之本，雕墙峻宇，耕蠹之源。天下百姓或冒为僧道士，苟避徭役，有司宜备为科制，修例闻奏。"⑥

唐文宗大和三年（829）十一月诏："淄黄之众，蚕食生人，规避王徭，凋耗物力。应诸州府度僧尼、道士及创造寺观，累有禁令，尚或因循。自今已后，非别敕处分，妄有奏请者，委宪司弹奏，量加罚则。其百姓中有苟避徭役，冒为僧道，所在长吏，量为科禁。"⑦

大中六年十二月，祠部奏请明立新规，革除旧弊。对于度僧，规定："其官度僧尼，数内有阙，即仰本州，集律僧众同议，拣择聪明有道性，已经修炼，可以传习参学者，度之。贵在教法得人，不以年齿为限。若惟求长老，即难奉律仪，剃度讫，仍具乡贯姓号申祠部请告牒。其僧中有志行坚精，愿寻师访道，但有本州公验，即任远近游行，所在关防，切宜觉察，不致真伪相杂，藏庇奸

---

① 《新唐书》卷123《李峤传》，中华书局1975年版，第4370页。
② 《唐会要》卷47，中华书局1955年版，第837—838页。
③ 《全唐文》卷176《规魏元忠书篇》，中华书局1983年版，第1795页。
④ 《唐会要》卷69《州府及县加减官》，中华书局1955年版，第1227页。
⑤ 《唐大诏令集》卷70，学林出版社1992年版，第357页。
⑥ 《唐会要》卷50《杂记》，中华书局1955年版，第881页。
⑦ 《全唐文》卷75《南郊赦文》，中华书局1983年版，第793页。

人。"①加强对僧尼剃度的管理。但是，这些措施并未能制止僧尼私度、"伪度"的泛滥。

另一方面，针对私度流行和度牒混乱所造成的国家劳动人口资源大为减损的情况，唐王朝也加强了对劳动人口的勘检，其中也包括对僧尼的简括。例如《唐故正议大夫使持节相州诸军事守相州刺史上柱国河南贺兰公（务温）墓志铭并序》称中宗时，"韦氏用韦，政出椒房。假修佛道，广崇雕饰。招提积于金碧，僧籍盈于浮伪。至乃墙衣朱粉，室穷丹臒。避丁背役者，爰是逾乐，如归市焉"。鉴于僧众猥滥的状况，贺兰公"深鉴蠹时，思以易轨。因大阅名簿，一时综核奏正，还俗两万余人。于时缁服以清，粲然式叙"②。由此可知，对于当时僧籍之混乱状况，唐王朝确实进行了清理。

再如阿斯塔那518号墓出土的几件长安年间浒林城勒僧尼赴县、州事的文书，就记载了武周时期勘检僧尼户口的情况：

第一件《武周长安二年（702）西州浒林城主交行牒为勒僧尼赴县》：

浒林城

僧花悟　僧花新　尼观音　尼妙□　　　尼□尚

僧海憧　僧等觉

右被帖追上件僧尼赴县者，准帖追到，今勒赴县。

牒　件　状　如　前　谨　牒

长安二年八月廿八日城主王交行牒

第二件《武周长安二年（702）文书为差康田立领送僧尼事》：

奉问总将深重所尼等事，立即□□参已差康田立讫，并申州了。四筒僧已申，并差康田立领送，请告报今依限赴州，　　此状莫尔康田立州得治

第三件《武周长安二年（702）西州王行状为申送僧尼赴州事》：

---

① 《唐会要》卷48《议释教下》，中华书局1955年版，第843—844页。
② 吴钢主编：《全唐文补遗》第1册，三秦出版社1994年版，第104页。

千万张都今故合寺□□往参，得永隆寺主口云：四个尼师年老，□州稍难。今送多少纸笔，□张都勿申送，其僧后赴，所有由来□□□州参事□□日王行状。廿八日。①

吐鲁番阿斯塔那509号墓出土《建午月西州使衙榜》文书也记载：

使衙　牓西州
诸寺观应割附充百姓等
右件人等，久在寺观驱驰。矜其勤劳日久，遂与僧道商度，并放从良，充此百姓。割隶之日，一房尽来，不能有愧于僧徒。更乃无厌至甚，近日假托，妄有追呼。若信此流，扰乱颇甚，今日以后，更有此色者，当便决然。仍仰所由，分明晓喻，无使踵前。牓西州及西海县
以　前　件　状　如　前
　　　　建　午　月　四　日
使　御　史　中　丞　杨　　志烈②

据研究，此件文书反映的是唐代宗宝应元年（762）二月，西州官府下令放免寺观依附人口的情况。③姜伯勤认为这次放良与扩大赋税交纳人口及征集保卫西州的兵员有关。④由此也可以看出，西州地区寺院对劳动力人口的占有，已经危及国家的经济税收和兵源，从而导致对寺院人口的勘检放良。

敦煌地区亦然。大谷.2835号文书《长安三年（703）括逃使牒并敦煌县牒》载：

甘凉瓜肃所居停沙州逃户。
牒奉处分，上件等州，以田水稍宽，百姓多悉居城，庄野少人

---

① 《吐鲁番出土文书》第7册，文物出版社1986年版，第318—320页。
② 《1973年吐鲁番阿斯塔那古墓发掘简报》，《文物》1975年第7期。
③ 唐长孺：《敦煌吐鲁番史料中有关伊、西、北庭节度使留后问题》，《中国史研究》1980年第3期。
④ 《唐五代敦煌寺户制度》，中华书局1987年版，第337页。

执作,沙州力田为务,大小咸解农功。逃迸投诣他州,例被招携安置。常遣守庄农作,抚恤类若家僮(下略)①

由此可见,度牒制度管理的混乱及其私度的盛行,减少了唐王朝的财税收入和劳动力资源,影响了正常的社会经济秩序。颁行度牒,本是为了加强对于佛教僧众的管理,却不料导致私度的泛滥,使寺院僧尼人数剧增。发卖度牒,虽然弥补了眼前的一些财政不足,却导致国用的大量流失,钱入私门。正如清人赵翼在《廿二史札记》中所论:"据此则一得度牒,即可免丁钱,庇家产,因而影射包揽可知,此民之所以趋之若鹜也。然国家售卖度牒,虽可得钱,而实暗亏丁田之赋,则亦何所利哉。"②

同时,这种状况也对佛教寺院经济的发展产生了一定影响。一方面,促进了寺院经济资源尤其是人口资源的膨胀,扩张了寺院经济的势力;另一方面,僧尼私度、"伪度",也冲击了寺院经济正常的运转,引起了世俗社会的不满,招致唐王朝对僧尼人口的简括。③

---

① 唐耕耦、陆宏基编:《敦煌社会经济文献真迹释录》第2辑,全国图书馆文献缩微复制中心1990年版,第326—327页。
② [清]赵翼著,王树民校证:《廿二史札记校证》卷19,中华书局1984年版,第418页。
③ [唐]张鷟《龙筋凤髓判》记载:"[判目]户部侍郎韦珍奏称:诸州造籍脱漏丁口,租调破除倍多常岁,请取由付法依问。诸使皆言春疾疫死实多,非故为疏漏。[判词]虞书五教,实委司徒之官,周礼六卿,爰开地官之位。莫不织成都邑,编辑甿黎,设九土之纲维,成四方之管辖。班固申犬牙之制,疆场绮分,应璩应马齿之规,井田鳞次。户标九等,俱陈万国之图,人有十伦,并挂三年之籍。岂容丁口脱漏,任意疏遗,租调破除,恣情抽减。遂使廥庾顿乏,帑藏皆空,军兴于是缺支,国用由其不足。付法科罪,仍敢薄言,依问款辞,咸推遵厉。否终则泰,造化之常图,福谦害盈,幽明之极数。魏文帝修书永叹,念亲故之凋亡,刘孔才矫制征兵,促黎元之残丧。荐臻不息,僵毙相仍,遽离人符,多编鬼录,生者固宜存附,死者难以执留。灾疫不拘,案宜从记。"[唐]张鷟撰,田涛、郭成伟校注:《龙筋凤髓判》,中国政法大学出版社1995年版,第38页。地方官员对于土地和人口进行划分登记管理,是其基本职责。户口造籍脱漏丁口,并不是简单的管理失职问题。这种管理的疏漏,会直接造成国家税收的损失,进而影响国家国库财力和军兴的缺支,最终导致国力的下降。因而,脱漏人口关系重大,对其当事人要予以付法科罪。故此,张鷟判词所体现的观念和意识,在唐代文人士大夫中恐怕也是颇具代表性。由此,也就不难理解佛教寺院僧尼私度与伪度所造成的危害会引起唐王朝的高度关注并进而采取简括僧尼人口的行动。

总之，唐代之度牒制度，未能对寺院僧尼予以有效的管理。在经济利益的驱动下，度牒成为贵族和地方节度使敛财的工具，加剧了僧尼管理的混乱，导致私度、"伪度"泛滥，僧尼猥滥，可以说为佛教寺院经济的膨胀在一定程度上起了推波助澜的作用。但这种混乱局面，也对寺院经济的正常发展造成了危害。

第三章　世俗社会视野下的中古寺院经济图景
——以唐诏令和文人士大夫言论为中心

佛教寺院经济的发展，在中古时代产生了重要影响。尤其在唐王朝，引起了朝廷官方和文人士大夫的极大关注。那么，寺院经济及其僧尼经济活动在世俗社会视野下究竟呈现出怎样的图景呢？我们试以唐王朝诏令和文人士大夫言论为中心，就"他者"眼中的佛教寺院经济影像予以具体论述。

第一节　唐王朝视野下的佛教寺院经济图景
——以"诏令"为中心的考察

唐代佛教寺院经济的发展，在当时社会产生了重要的影响。对于唐朝廷而言，寺院经济的扩张不时触动着其敏感的政治经济神经。因此，有唐一代，专门针对佛教而发布的诏令众多，且其中相当一部分是和寺院经济及其僧尼经济活动有着密切联系的。这些诏令体现出了唐王朝对于佛教（寺院经济）的态度和行为，对其进行考察和分析，有助于我们了解唐代朝廷和寺院经济之间的互动关系。在史料方面，我们以现存《唐大诏令集》和《全唐文》所收以佛教（包括佛道并重）为主要内容的诏令作为基本文献，予以分析。

一、唐代诏令中关于寺院经济及其僧尼经济活动的图景

唐代佛教诏令中，既有广度僧众、营建佛寺的诏令，亦有革除佛教弊害、沙汰僧尼乃至禁毁佛教的诏令。例如崇佛诏令，有唐太宗《度僧於天下诏》《诸

州寺度僧诏》《为故礼部尚书虞世南斋僧诏》《舍旧宅造兴圣寺诏》，武则天《释教在道法之上制》《僧道并重敕》，唐睿宗《僧道齐行并进敕》，唐宣宗《复废寺敕》《重建总持寺敕》等。而沙汰僧尼、整顿佛教的诏书则相对更多，如唐高祖《沙汰佛道诏》，唐太宗《断卖佛像敕》，唐睿宗《诫励风俗敕》《申劝礼俗敕》，唐肃宗《条贯僧尼敕》，唐代宗《禁僧尼道士往来聚会诏》，唐宪宗《禁私贮见钱敕》《禁天下寺观停客制》《禁僧道卜筮制》，唐文宗《条流僧尼敕》，唐武宗《毁佛寺勒僧尼还俗制》等。其中，唐玄宗时期的诏令数量最为集中，且多与整饬佛教僧尼行为等问题有关。其时颁布的诏令计有《令僧尼道士女冠拜父母敕》（开元二年闰二月三日）、《禁百官与僧道往还制》、《断书经及铸佛像敕》（禁坊市铸佛写经诏）（开元二年七月）、《禁断妖讹等敕》（开元三年十一月十七日）、《禁创造寺观诏》、《禁士女施钱佛寺诏》、《分散化度寺无尽藏财物诏》、《禁僧道掩匿诏》、《禁僧道不守戒律诏》、《禁左道诏》、《括检僧尼诏》、《澄清佛寺诏》、《禁僧俗往还诏》、《令僧尼无拜父母诏》、《严禁左道诏》、《诫励僧尼敕》（开元十九年四月）、《不许私度僧尼及住兰若敕》（开元十九年七月）、《僧尼拜父母敕》（开元二十年七月）等。

　　就这些佛教诏令所反映的社会内容来看，唐王朝关注的焦点问题主要有僧道与官僚交往、寺院铸佛写经、寺院施舍、僧尼不守戒律、僧徒敛财、私度僧尼、僧尼左道等。其中像私度僧尼、敛财经商等与寺院经济密切相关的内容，更是被屡屡提及。这说明，唐代佛教寺院经济势力的不断膨胀，不仅对当时社会生活产生了重要影响，而且随之而来的各种社会问题也相当严重和普遍，引起了统治者的高度重视。以下我们就与寺院经济相关的诏令（详表3-1）予以具体分析：

　　唐初，高祖李渊曾在《沙汰佛道诏》中对寺院僧尼从事各种经济活动的行为进行了批驳：" 乃有猥贱之侣，规自尊高；浮惰之人，苟避徭役。妄为剃度，托号出家，嗜欲无厌，营求不息。出入闾里，周旋阛阓，驱策畜产，聚积货物，耕织为生，估贩成业，事同编户，迹等齐人。进违戒律之文，退无礼典之训。至乃亲行劫掠，躬自穿窬，造作妖讹，交通豪猾，每罹宪网，自陷重刑，黩乱真如，倾毁妙法。"[①]

　　唐太宗《断卖佛像敕》说寺院僧侣将佛像以高价售与供养人，从中获利：

---

① 《全唐文》卷3，中华书局1983年版，第38页。

"佛道形像，事极尊严，伎巧之家，多有造铸。供养之人，竞来买购，品藻工拙，揣量轻重。买者不计因果，止求贱得；卖者本希利润，唯在价高。①"

唐玄宗开元时期，是唐代社会发展的兴盛阶段。当时的佛教在经历前朝的积累，和在唐初的发展，其势力非比寻常。当然，相伴而来的社会问题也增多，对于唐王朝统治和社会的影响也愈大。因此，唐玄宗上台后即开始处理佛教僧尼猥滥及其他各种弊病。开元二年正月丙寅，紫微令姚崇就上言请检责天下僧尼，"以伪滥还俗者二万余人"②。《旧唐书·姚崇传》记载其事："先是，中宗时，公主外戚皆奏请度人为僧尼，亦有出私财造寺者，富户强丁，皆经营避役，远近充满。至是，崇奏曰：'佛不在外，求之于心。佛图澄最贤，无益于全赵。罗什多艺，不救于亡秦。何充、苻融，皆遭败灭。齐襄、梁武，未免灾殃。但发心慈悲，行事利益，使苍生安乐，即是佛身。何用妄度奸人，令坏正法？'上纳其言，令有司隐括僧徒，以伪滥还俗者万二千余人。"③以此为端口，拉开了玄宗时代清整佛教的序幕。

《禁士女施钱佛寺诏》称寺院设无尽藏，每年正月四日，供天下士女施钱，"名为护法，称济贫弱"，但实际上寺院却"多肆奸欺，事非真正"，并未将之用于慈善救济，而是利用这种手段，将施财纳入寺库，聚敛财富。④

僧尼虚挂名籍，私养沙门，逃避管辖。《禁僧道掩匿诏》言："释道二门，施其戒律，缁黄法服，众亦崇尚，苟有逾滥，是无宪章。如闻道士僧尼，多有虚挂名籍，或权隶他寺，或侍养私门，讬以为词，避其所管，互相掩匿，共成奸诈，甚非清净之意也。"⑤

僧尼猥滥。唐玄宗时期，僧尼猥滥的现象日益严重。僧众真伪难分，"致奸妄转更滋生"⑥。例如《唐故正议大夫使持节相州诸军事守相州刺史上柱国河南贺兰公（务温）墓志铭并序》称，中宗时"韦氏用书，政出椒房。假修佛道，广崇雕饰。招提积于金碧，僧籍盈于浮伪。至乃墙衣朱粉，室穷丹雘。避丁背役者，爰是逾乐，如归市焉"。为此，贺兰务温曾清整僧尼队伍，"大阅名簿，一时综核

---

① 《全唐文》卷9，中华书局1983年版，第110页。
② 《旧唐书》卷8《玄宗本纪》，中华书局1975年版，第172页。
③ 《旧唐书》卷96《姚崇传》，中华书局1975年版，第3023页。
④ 《全唐文》卷28，中华书局1983年版，第320页。
⑤ 《全唐文》卷28，中华书局1983年版，第323页。
⑥ 《全唐文》卷30，中华书局1983年版，第337页。

奏正，还俗两万余人。于时缁服以清，粲然式叙"①。仅一次检核，就还俗两万余人，可想当时之整体局面。故而颁《括检僧尼诏》，勘检僧尼。后来又诏《不许私度僧尼及住兰若敕》，塞僧尼私度之源，以正风俗。

僧众敛财之风尤甚。《儆戒录》记载云顶山慈云寺，四方归辏，供食者甚厚，但是寺主僧审言却"性贪鄙，欺隐本寺施财，饮酒食肉，畜养妻子，无所不为。僧众稍孤洁者，必遭凌辱"②。僧审言之行为几与俗家无异。因此，颁《禁僧徒敛财诏》予以禁止。

佛教僧徒，逃避赋役，附会左道，坏风俗，积流弊。《澄清佛寺诏》说佛教僧众："趋末忘本，撼华弃实，假托权便之门，以为利养之府，徒蠲赋役，积有奸讹。至於浮俗奔驰，左道穿凿。言念净域，浸成逋薮。"③

除此反映佛教寺院经济发展另一个侧面的重要内容外，像僧尼违犯戒律、破坏社会风气的各种行为也都在诏令中有着详尽的记述。如《禁百官与僧道往还制》称佛教僧尼与高级官僚密切往来，"或诡托禅观，妄陈祸福。事涉左道，深敷大猷"④，造成很坏的社会影响影响；《禁僧道不守戒律诏》称僧道公讼私竞，饮酒食肉，非处行宿，出入市廛，不守戒律；《禁左道诏》称僧众妄自占筮，"诳惑士庶，假说灾祥，兼托符咒，遂行左道"⑤；《禁断妖讹等敕》《严禁左道诏》等诏令也披露了僧尼"诧称佛法，因肆妖言，妄谈休咎，专行诳惑"⑥的行为。僧惠范就是当时最为典型者，常"奸矫狐魅，挟邪作盅，趑趄鼠黠，左道弄权"⑦。

二、寺院经济及其僧尼经济行为"弊俗"的分析

通过以上诏令的具体分析，我们可以看到，唐玄宗时期的佛教对社会产生了重要的影响。尤其是对唐朝统治者而言，佛教发展过程中出现的各种问题，已经逐渐弥漫于整个社会，成为一种流弊浮俗。从诏令中，我们也可以看到这种风

---

① 吴钢主编：《全唐文补遗》第1册，三秦出版社1994年版，第104页。
② 《太平广记》卷134引《儆戒录》"僧审言"，中华书局1961年版，第961页。
③ 《全唐文》卷30，中华书局1983年版，第339页。
④ 《全唐文》卷21，中华书局1983年版，第243页。
⑤ 《全唐文》卷29，中华书局1983年版，第332页。
⑥ 《全唐文》卷31，中华书局1983年版，第349页。
⑦ 《太平广记》卷288引《朝野佥载》"惠范"，中华书局1961年版，第2292页。

气的演变。

在唐初,《沙汰佛道诏》中所提及的僧尼劣迹,就"渐以亏滥"[①]。

到唐太宗在位时,佛教"洎乎近世,崇信滋深,人觊当年之福。家惧来生之祸。由是滞俗者闻元宗而大笑,好异者望真谛而争归,始波涌於闾里,终风靡於朝廷"[②]。而佛教僧尼之弊俗亦渐成风气:"多有僧徒,溺於流俗;或假托神通,妄传妖怪;或谬称医筮,左道求财;或造诣官曹,嘱致赃贿;或钻肤焚指,骇俗惊愚。"[③]

唐玄宗时,佛教蠹弊成俗。[④] 李隆基在多次敕诏中提及这种情况,如在《禁坊市铸佛写经诏》中说:

> 佛教者,在於清净,存乎利益。今两京城内,寺宇相望,凡欲归依,足申礼敬。下人浅近,不悟精微,睹菜希金,逐焰思水,浸以流荡,颇成蠹弊。[⑤]

《禁僧徒敛财诏》云:

---

① 唐初曾设置"十大德","统摄僧尼""纲维法务",试图通过上层僧侣统管下层僧众,世俗官员对上层僧侣予以监管的体系下,从而达到以僧治僧、以官统僧、有效管理全国佛教的目的,但实际收效却不大。参见董秀敏:《试论唐初的中央僧官——"十大德"》,《中国佛学》编委会编:《中国佛学》(总第32期),社会科学文献出版社2012年版,第83—93页。
② 《唐大诏令集》卷113《道士女冠在僧尼之上诏》,学林出版社1992年版,第537页;《全唐文》卷6《令道士在僧前诏》,中华书局1983年版,第73页。
③ 《全唐文》卷5《度僧于天下诏》,中华书局1983年版,第67页。
④ 尽管唐玄宗时期佛教弊俗严重,但佛教寺院与僧众仍在积极从事各种慈善事业,这一方面源于佛教福田思想,但同时一定程度上也反映出寺院强大的经济实力。例如1996年发现的唐开元二十九年(741)《唐开元施衣社华严三圣造像石刻碑》正面"施衣社铭并序"记载了当时四川新都宝光寺组织佛教信徒,建立施衣社,开展建寺及有规模的赈灾慈善活动:"今有益州新都县宝光寺安乐院施衣社,总七十余家,并江汉粹灵,岷峨挺秀,遗荣锦里,不事王侯","爱率社众,施衣普救","或施衣御寒,或赈穷救乏";碑背面"施衣社功德颂并序"记载:"惟此上善忻相缔,悟彼玄津勤能诣。庄严楼槛光巨丽,赈给贫穷是弘济。"《宝光寺》编委会编著:《宝光寺》,中华书局2013年版,第250、253页。
⑤ 《全唐文》卷26,中华书局1983年版,第300页;《唐大诏令集》卷113《断书经及铸佛像敕》,学林出版社1992年版,第539页。

朕念彼流俗，深迷至理，尽躯命以求缘，竭资财而作福，未来之胜因莫效，见在之家业已空。事等系风，犹无所悔，愚人寡识，屡陷刑科。近日僧徒，此风尤甚。因缘讲说，眩惑州闾，豁壑无厌，唯财是敛。津梁自坏，其教安施？无益於人，有蠹於俗。或出入州县，假讬威权；或巡历乡村，恣行教化。因其聚会，便有宿宵，左道不常，异端斯起。①

《不许私度僧尼及住兰若敕》云：

夫释氏之教，义归真寂，爰置僧徒，以奉其法。而趋末忘本，去实据华，假讬方便之门，以为利养之府。徒蠲赋役，积有奸讹。至使浮俗奔驰，左道穿凿，言念净域，浸成遁奸，非所以协和至理，振弘王猷。宜有澄清，以正风俗。朕先知此弊，故预塞其源。②

玄宗时期佛教流俗，虽经唐王朝的禁断，但并未消除其流播和影响。唐文宗在《条流僧尼敕》中仍然指出：

黎庶信苦空之说，衣冠敬方便之门，异同之论虽多，俗尚之讹未革，遂使风驱成俗，云构满途，丁壮苟避於征徭，孤穷实困於诱夺。③

到唐武宗会昌年间，佛教流俗发展到了极端。唐武宗说："朕闻三代已前，未尝言佛，汉魏之后，像教浸兴。是由季时，传此异俗，因缘染习，蔓衍滋多。以至於蠹耗国风，而渐不觉；诱惑人意，而众益迷。"④ 为"惩千古之蠹源，成百王之典法"，唐武宗以强制干预的手段发动了会昌废佛，对佛教进行了打击。由此也可以看出这种流俗的主要表现：

---

① 《全唐文》卷30，中华书局1983年版，第339页；《唐大诏令集》卷113《诫励僧尼敕》，学林出版社1992年版，第539页。
② 《唐大诏令集》卷113，学林出版社1992年版，第543页。
③ 《唐大诏令集》卷113，学林出版社1992年版，第542页；《全唐文》卷74，中华书局1983年版，第778页。
④ 《全唐文》卷76《毁佛寺勒僧尼还俗制》，中华书局1983年版，第802页。

首先，佛教僧尼不修戒行，违背戒律，违犯国家法令。从唐高祖的《沙汰佛道诏》到唐武宗会昌废佛颁《毁佛寺勒僧尼还俗制》，都提及僧尼各种不合法度的行为。

《太平广记》载："唐贞观十三年，岐州城内有寺主，与都维那为隙，遂杀都维那，解为十二段，置于厕中。寺僧不见都维那久，遂告别驾杨安共来验检，都无踪迹。别驾欲出，诸僧送别驾，见寺主左臂上袈裟，忽有些鲜血。别驾勘问，云：'当杀之夜，不著袈裟，有其鲜血，是诸佛菩萨所为。'竟伏诛。"① 可见此寺主之歹毒，其品行也确实令人不齿。

《贬兴善寺寺主圆敬归河南思远寺制一首》记载原兴善寺寺主圆敬自任纲维时，"侵损常住，毁坼僧舍屋，修自己私房，非理役使家人，手功已下妄聚尼众止宿，不护嫌疑"②。后事迹彰露，被京兆府所推问。

东林寺"寺中庄田钱物，各自主持，率多欺隐。物力稍充者常无冻馁，资用不足者尽抱饥寒。本立常住，全为众僧，只合同奉伽蓝，宁容别开户牖。供膳但资於私家，施利不及於大众"。对此，江西观察使崔黯奏言要求加强对寺院内部的管理，"各立条令，刻石题记"，并对寺院住持予以处分，以儆效尤。③

《唐语林》载有一件李德裕断僧众侵隐寺院常住财产的事例："李卫公镇浙西，甘露僧知主事者诉交代常住什物为前主僧隐没金若干两。引证前数年皆递相交割传领，文籍分明。且初上之时交领分两既明，交割之日不见其金。引虑之际，公疑其未尽，微以意揣之，僧乃曰：'居寺者乐于知事，前后主之者，积年以来，空交分两文书，其实无金矣。群僧以某孤立，不杂辈流，欲由此挤之。'因流涕言其冤状。公曰：'此非难也。'俯仰之间，曰：'吾得之矣。'乃立召兜子数乘，命关连僧人对事。咸遣坐檐子，下帘，指挥门下，不令相对。命取黄泥，各令模交付下次金样，以凭证据。僧既不知形状，竟模不成。数辈等皆伏罪。"④ 可见寺院僧众上下共谋，排挤"异己"，侵占寺产。

斯.542号2V《坚意请处分普光寺尼光显状》载：

---

① 《太平广记》卷127引《广古今五行记》"岐州寺主"，中华书局1961年版，第900页。
② 《代宗朝赠司空大辨正广智三藏和上表制集》卷5，《大正藏》第52册。
③ 《全唐文》卷757崔黯《乞敕降东林寺处分住持牒》，中华书局1983年版，第7852页。
④ ［宋］王谠撰，周勋初校证：《唐语林校注》卷1，中华书局1987年版，第70页。

> 普光寺尼光显
>
> 右前件尼光显，近日出家舍俗，得入释门。在寺律仪不存长动，但行粗率，触突所由。坚意虽无所识，揽处纪刚，在寺事直，须存公道。昨因尼光量修舍，于寺院内开水道修治，因兹余尼取水，光显便即相诤。坚意忝为所由，不可不断。遂即语光显，一种水渠，余人亦合得用。因兹便即罗职（织）所由，种种轻毁，三言无损。既于所由，不依条式，徒众数广，难已伏从，请依条式科断。□宇纪纲无乱，徒众清肃僧仪。伏望详察，免有欺负，请处分。
>
> （后缺）①

普光寺尼光显，因寺院水渠用水而同其他尼众互相轻凌诋毁，不遵律仪。一方面说明随着寺院僧尼的猥滥，僧众之品行良莠不齐；另一方面，佛教戒律的规束也日渐松散。②

以上事例都表明在寺院内部，僧尼戒行日渐废弛，违反戒法已是司空见惯，甚至在寺院高层屡屡发生，其风气的确令人担忧。加之寺院经济的不断膨胀，僧尼戒律废弛也就成为招致唐王朝敕令频频指责的由头。

其次，败坏了社会风气和习俗，矫俗与流弊损害了佛教的社会地位，危及寺院经济的稳定发展。

长久以来的僧尼劣迹及所形成的社会弊俗，影响了佛教在世俗社会民众中的地位，损害了佛教自身的社会形象。对于统治者而言，崇奉佛教除了宗教信仰的因素之外，更重要的在于为其政治统治服务，引导社会风气，保持

---

① 唐耕耦、陆宏基编：《敦煌社会经济文献真迹释录》第4辑，全国图书馆文献微缩复制中心1990年版，第116页。

② S.5561《尼患文》言病尼忏悔其所犯罪过亦可从侧面反映出佛教寺院及僧尼之弊病："患尼自云：生居女质，长自凡流；常游苦海之中，未离欲尘之境。虚[沾]淄众，浪忝披真；徒受圆满之尸罗，全犯匪知之限约。或将非律之绣绮，枉禀衣□；或求器利之名闻，诈行异行；或经行殿塔，污泥伽蓝；或反应上言，抵突师长；或因自赞，隐毁他人；或不细思，忘（妄）谈长矩（短）；或因执掌常住，分寸搜择；或是犯捉之间，将轻换重。如斯等罪，陈诉难周；前世怨家，讵知头数？盖在凡缘所闭，不觉[不]知；今卧疾中，始悟前障……"参见黄征等：《敦煌愿文集》，岳麓书社1995年版，第695页；吴钢主编：《全唐文补遗》第9辑，三秦出版社2007年版，第256页。

社会秩序的稳定。例如《宋高僧传》记载:"天宝十四载,玄宗以北方人也,禀刚气,多讹风,列刹之中,余习骑射,有教无类,何可止息。诏以才为教诫,临坛度人。至德初,肃宗即位。是邦也宰臣杜鸿渐奏才住龙兴寺,诏加朔方管内教授大德。俾其训励,革狻猊之风,循毗尼之道。"①即是希冀于借助佛教的力量来改变世俗民风人情。因此,佛教蠹弊流荡,法戒败坏,进而影响社会风气,自然是唐王朝所不愿看到的景象,这也是对其频频进行约束规范的原因所在。

安史之乱后,随着均田制的逐渐废弛,版籍不为,"法度废弊"②,社会流动行增强。史称"天宝后,诗人多为忧苦流寓之思,及寄兴于江湖僧寺"③。佛教寺院成为文人士大夫停客寄居的主要场所。④这种蔚然之风,随之也滋生了各种流弊和事端,招致朝廷的疑虑和猜忌。于是,肃清之诏接踵而至。

唐玄宗《禁僧俗往还诏》:"如闻远就山林,别写兰若,兼亦聚众,公然往来。或妄托生缘,辄有俗家居止,即宜一切禁断。"⑤

《条贯僧尼敕》:"如闻州县公私,多借寺观居止,因兹亵黩,切宜禁断,务令清肃。"⑥

唐德宗《修葺寺观诏》:"自今州府寺观,不得宿客居住。"⑦

《禁天下寺观停客制》:"如闻天下寺观,多被军士及官吏、诸客居止,狎而黩之,曾不畏忌。缁、黄屏窜,堂居毁撤,寝处于象设之门,庖厨于廊庑之下。缅然遐想,愧叹良深。自今已后,切宜禁断。"⑧

如上所论,这些佛教弊俗在唐代达到了泛滥的地步,但实际上其风气由

---

① 《宋高僧传》卷16《唐朔方龙兴寺辩才传》,中华书局1987年版,第387页。
② 《文献通考》卷3《田赋三》,中华书局1986年版,第46页。
③ 《新唐书》卷35《五行志》,中华书局1975年版,第921页。
④ 佛教寺院对于文人士大夫有着极强的吸引力。颜真卿曾言:"予不信佛法,而好居佛寺,喜与学佛者语。人视之,若酷信佛法者然,而实不然也。予未仕时,读书讲学,恒在福山,邑之寺有类福山者,无有无予迹也。始偲居,则凡海印万福天宁诸寺,无有无予迹者。既仕於昆,时授徒于东寺,待客于西寺。"如颜氏者,停客寓居佛寺者不在少数。颜真卿:《泛爱寺重修记》,《全唐文》卷337,中华书局1983年版,第3419页。
⑤ 《全唐文》卷30,中华书局1983年版,第339页。
⑥ 《唐大诏令集》卷113,学林出版社1992年版,第541页。
⑦ 《全唐文》卷52,中华书局1983年版,第564页。
⑧ 《唐大诏令集》卷113,学林出版社1992年版,第541—542页。

来已久。早在南朝刘宋时，佛教"尼僧千计，败道伤俗，悖乱人神，民怨盈涂，国谤弥岁"①，激起人们的反感。梁武帝就曾下诏斥责说："佛法讹替，沙门混杂，未足扶济鸿教，而专成逋薮。加奸心频发，凶状屡闻，败乱风俗，人神交怨。可付所在，精加沙汰，后有违犯，严加诛坐。"②陈朝时，陈后主敕诏说："朕临御区宇，抚育黔黎，方欲康济浇薄，蠲省繁费，奢僭乖衷，实宜防断。应镂金银薄及庶物化生土木人彩花之属，及布帛幅尺短狭轻疏者，并伤财废业，尤成蠹患。又僧尼道士，挟邪左道，不依经律，民间淫祀袄书诸珍怪事，详为条制，并皆禁绝。"③风俗败坏，蠹害民风，可见这股风气在社会上流播很广，促使统治者不得不下令予以禁止，从而也影响了寺院经济的正常发展。

北朝时，曾有魏沙门法庆惑乱民众之事，最后招致镇压，《北史》记载说："时冀州沙门法庆既为妖幻，遂说勃海人李归伯。归伯合家从之，招率乡人，推法庆为主。法庆以归伯为十住菩萨、平魔军司、定汉王。自号大乘。杀一人者为一住菩萨，杀十人者为十住菩萨。又合狂药，令人服之，父子兄弟不相知识，唯以杀害为事。刺史萧宝夤遣兼长史崔伯骥讨之，败于煮枣城，伯骥战没。凶众遂盛，所在屠灭寺舍，斩戮僧尼，焚烧经像，云：'新佛出世，除去众魔。'诏以遥为使持节、都督北征诸军事，讨破之。禽法庆，并其妻尼惠晖等，斩法庆，传首京师，后禽归伯，戮于都市。"④法庆"大乘教"作乱，不仅无视佛教戒律，而且"屠灭寺舍，斩戮僧尼，焚烧经像"，以"杀害为事"，可见的确对于北魏政治统治有着重要的影响。法庆之流被视为"妖幻"，则说明对社会民众也有很强的煽动力和诱惑性，其余波也甚广。⑤神龟元年冬，尚书令、任城王元澄奏言佛教的种种弊端说：

"今之僧寺，无处不有。或比满城邑之中，或连溢屠沽之肆、或三五少僧，共为一寺。梵唱屠音，连檐接响，像塔缠于腥臊，性灵没于嗜欲，真伪混居，往

---

① 《宋书》卷74《臧质传附父熹传》，中华书局1974年版，第1918页。
② 《宋书》卷97《夷蛮传》，中华书局1974年版，第2386页。
③ 《陈书》卷6《后主纪》，中华书局1972年版，第108页。
④ 《北史》卷17《京兆王子推传附太兴弟遥传》，中华书局1974年版，第634页。
⑤ 《魏书》卷89《酷吏传·谷楷传》记载："谷楷，昌黎人，濮阳公浑曾孙。稍迁奉车都尉。时沙门法庆反于冀州，虽大军讨破，而妖帅尚未枭除。诏楷诣冀州追捕，皆擒获之。"其中所指即为法庆余党。《魏书》卷89，中华书局1974年版，第1926页。

来纷杂。下司因习而莫非，僧曹对制而不问。其于污染真行，尘秽练僧，薰莸同器，不亦甚欤。往在北代，有法秀之谋。近日冀州，遭大乘之变。皆初假神教，以惑众心，终设奸诳，用逞私悖。太和之制，因法秀而杜远。景明之禁，虑大乘之将乱。始知祖宗睿圣，防遏处深。履霜坚冰，不可不慎。昔如来阐教，多依山林，今此僧徒，恋著城邑。岂湫隘是经行所宜，浮谊必栖禅之宅，当由利引其心，莫能自止。处者既失其真，造者或损其福，乃释氏之糟糠，法中之社鼠，内戒所不容，王典所应弃矣。非但京邑如此，天下州、镇僧寺亦然。侵夺细民，广占田宅，有伤慈矜，用长嗟苦。且人心不同，善恶亦异。或有栖心真趣，道业清远者。或外假法服，内怀悖德者。如此之徒，宜辨泾渭。若雷同一贯，何以劝善。然睹法赞善，凡人所知。矫俗避嫌，物情同趣。臣独何为，孤议独发。诚以国典一废，追理至难，法网暂失，条纲将乱。是以冒陈愚见，两愿其益。"[1] 其中就论及随着佛教的发展，佛教之矫俗恶习也已经泛滥，且流弊甚远，造成了相当的危害。

而北朝对佛教最为严厉的惩处即两次废佛，也是和佛教僧尼的种种弊俗行为相关联的。

因此，佛教僧众弊俗的流播，不仅危害佛教自身的发展，同时也造成对寺院经济的不断冲击。尤其国家强制性干预措施，更是削弱了寺院经济的实力，打断了寺院经济的持续发展，影响了寺院经济的发展道路。

由上所述，可以说，唐代佛教的蠹弊流俗，对当时社会风气有着相当重要的影响。它不仅使得佛教界秩序混乱，僧尼行为劣行斑斑，而且波及寺院经济的正常发展。同时，佛教弊俗的流播，也影响了世俗社会对于佛教及寺院经济的态度和看法，招致统治者的屡屡禁断和文人士大夫们的口诛笔伐。因此朝廷敕令屡屡颁布，屡屡禁止。尽管上层统治者虽已对之危害深恶痛绝，并努力进行了禁断勘检，奈何"贞观开元，亦尝厘革，划除未尽，流衍转滋"[2]，但这些行为和措施还是对寺院经济的发展变迁造成了一定影响。

---

[1]《魏书》卷114《释老志》，中华书局1974年版，第3045—3046页。
[2]《全唐文》卷76《毁佛寺勒僧尼还俗制》，中华书局1983年版，第802页。

表 3-1　唐代关于寺院经济及其僧尼经济行为诏令一览表

诏令	主要内容	备注
沙汰佛道诏	自觉王迁谢，像法流行，末代陵迟，渐以亏滥。乃有猥贱之侣，规自尊高；浮惰之人，苟避徭役。妄为剃度，托号出家，嗜欲无厌，营求不息。出入闾里，周旋阛阓，驱策畜产，聚积货物，耕织为生，估贩成业，事同编户，迹等齐人。进违戒律之文，退无礼典之训。至乃亲行劫掠，躬自穿窬，造作妖讹，交通豪猾，每罹宪网，自陷重刑，黩乱真如，倾毁妙法。譬兹稂莠，有秽嘉苗，类彼淤泥，混夫清水。又伽蓝之地，本曰净居，栖心之所，理尚幽寂。近代已来，多立寺舍，不求闲旷之境，唯趣喧杂之方。缮筑崎岖，薨宇舛错，招来隐匿，诱纳奸邪。或有接近廛邸，邻迩屠酤，埃尘满室，膻腥盈道。徒长轻慢之心，有亏崇敬之义……	全/3
度僧於天下诏	其天下诸州有寺之处，宜令度人为僧尼，总数以三千为限。其州有大小，地有华夷，当处所度多少，委有司量定。务须精诚德业，无问年之幼长。其往因减省还俗，及私度白首之徒，若行业可称，通在取限。必无人可取，亦任其阙数。若官人简练不精，宜录附殿失。但戒行之本，惟尚无为。多有僧徒，溺於流俗：或假托神通，妄传妖怪；或谬称医筮，左道求财；或造诣官曹，嘱致赃贿；或钻肤焚指，骇俗惊愚。并自贻伊戚，动挂刑网，有一於此，大亏圣教……	全/5
诸州寺度僧诏	京城及天下诸州寺宜各度五人，宏福寺宜度五十人。	全/8
断卖佛像敕	佛道形像，事极尊严，伎巧之家，多有造铸。供养之人，竞来买购，品藻工拙，揣量轻重。买者不计因果，止求贱得；卖者本希利润，唯在价高。罪累特深，福报俱尽，违犯经教，并宜禁约。自今已后，工匠皆不得预造佛道形像卖鬻。其见成之像，亦不得销除，各令分送寺观，令寺观徒众，酬其价直。仍仰所在州县官司检校，敕到后十日内使尽。	全/9
停敕僧道犯罪同俗法推勘敕	比为法末人浇，多违制律，且权依俗法，以伸惩戒，冀在止恶劝善，非是以人轻法。但出家人等，俱有条制，更别推科，恐为劳扰。前令道士女道士僧尼有犯依俗法者，宜停。必有违犯，宜依条制。	全/14
禁僧道毁谤制	佛道二教，同归於善，无为究竟，皆是一宗。比有浅识之徒，竞生物我，或因忿怒，各出丑言。僧既排斥老君，道士乃诽谤佛法，更相訾毁，务在加诸，人而无良，一至於此。且出家之人，须崇业行，非圣犯义，岂是法门。自今僧及道士敢毁谤佛道者，先决杖，即令还俗。	全/95

(续表)

诫励风俗敕	敕：建立州县，列树官司，所以导俗宣风，惩奸息暴。顷以承平既久，中外晏安，人怀弛慢之心，官无警觉之意，遂使颍、宋二州，屡奏乱常之党，荆、并两府。频言构逆之徒。发露虽复数州，包藏犹虑未绝。此等妖孽，寻自伏诛。旬日之间，惊害良善，诫由按察宽纵，禁止不明，或使无辜，陷於非命，兴言及此，深用隐恻。自今以后，所在州官县僚，各宜用心检校：或惰於农作，专事末游；或妄说妖讹，潜怀聚结；或弃其井邑，逋窜外州；或自衒医占，诱惑愚昧。诸如此色，触类旁求，咸须防纠，勿许藏匿；又属当首夏，务在田蚕，虽则各解趋时，亦资官府敦劝……	全/19
申劝礼俗敕	……寺观广占田地，及水碾硙侵损百姓，宜令本州长官检括，依令式以外，及官人百姓，将庄田宅舍布施者，在京并令司农即收，外州给贫下课户。	全/19
禁百官与僧道往还制	如闻百官家多以僧尼道士等为门徒往还，妻子等无所避忌。或诡托禅观，妄陈祸福。事涉左道，深致大猷。自今已后，百官家不得辄容僧尼道士等，至家缘吉凶。要须设斋，皆於州县陈牒寺观，然后依数听去……	全/21
断书经及铸佛像敕（禁坊市铸佛写经诏）	佛教者，在於清净，存乎利益。今两京城内，寺宇相望，凡欲归依，足申礼敬。下人浅近，不悟精微，睹菜希金，逐焰思水，浸以流荡，颇成蠹弊。如闻坊巷之内，开铺写经，公然铸佛。口食酒肉，手漫膻腥，尊敬之道既亏，慢狎之心旋起。百姓等或缘求福，因致饥寒，言念愚蒙，深用嗟悼。殊不知佛非在外，法本居心，近取诸身，道则不远。溺於积习，实藉申明。自今以后，禁坊市等不得辄更铸佛写经为业。须瞻仰尊容者，任於寺拜礼。须经典读诵者，勒於寺取读。如经本少，僧为写供。诸州寺观并准此。	诏/113 全/26
禁创造寺观诏	天下寺观，屋宇先成。自今已后，更不得创造。若有破坏，事须条理，任经所繇陈牒简验，然后听许。	全/26
禁士女施钱佛寺诏	内典幽微，惟宗一相，大乘妙理，宁启二门。闻化度寺及福先寺三阶僧创无尽藏，每年正月四日，天下士女施钱，名为护法，称济贫弱。多肆奸欺，事非真正，即宜禁断。其藏钱付御史台京兆河南府勾会知数，明为文簿，待后处分。	全/28
分散化度寺无尽藏财物诏	化度寺无尽藏财物田宅六畜，并宜散施京城观寺。先用修理破坏尊像堂殿桥梁，有馀入常住，不得分与私房，从贫观寺给……	全/28
禁僧道掩匿诏	释道二门，施其戒律，缁黄法服，众亦崇尚，苟有逾滥，是无宪章。如闻道士僧尼，多有虚挂名籍，或权隶他寺，或侍养私门，托以为词，避其所管，互相掩匿，共成奸诈，甚非清净之意也。自今已后，更不得於州县权隶，侍养师主父母。此色者并宜括还本寺观。	全/28
禁僧道不守戒律诏	缁黄二法，殊途一致，道存仁济，业尚清虚。迩闻道僧，不守戒律。或公讼私竞，或饮酒食肉，非处行宿，出入市廛，冈避嫌疑，莫遵本教。有一尘累，深坏法门。	全/29

(续表)

禁左道诏	如闻道俗之间，妄有占筮。诳惑士庶，假说灾祥，兼讬符咒，遂行左道。先令禁断，不合更然。仍虑愚下，未能俊改，宜令所司申明格敕，严加访察。	全/29
括检僧尼诏	僧尼数多，逾滥不少。先经磨勘，欲令真伪区分，仍虑犹有非违，都遣括检闻奏。凭此造籍，以为准绳。如闻所繇条例非惬，致奸妄转更滋生。因即举推，罪者斯众，宜依开元十六年旧籍为之，更不须造写。	全/30
禁僧徒敛财诏（诫励僧尼敕）	朕念彼流俗，深迷至理，尽躯命以求缘，竭资财而作福，未来之胜因莫效，见在之家业已空。事等系风，犹无所悔，愚人寡识，屡陷刑科。近日僧徒，此风尤甚。因缘讲说，眩惑州闾，豁壑无厌，唯财是敛。津梁自坏，其教安施？无益於人，有蠹於俗。或出入州县，假托威权；或巡历乡村，恣行教化。因其聚会，便有宿宵，左道不常，异端斯起。自今已后，僧尼除讲律之外，一切禁断。六时礼忏，须依律仪，午后不行，宜守俗制。如犯者，先断还俗，仍依法科罪。	全/30 诏/113
澄清佛寺诏	夫释氏之旨，义归真寂，爰置僧徒，以奉法教。而趋末忘本，摭华弃实，假托权便之门，以为利养之府，徒蠲赋役，积有奸讹。至於浮俗奔驰，左道穿凿。言念净域，浸成逋薮。非所以叶和至理，宏振王猷，宜有澄清，以正风俗。朕先知此弊，故预塞其源。不度人来尚二十馀载，访闻在外有三十已下小僧尼，宜令所司及州府括责处分。	全/30
禁僧俗往还诏	惟彼释道，同归凝寂，各有寺观，自合住持。或寓迹幽闲，潜行闾里，陷於辟，有足伤嗟。如闻远就山林，别写兰若，兼亦聚众，公然往来。或妄讬生缘，辄有俗家居止，即宜一切禁断。	全/30
严禁左道诏	蠹政之深，左道为甚，所以先王设教，犯者必诛。去其害群，盖非获已。自今已后，辄有托称佛法，因肆妖言，妄谈休咎专行诳惑，诸如此类，法实难容。宜令所在长官，严加捉搦。	全/31
禁断妖讹等敕	敕：释氏汲引，本归正法；仁王护持，先去邪道。失其宗旨，为般若罪人；成其诡怪，岂涅槃之信士！不存惩革，遂废津梁，眷彼愚蒙，将陷坑陷。比有白衣长发，假托弥勒下生因为妖讹，广集徒侣，称解祥观，委说灾祥。或别作小经，诈云佛说，或辄蓄弟子，号为和尚。多不婚娶，眩惑闾阎，触类实繁，蠹政为甚！	诏/113
停京都检校僧道威仪敕	敕：道释三教，必在护持，须置威仪，令自整肃。徒众既广，统摄尤难，更想非是，却成繁弊。	诏/113
条贯僧尼敕	道释二教，用存善诱，至于像设，必在尊崇。如闻州县公私，多借寺观居止，因兹亵渎，切宜禁断，务令整肃。其寺观除三纲并老病不能支持者，余并俾每日二时行道礼拜，如有弛慢，并量加科罚。又崇尚清净，礼避嫌疑，其僧尼道士，非本师教主及斋会礼谒，不得妄托事故，辄有往来，非时聚会。	诏/113

第三章　世俗社会视野下的中古寺院经济图景

（续表）

禁僧尼道士往来聚会诏	道释二教，用存善诱，至於像设，必在尊崇。如闻州县公私，多借寺观居止，因兹亵黩。切宜禁断，务令清肃。其寺观除三纲并老病不能支持者，馀并仰每日二时行道礼拜。如有弛慢，并量加科罚。	全/46
修葺寺观诏	释道二教，福利群生，馆宇经行，必资严洁。自今州府寺观，不得宿客居住。屋宇破坏，各随事修葺。	全/52
禁私贮见钱敕	近日布帛转轻，见钱渐少，皆缘所在壅塞，不得通流。宜令京城内文武官寮，不问品秩高下，并公郡县主中使等，下至士庶商旅等，寺观坊市，所有私贮见钱。并不得过五千贯。如有过此，许从敕出后，限一月内，任将别物收贮。如钱数较多，处置未了，任便於限内於地界州县陈状申请限……	全/62
禁天下寺观停客制	如闻天下寺观，多被军士及官吏、诸客居止，狎而黩之，曾不畏忌。缁、黄屏审，堂居毁撤，寝处于像设之门，庖厨于廊庑之下。缅然遐想，愧叹良深。自今已后，切宜禁断。其军士，委州县长吏与本将商量，移于稳便处安置。其官吏、诸客等，频有处分，自合遵承，仰敕到当时发遣。应尊像有损坏处，俾随时修补。其有诸神所居，载在祀典，灵迹昭著，福及生人者，如有毁废，亦宜增葺。	诏/113
禁僧道卜筮制	敕：左道惑众，王制无赦；妖言蠹时，国朝尤禁。且缁黄之教，本以少思寡欲也；阴阳者流，所以教授人时也。而有学非而辨，性狎于邪，辄窥无道之远，妄验国家之事。仍又托于卜筮，假说灾祥，岂直闾阎之内，恣其狂惑，兼亦衣冠之家，多有厌胜。将恐寝成其俗，以生祸乱之萌。时艰以来，禁网疏阔，致令此辈，尚有矫诬，害政之深，莫过于此！	诏/113
条流僧尼敕	朕斋居法宫，详念致理，思欲建皇极，端化源，大苏生灵，渐复古道。矧伊耗蠹，必在澄清，而释氏宗来自西国，殷周已前，何尝有此，唐虞之际，宁匪盛时。逮至汉明因梦以言征，傅毅猝词而臆对，远承像教，从此流行，荡然相传，垂七百祀。黎庶信苦空之说，衣冠敬方便之门，异同之论虽多，俗尚之讹未革，遂使风驱成俗，云构满途，丁壮苟避於征徭，孤穷实困於诱夺。永言斯弊，宜峻科条，自今已后，京兆府委功德使，外州府委所在长吏，严加捉搦。不得度人为僧尼，累有明敕，切在提举。为我元元，务在长育，擅为髠削，亦宜禁断。比来京城及诸州府三长斋月置讲集众兼戒忏及七月十五日解夏后巡门家提剥割生人妄称度脱者，并宜禁断。且僧尼本律，科戒甚严，苟有违犯，便勒俗停。若有自愿还俗者，官司不须立制。如闻两街功德使近有条约，不许僧尼午后行游。虽曰缁徒，地非赤子，有妨自遂，亦轸予怀。从今已后，午后任行。其僧尼在城委功德使，其诸州府委本任长吏试经，僧尼并须读得五百纸，文字通流，免有舛误，兼数内念得三百纸，则为及格。京城敕下后，诸州府敕到后，许三个月温习，然后试练，如不及格，便勒还俗。其有年过五十以上，筋力既衰，及年齿未革，夙婴瘤疾，并暗聋跛躄不能自存者，并不在试经限。若有戒律清高，修持坚苦，风尘不杂，徒众共知者，亦不在试经限。天下更不得创造寺院。普通兰若等，如因破坏，即任修葺。	诏/113 全/74

(续表)

毁佛寺勒僧尼还俗制	朕闻三代已前，未尝言佛，汉魏之后，像教浸兴。是由季时，传此异俗，因缘染习，蔓衍滋多。以至於蠹耗国风，而渐不觉；诱惑人意，而众益迷。洎於九州山原，两京城阙，僧徒日广，佛寺日崇。劳人力於土木之功，夺人利於金宝之饰，遗君亲於师资之际，违配偶於戒律之间，坏法害人，无逾此道。且一夫不田，有受其饥者；一妇不蚕，有受其寒者。今天下僧尼，不可胜数，皆待农而食，待蚕而衣，寺宇招提，莫知纪极，皆云构藻饰，僭拟宫居。晋宋齐梁，物力凋瘵，风俗浇诈，莫不由是而致也。况我高祖太宗以武定祸乱，以文理天下，执此二柄，用以经邦，岂可以区区西方之教，与我抗衡哉。贞观开元，亦尝厘革，划除未尽，流衍转滋。朕博览前言，旁求舆议，弊之可革，断在不疑。而中外诸臣，协予至意，条流至当，宜在必行。惩千古之蠹源，成百王之典法，济人利众，予何让焉？其天下所拆寺四千六百馀所，还俗僧尼二十六万五百人，收充两税户；拆招提兰若四万馀所，收膏腴上田数千万顷，收奴婢为两税户十五万人。录僧尼属主客，显明外国之教，勒大秦穆护祆二千馀人还俗，不杂中华之风。於戏！前古未行，似将有待；及今尽去，岂谓无时。驱游惰不业之徒，已逾十万，废丹艧无用之室，何啻亿千。自此清净训人，慕无为之理；简易齐政，成一俗之功。将使六合黔黎，同归皇化，尚以革弊之始，日用不知。下制明廷，宜体予意。宣布中外，咸使闻知。	全/76
选耆寿勾当悲田养病坊敕	悲田养病坊，僧尼还俗，无人主持，恐残疾无以取给。两京量给寺田赈济，诸州府七顷至十顷。各於本管选耆寿一人勾当，以充粥料。	全/77
复废寺敕	会昌季年，并省寺宇。虽云异方之教，无损致理之源。中国之人，久行其道，厘革过当，事体未宏。其灵山胜境，天下州府，应会昌五年四月所废寺宇，有宿旧名僧，复能修创，一任住持，所司不得禁止。	全/81

（全——《全唐文》，中华书局，1983年；诏——《唐大诏令集》，学林出版社，1992年）

第二节　唐代文人士大夫视野下的佛教寺院经济图景

唐代佛教的兴盛，寺院经济也获得了空前的发展。面对寺院经济实力的日趋膨胀，唐代社会对其有着怎样的评价呢？或者说，唐代佛教寺院经济在世俗社会中究竟处于怎样的舆论空间里，这种环境对于佛教寺院经济产生了什么样的影响？

唐代文人士大夫[①]遗留下的大量诗文，对唐代寺院经济及其佛教僧尼的经济行为有一定的描述。这在一定程度上反映了他们对唐代佛教尤其是寺院经济发展状况的立场和看法。因此，对于文人士大夫言论著述的分析，有助于我们了解当时佛教寺院经济所处的舆论环境，并进而探究在这种空间里，寺院经济的应对和策略。鉴于文献上的局限，我们所选取的唐代士大夫的论述，其基本史料主要源自于《全唐文》和两《唐书》。以下我们就此予以具体分析，考察唐代文人士大夫对于寺院经济的态度。

一、文人士大夫关于寺院经济及僧尼经济活动的言论

唐代文人士大夫关于佛教寺院经济及其僧尼经济活动的言论颇多，下面予以具体论述。

傅奕是唐初反对佛教的代表人物。在《请废佛法表》中，傅奕就佛教的种

---

① 关于士大夫有着不同的定义和界定。黄正建《唐代"士大夫"的特色及其变化——以两《唐书》用词为中心》指出："'士大夫'一词在北朝时期多指门阀士族，至唐初亦然。逐渐地，'士大夫'开始主要指称官员，特别是'熟诗书，明礼律'的官员，但并没有形成一个有固定特色的阶级。社会对他们还没有一个统一的要求。他们也不是社会舆论的主要担当者。这时，一般仍认为社会大致由'公卿大夫'和'士庶人'两大阶层构成。'公卿大夫'是官员，其中文人色彩比较浓的逐渐被称为'士大夫'。至于'士庶人'中的'士'则多非官员，其中的佼佼者既有操守，又承担着社会舆论职责，被称为'士君子'。"黄正建：《唐代"士大夫"的特色及其变化——以两《唐书》用词为中心》，《中国史研究》2005年第3期。因此，本文即在"熟诗书，明礼律"的官员——"公卿大夫"这一特定含义层面上予以论述，为行文方便，仍以"文人士大夫"指代之。

种弊端进行了严厉批判,指责寺院经济割截国家赋税,浪费国家资财,于国有害而无利,坚决要求予以废除:①

> 降斯已后,妖胡滋盛,大半杂华。搢绅门里,翻受秃丁邪戒;儒士学中,倒说妖胡浪语。曲类蛙歌,听之丧本;臭同鲍肆,过者失香。兼复广置伽蓝,壮丽非一,劳役工匠,独坐泥胡。撞华夏之鸿钟,集蓄僧之伪众,动淳民之耳目,索营私之货贿。女工罗绮,翦作淫祀之幡;巧匠金银,散雕舍利之冢。粳粱面米,横设僧尼之会,香油蜡烛,枉照胡神之堂。剥削民财,割截国贮,朝廷贵臣,曾不一悟。良可痛哉……②

在《请除释教疏》中,傅奕又称:

> 佛在西域,言妖路远。汉译胡书,恣其假托。故使不忠不孝,削发而揖君亲;游手游食,易服以逃租赋。演其妖书,述其邪法,伪启三途,谬张六道。恐吓愚夫,诈欺庸品,凡百黎庶,通识者稀。不察根源,信其矫诈,乃追既往之罪,虚规将来之福。布施一钱,希万倍之报;持斋一日,冀百日之粮。遂使愚迷,妄求功德,不惮科禁,轻犯宪章。其有造作恶逆,身坠刑网,方乃狱中礼佛,口诵佛经,昼夜忘疲,规免其罪。且生死寿夭,由于自然,刑德威福,关之人主。乃谓贫富贵贱,功业所招,而愚僧矫诈,皆云由佛。窃人主之权,擅造化之力,其为害政,良可悲矣……③

---

① 《太平广记》引《辨疑志·裴玄智》,描述了唐初三阶教以寺院大聚财产而招致世俗社会对寺产觊觎的故事,从一个侧面也反映出唐初社会各阶层对寺院聚敛财富的不同态度:"武德中,有沙门信义习禅,以三阶为业,于化度寺置无尽藏。贞观之后,舍施钱帛金玉,积聚不可胜计,常使此僧监当。分为三分,一分供养天下伽蓝增修之备,一分以施天下饥馁悲田之苦,一分以充供养无碍。士女礼忏阗咽,施舍争次不得。更有连车载钱绢,舍而弃去,不知姓名。贞观中,有裴玄智者,戒行精勤。入寺洒扫,积十数年。寺内徒众,以其行无玷缺,使守此藏。后密盗黄金,前后所取,略不知数,寺众莫之觉也。因僧使去,遂便不还。惊疑所以,观其寝处,题诗云:'放羊狼颔下,置骨狗前头。自非阿罗汉,安能免得偷。'更不知所之。"《太平广记》卷493,中华书局1961年版,第4047—4048页。
② 《全唐文》卷133,中华书局1983年版,第1345页。
③ 《全唐文》卷133,中华书局1983年版,第1347页。

第三章 世俗社会视野下的中古寺院经济图景

李师政对唐初的佛教寺院经济也予以批判，并从利国益民的角度出发，认为"销像而绝镌铸，货泉可以无费；毁经以禁缮写，笔纸不为之贵；废僧以从编户，益黍稷之馀税；坏塔以补不足，广赈恤之仁惠"①。

武则天时期，佛教大行其道，引起朝臣的不满。狄仁杰指责佛寺建筑奢华，役使民力，"工不使鬼，必在役人，物不天来，终须地出，不损百姓，将何以求？生之有时，用之无度，编户所奉，恒若不充，痛切肌肤，不辞箠楚"。寺院经济，广占土地人口，僧尼并集法门，逃丁避罪。对此，狄仁杰进谏说：

> 比年以来，风尘屡扰，水旱不节，征役稍繁，家业先空，疮痍未复，时兴工役，力所未堪。伏惟圣朝，功德无量，何必要营大像，而以劳费为名？虽敛僧钱，百未支一。尊容既广，不可露居，覆以百层，尚忧未遍，自馀廊庑，不得全无。又云不损国财，不伤百姓。以此事主，何谓尽忠？
>
> 臣今思维，兼采众议，咸以为如来说法，以慈悲为主，下济群品，应是本心，岂欲劳人，以存虚饰？当今有事，边境未宁，宜宽征镇之徭，省不急之费。设令雇作，皆以利趋，既失田时，自然弃本。今不树稼，来岁必饥，役在其中，何以取给？况无官助，义无得成，若费官财，又尽人力，一隅有难，将何救之？②

狄仁杰表达了对佛教寺院经济这种扩张现状的不满，要求统治者关注民生国是，对于佛教，莫要浪费资财、人力而存"虚饰"。

韦凑《谏造寺观疏》说：

> 而观寺兴工，上木所料，动至巨万，更空竭之，必不支年矣。顷年天下灾损流行，乏绝稍多，申奏相继，每延圣念，总令赈恤，更加赋税，则人交不堪，衣食靡供，调敛安出？傥边烽尚警，戎房南牧，军资粮用，将何以济乎？此臣所以深忧也。③

---

① 《全唐文》卷157，中华书局1983年版，第1603页。
② 《全唐文》卷169，中华书局1983年版，第1727页。
③ 《全唐文》卷200，中华书局1983年版，第2021页。

吕元泰《谏广修佛寺疏》说：

> 今广费钱力，空修栋宇，中下士女，直睹庄严，边疆戍卒，不免饥弊……臣谨按金刚般若经云："若以色见我，以音声求我，是人行邪道，不能见如来。"是知大乘之宗，声色不见；岂释迦之意，雕琢为功……晋、魏越兢，梁、宋浇漓，释教行於中国，伽蓝遍於天下，然丧乱不绝，邦国未安者，岂佛教之使然乎？盖好尚非所，聚敛过度，人不堪命之所致也。
>
> ……方修寺造塔，塑画尊容，峻宇雕墙，丹楹刻桷，驱役贫贱，敛赋鳏寡，以求其福，臣用为疑……伏愿陛下以边疆为虑，以百姓为心，防之於未萌，理之於未乱，休力役，罢修造，恤穷乏，劝耕桑，爱养战士，慎择边将，妙选牧宰，招携亡散，则成康文景之风，可翘足而致……①

李叔明《请删汰僧道疏》说：

> 佛空寂无为者也，道清虚寡欲者也。今迷其内而饰其外，使农夫工女，堕业以避役，故农桑不劝，兵赋日屈，国用军储致耗。②

高郢《谏造章敬寺书》说：

> ……无寺犹可，无人其可乎？臣窃料此寺数年方成，土木之劳，工用之费，不虚府库，将焉取给？府库既竭，则又诛求，傥穷匮不堪，鼠窃之盗起；戎狄乘间，狗吠之惊急，得不为陛下深忧乎？③

上所引述言论，基本上都是就寺院经济的扩张对唐王朝国家社会生活所造成的危害而言的。④其或称坏言正法，或称广费钱财，或称役使人力，或称避役

---

① 《全唐文》卷270，中华书局1983年版，第2743—2744页。
② 《全唐文》卷394，中华书局1983年版，第4005页。
③ 《全唐文》卷449，中华书局1983年版，第4595页。
④ 陈弱水归纳出中古时期排佛论述的四个方面，即佛教僧侣不事生产，对社会经济危害极大；佛教来自胡地，受教化的中国人没有理由信奉；佛教教义荒诞，因果轮回为无稽之谈；佛教僧众抛弃家庭与责任，与传统忠孝观念抵触。陈弱水：《排佛思潮与六、七世纪中国的思想状态》，《唐代文士与中国思想的转型》，广西师范大学出版社2009年版，第123页。

堕业，或称穷匮兵赋，或称致耗国用等，呈现出一致的排斥色彩。

其实，针对佛教寺院经济的不仅仅是其实力的扩张，就连以福田思想为指导的悲田养病坊这一慈善行为，也受到了文人士大夫的忧虑。《唐会要》记载："开元五年，宋璟奏：悲田养病，从长安以来，置使专知。国家矜孤恤穷，敬老养病，至于安庇，各有司存。今骤聚无名之人，著收利之便，实恐逋逃为薮，隐没成奸。昔子路于卫，出私财为粥，以饲贫者，孔子非之，乃覆其馈。人臣私惠，犹且不可，国家小慈，殊乖善政，伏望罢之，其病患人，令河南府按此分付其家。"① 宋璟之所以反对悲田病坊，其理由之一就是寺院聚集无名之人，为逋逃之薮，非唯促使均田农民离家离乡，动摇国家根基，使得国家威权旁落，进而壮大佛教寺院力量，将为社会动乱的另一个根源。② 虽然，宋氏的建议和担忧并不为唐玄宗以为然，但也由此看出，文人士大夫围绕寺院经济发展的各个方面都有着国家利益立场的独特考量，而非一时之愤慨之情所使。

总之，日益膨胀的佛教寺院经济势力，其社会影响已经触及国家社会生活的众多领域。对此，辛替否在其《陈时政疏》中，可谓是作了很好的概括：

> 臣闻释教者，以清净为基，以慈悲为主，故常体道以济物，不为利欲以损心。故常去己以全真，不为荣身以害教。
>
> 而方大起寺舍，广造第宅，伐木空山，不足充梁栋，运土塞足，不足充墙壁。夸古耀今，逾章越制，百僚钳口，四海伤心。夫释教者，以清净为基，慈悲为主，故当体道以济物，不欲利己以损人，故常去己以全真，不为荣身以害教。三时之月，掘山穿池，损命也。殚府虚帑，损人也。广殿长廊，荣身也。损命则不慈悲，损人则不济物，荣身则不清净，岂大圣

---

① 《唐会要》卷49，中华书局1955年版，第863页。
② 罗彤华：《唐代官方放贷之研究》，广西师范大学出版社2013年版，第187页。罗氏指出，唐代应在武则天时期就设置专知的病坊，乃寺置寺营、官助官督的性质。玄宗以后至武宗废佛之前，通过政府用本钱收利法廪给的方式进行。长安、开元以来，官府置病坊本钱，所得利钱交付寺院；武宗废佛后，决定以田收为养病坊的主要经费来源，而不再凭借置本收利法，以避免官本生利的风险。晚唐的病坊，则是由官府委托寺僧代管，经营权掌握在官府之手的委外福利机构。详论参见《唐代官方放贷之研究》甲篇"放贷实况篇"第三章"其他诸色官本的设置"第三节"病坊本钱"，广西师范大学出版社2013年版，第182—193页。

大神之心乎。臣以为非真教，非佛意，违时行，违人欲。当今出财依势者尽度为沙门，避役奸讹者尽度为沙门。其所未度，唯贫穷与善人。将何以作范乎？将何以役力乎？

臣以为出家者，舍尘俗，离朋党，无私爱。今殖货营生，非舍尘俗。拔亲树知，非离朋党。畜妻养孥，非无私爱。是致人以毁道，非广道以求人。伏见今之宫观台榭，京师之与洛阳，不增修饰，犹恐奢丽。陛下尚欲填池堑，损苑囿，以赈贫人无产业者。今天下之寺盖无其数，一寺当陛下一宫，壮丽之甚矣。用度过之矣。是十分天下之财而佛有七八，陛下何有之矣。百姓何食之矣！

造寺不止，枉费财者数百亿。度人不休，免租庸者数十万。是使国家所出加数倍，所入减数倍。仓不停卒岁之储，库不贮一时之帛。所恶者逐，逐多忠良。所爱者赏，赏多谄佞。朋侯喋喋，交相倾动。容身不为于朝廷，保位皆由于党附。夺百姓之食，以养残凶。剥万人之衣，以涂土木。于是人怨神怒，亲怨众离，水旱不调，疾疫屡起。远近殊论，公私罄然。五六年间，再三祸变，享国不永，受终于凶妇人。寺舍不能保其身，僧尼不能护妻子，取讥万代，见笑四夷。此陛下之所眼见也，何不除而改之？①

辛替否之所陈，确实是文人士大夫对当时佛教寺院经济膨胀所带来严重后果的一种担忧。种种弊端，引起了当时文人士大夫的极大关注，限制佛教经济发展的主张和论调，不绝于耳。例如宋务光《谏开拓圣善寺表》说：

伏惟陛下体唐尧父母之用心，思菩萨如来之本意，伤边卒艰勤之弊，察下人劳怨之声。董逋逃，休役力，实仓库，急农桑。杜邪枉之门，止侈尚之路。诸不急务，一切总停，应须拓寺，诸俟农隙。如此则国用充足，黎元幸甚！②

李蔚《谏禁中饭僧疏》说：

伏以陛下深重缁流，妙崇佛事，其为乐善，实迈前踪。但细详时代之

---

① 《旧唐书》卷101，中华书局1975年版，第3156—3157页。
② 《全唐文》卷268，中华书局1983年版，第2729页。

安危,眇鉴昔贤之敷奏,则思过半矣。道远乎哉!臣过忝渥恩,言亏匡谏,但举从绳之义,少裨负扆之明,营缮之闲,稍宜停减。①

他们都要求对佛教予以限制,缓行佛法,减少佛寺修建和费用,停止寺院对劳动人口的役使,"诸不急务,一切总停"。即使需要营建佛寺,也要"诸俟农隙",不影响国家农业生产等经济生活。

到唐武宗时期,李德裕的态度就更为坚决了,要求废毁佛教。在其为任地方官时,就曾对猥滥佛寺予以清整,革除佛教弊风。李德裕指责佛教"弃五常之典,绝三纲之常,殚竭财力,蠹耗生人"②,并以梁武帝之例,讽喻时政,要求加以禁止。会昌年间的禁佛运动,李德裕亲自参与,推行其一贯的废佛主张。可以说,在唐代,主张并实践废佛之士大夫官僚,当首推李德裕。

会昌法难之后,唐代佛教又有所恢复发展。对此,许多士人从国是政治的立场出发,主张严厉限制佛教。如孙樵就认为"残蠹於民者,群髠最大"③,耗费钱财、人力,影响国家财源收入和兵力,要求缓度僧尼,慢行佛寺营建。

有唐一代,尽管佛教大盛,笃信佛教者为数众多,但就其对佛教寺院经济的立场而言,除了对寺院僧尼予以直接的资财赏赐、捐施之外,很少有在舆论领域中给予支持者。即使想表达对寺院经济在物质方面一点扶植的"心意",也往往是和佛教信仰联系在一起。借助于佛教信仰的温情面纱,给予对佛寺物质财富的支持。例如王维在《请施庄为寺表》中说道:

……释教有崇树功德,宏济幽冥。臣亡母故博陵县君崔氏,师事大照禅师三十馀岁,褐衣蔬食,持戒安禅,乐住山林,志求寂静,臣遂于蓝田县营山居一所。草堂精舍,竹林果园,并是亡亲宴坐之馀,经行之所。臣往丁凶衅,当即发心,愿为伽蓝,永劫追福,比虽未敢陈情,终日常积恳诚。又属元圣中兴,群生受福,臣至庸朽,得备周行。无以谢生,将何答施?愿献如天之寿,长为率土之君,惟佛之力可凭,施寺之心转切。效微尘于天地,固先国而后家,敢以鸟鼠私情,冒触天听。伏乞施此庄为一小

---

① 《全唐文》卷766,中华书局1983年版,第7965页。
② 傅璇琮、周建国校笺:《李德裕文集校笺》,河北教育出版社2000年版,第388页。
③ 《全唐文》卷794,中华书局1983年版,第8321页。

寺，兼望抽诸寺名行僧七人，精勤禅诵，斋戒住持，上报圣恩，下酬慈爱。无任恳款之至。①

王维之所以如此，是因为他有着一个笃信佛教的家庭。② 如上所述，王维的母亲"师事大照禅师三十馀岁，褐衣蔬食，持戒安禅，乐住山林，志求寂静"。王维"终日常积恳诚"，以禅诵为事。但是施舍佛寺，给以经济支持，也要"先国而后家"，追福报恩，酬亲慈爱，而并非纯粹直接施于寺院物质财富。

二、文人士大夫言论与寺院经济发展之间"内在紧张"的原因分析

"佛法入中国，尔来六百年。齐民逃赋役，高士著幽禅。官吏不之制，纷纷听其然。耕桑日失隶，朝署时遗贤。"③ 在唐代，文人士大夫对于佛教寺院经济的立场基本并无大的分歧。立足于国家朝廷的出发点，寺院经济势力的扩张是和整个国家利益相违背的。寺院经济，割夺资财，役使劳力，侵占土地，僧尼毁坏戒律，违犯国法，都为士大夫所诟病，这也是他们借以反对、攻击佛教的最佳口实。

因此，在文人士大夫的社会舆论与佛教寺院经济势力膨胀的现实之间，存在一种内在的紧张。这种张力，使得佛教寺院经济在其发展历程中，经常处于文人士大夫舆论抨击的风头浪尖之上。但是，这种紧张并没有形成对佛教寺院经济势力的抑制。相反，寺院经济却屡屡冲破这种舆论空间上的困境，以经济实力不断膨胀的事实而宣告了舆论压制的苍白无力。直至唐武宗会昌废佛的风潮，其扩

---

① 《全唐文》卷324，中华书局1983年版，第3290页。
② 《旧唐书》卷190《文苑传·王维传》记载："维弟兄俱奉佛，居常蔬食，不茹荤血，晚年长斋，不衣文彩……在京师日饭十数名僧，以玄谈为乐。斋中无所有，唯茶铛、药臼、经案、绳床而已。退朝之后，焚香独坐，以禅诵为事。妻亡不再娶，三十年孤居一室，屏绝尘累。乾元二年七月卒。临终之际，以缙在凤翔，忽索笔作别缙书，又与平生亲故作别书数幅，多敦厉朋友奉佛修心之旨，舍笔而绝。"《旧唐书》卷190，中华书局1975年版，第5052—5053页。《旧唐书》卷118《王缙传》记述："缙弟兄奉佛，不茹荤血，缙晚年尤甚。与杜鸿渐舍财造寺无限极。妻李氏卒，舍道政里第为寺，为之追福，奏其额曰宝应，度僧三十人住持。每节度观察使入朝，必延至宝应寺，讽令施财，助己修缮。"《旧唐书》卷118，中华书局1975年版，第3417页。
③ 韩愈：《送灵师》，《全唐诗》卷337，中华书局1999年版，第3780页。

张的势头才被打压。

那么造成这种后果的原因何在呢？

首先，我们认为这种舆论力量所形成的社会环境，并未触及和影响到寺院经济得以发展的社会深层空间。而且，批判寺院经济扩张的声音在"俗情"蔓延的社会背景下，显得孤立薄弱。

姚崇在《遗令诫子孙文》中说："抄经写像，破业倾家，乃至施身，亦无所悋，可谓大惑也。亦有缘亡人造像，名为追福，方便之教，虽则多端，功德须自发心，旁助宁应获报？"而且这种做法，"损耗生人，无益亡者"。但恰恰就是这种风气，弥漫于整个社会，"递相欺诳，浸成风俗"。这种无形的力量，使得人们很难跨越，即是所谓"假有通才达识，亦有时俗所拘"①。"须顺俗情"，成为最后的指向和选择。

"俗情"的不断弥漫、流播和在社会生活中的植入、生长，使得其逐渐成为一种挥之不去的社会风气，进而浸为一种社会的"浮俗""流俗""浇俗"。这也即是日后唐武宗废佛时所称"汉魏之后，像教浸兴。是由季时，传此异俗，因缘染习，蔓衍滋多。以至於蠹耗国风，而渐不觉；诱惑人意，而众益迷"②的状况。

其次，反对寺院经济发展的舆论空间并未形成实际的制约力量，无法对寺院经济的扩张予以有效地抑制。

虽然士大夫们对于佛教寺院经济扩张的批判不遗余力，但在实践中真正为之采取实际行动者屈指可数。即使是实际行动者，也多是针对佛教僧徒不遵佛法、违犯戒律等社会行为方面的，与寺院经济直接关联者更是少之又少。例如《云溪友议》中记载的僧众屠牛捕鱼、饮酒吃肉、聚集赌钱之事：

> 李常侍曾断僧结党屠牛捕鱼事，曰："违西天之禁戒，犯中国之条章，不思流水之心，辄举庖丁之刃，既集僧侣，须务极刑，各决三十，用示伽蓝。"
> 婺州陆郎中长源判僧常智满智真等，同于倡家饮酒烹宰鸡鹅等事云："且口说如来之教，在处贪财，身着无价之衣，终朝食肉。苦行未同迦叶，自谓头陀。神通何有净名，入诸淫舍。犯而严戒，黩我明刑。乃集远近僧

---

① 《全唐文》卷206，中华书局1983年版，第2083页。
② 《旧唐书》卷18《武宗本纪》，中华书局1975年版，第605页。

徒，痛杖三十处死。"

浙西韩相公滉断法师云晏等五人，聚集赌钱，因有喧诤云："正法何曾执贝，空门不积余财。白日既能赌博，通宵必醉樽罍。强说天堂难到，又言地狱长开。并付江神收管，波中便是泉台。"①

《旧唐书》载大历年间，开元寺僧与徒夜饮，"醉而延火，归罪于守门喑奴"，后经审问，"醉僧首伏"②。

这些不遵法度或违背戒律之事，多为僧侣个人行为，也并未在现实生活中产生巨大的危害。即使如元和年间僧鉴虚者，曾"用货利交权贵，恣为奸滥"，在"中外权贵者，欲便保救之"③的情况下，依然被御史中丞薛存诚坚守执法而杖杀之。加之唐代国家对限制寺院经济扩张的管理制度中缺乏有约束力的执行措施，也使得这种舆论的批驳更显苍白。故而，对寺院经济扩张的抑制作用不大。

第三，寺院经济的发展，轻而易举地突破了舆论空间的防线。如前文所论，唐代文人士大夫的舆论空间同佛教寺院经济的扩张都是同样的"激烈"，形成了有趣的映衬。或许正是在这种舆论批判空间中和受到"话语"排挤的状态下，更加刺激了佛教寺院经济去谋求自身实际的生存空间，从而获取了在世俗社会中的立足。因此，面对寺院经济急剧膨胀的现实，士大夫们的舆论攻击是如此的软弱而不堪一击。

三、佛教僧众对于文人士大夫言论的反击

面对文人士大夫们的舆论压力，佛教僧众也并不是三缄其口、沉默不语，而是在言论上进行了反驳。例如对于唐初傅奕废省佛僧的言论，释法琳以《对傅奕废佛僧表》予以逐一驳斥。如对傅奕"僧尼六十已下简使用民，则兵强人众"之论，法琳对之曰："夫形迹易察而真伪难明。自非久处，未可知矣。昔远法师

---

① 《云溪友议》卷11，《笔记小说大观》第1册，江苏广陵古籍刻印社1983年版，第84—85页。
② 《旧唐书》卷125《柳浑传》，中华书局1975年版，第3553页。
③ 《唐会要》卷40，中华书局1955年版，第726页。

答桓玄书云：经教所述凡有三科，一者禅思入微，二者讽味遗典，三者兴建福业。然有兴福之人，不存禁戒而迹非阿练者，或有多诵经文讽咏不绝而不能畅说义理者，或有年已宿长，虽无三科可纪，而体性贞正不犯大非者。以此校量，取舍难辩。案出家功德经云，度一人出家，胜起宝塔至于梵天。何者？人能弘道自利利他，洁己立身津梁七世。请有罪者依法苦治，无过者为国行道。"再如对于傅奕"寺多僧众，损费为甚，绯是寺舍，请给孤老贫民无宅义士。三万户州唯置一寺，草堂土塔以安经像，遣胡僧二人传示胡法"的建议，法琳说："法流汉地五百余年，寺舍僧尼积世已有。龛塔堂殿皆是先代兴营，房宇门廊都由信心起造。或为存殁二亲，及往生七世，求将来胜报，种见在福田，咸出彼好心，非佛僧课立。书云成功不毁，故子产不毁伯夷之庙，夫子谓之仁人。况佛为三界良田，四生父母，唯可供养，不可毁除。佛虽去世，法付人王。伏惟陛下，再造生民，重兴佛道，即是如来大檀越主。请遵汉明永平之化，近同文帝开皇之时。"① 释法琳在此表中，追踪溯源，引经据典，对傅奕的言论一一反驳，并以佛教的立场提出了自己的见解。除此之外，释明概也论有《决对傅奕废佛僧事》，② 对傅奕所论给以回击。

可以说，佛教僧众对于文人士大夫的言论批驳，显示了其为维护佛教社会地位的努力。当然，这种交锋也是颇为艰难的，③ 因为其和统治者的宗教政策是密切关联的。尽管如此，这样的抗争也表现出佛教为争取宽松空间所做出的努力。

随着佛教在唐代的不断发展，文人士大夫对于寺院经济的舆论压力也渐趋强烈，而佛教僧尼的"反抗"声音也并未减弱。伯.3620号文书《讽谏今上破鲜于叔明、令狐峘等请试僧尼及不许交易书并批答》就是这样的明证：

> 讽谏今上破鲜于叔明、令狐峘等请试僧尼及不许交易书龙集以来，九帝唐兴。月游玄宫，日行南道。流离山泽，草系比丘无名僧，死别清溪。

---

① 《广弘明集》卷11，《大正藏》52册，第163页中—163页下。
② 《广弘明集》卷12，《大正藏》52册，第168页中—169页上。
③ 例如法琳的抗争就充满了风险和艰难，参见［日］砺波护著：《隋唐佛教文化》，韩昇、刘建英译（第二章"唐初的佛教、道教与国家——法琳事迹考"），上海古籍出版社2004年版。

远投丹阙，面北独立，高声叫天，然后跪膝捧书，进上讽谏。

（中间略）

陛下不闻

尸毗王割□（股）救鸽，剜身然灯，是求轮王之福也。陛下不能如是，何不学先祖相王舍宅成寺，而求善本。陛下又不能如是，何不己度僧尼赐少安乐，亦有福田。陛下何得纳鲜于叔明、令狐峘之管见，紊其大纲。贫道虽愚，切将未可，何者？且鲜于叔明生居蛮野，虽有子路之勇，而无颜回之仁；口如狗突，不能谈仲尼之文；耳如鸡坿，不能聪释迦之典。专事生煞，恣意禽荒。请试僧尼，此亦未可。其令狐峘虽有少才，而无大量。掌纶言，不能直谏；摄礼部曲取人情。择明进，未必有才；恶僧尼，先闻矫状。意拟陷君无信，殊不知自身不忠。只如僧尼交易词颂经论，于国何害，而令禁断。陛下岂不知天下寺舍，翻作军营；所在伽蓝，例无僧饭。不许交易，且将遣何生！伏惟陛下圣虑，察之！察之！其尼师或有名家子女，帝族王孙，忽被俗士轻陵，奴兵触突，便道有敕，不许经论，抑令受屈。此则自泯风教，何关裨补皇猷。陛下须审详表疏，细阅封文，可行则行，可止则止，何得收此无稽之状，以为天下，敕文。外国闻之，实为可笑耳！不知陛下何以收之，贫道耻之，丘亦耻之。贫道闻孔氏之言，吾非匏苽也哉，焉能继而不食。僧尼既断交易，不许营求。陛下不然，敕天下诸州所在常住，放其率地令置堂餐。一则成陛下福田，二则僧尼得食。僧尼皆是先朝纳粟取钱，并不言经业。陛下若试先朝所度，年月已深，计日驱功，亦合成业，贫道切谓不然。只如俗士出身之后，几人作判成文，得入超绝。但以方圆取人，不失其事，若试经业，或恐遗才，其僧尼亦然。审若试谏，亦须三学取人，其中或有坐禅，或有学法，或有持律者。全若不得，长斋亦收。一则不失先皇之信，二则转益皇帝福田，何乃如是。其僧尼身尽皆有功，如何知矣？且如上皇去国，先圣辞朝；归蜀无由，投吴不可；其两京宫室，已被焚烧，天下府库，并皆劫尽；通儒轶侵京邑，乾祐鼠窃河中；子仪举军南伐，兵无颗粮；怀恩将申甲酉冲，马无寸草。先朝权计，卖度取钱。其时仓禀（廪）赢粮，财帛山积。故使兵肥马壮，将勇师强，一举无遗，并收天下。陛下今日有国，莫不因斯。即是僧尼有功，何要经业，不求优当，幸请存而勿论。陛下俭宫室，律百察，使绮縠不衣，食肉勒节，自然苍生免被割剥，黎庶渐见获安，何必制僧尼断交易，令采食不足，短褐不遮而已哉！贫道切见鲜于叔明、令狐峘等矫身窃位，无法而贪，常以绮罗粉黛惑其情，管弦丝竹乱其所；鱼捕畋猎决其志；阿谀谄媚纵其心；沉湎于酒色之间，偃息于华堂之上；不能借国家少理，不能助国家少尤。且西郊未宾，何不画策，令自留斧镬东山尚梗，何不设计，令束身归朝。其僧尼或于林处，或在于山居，常以持盂代耕，自给朝夕，于国家何害，专念薄除。不见自家妻儿纯衣绮罗之服，厨中獠婢长涂桃李之状。据伊一面脂粉货植之价，成僧尼十日之粮。身上宝珍衣灼然买得僧尼一生之业。既云不能自律其过，举他人非，国之贼也。伏愿陛下慎之矣！慎之矣！据此冒公行事，自隐私家，亦能颠倒阴阳，翻覆天地，陛下亦不得不防矣。贫道亦非回邪害政，亦非門谏君臣，只为经事多焉，进斯直语。上皇被国忠所惑，禄山阴谋，破国乱邦，于今未定，陛下不自惊矣，晚食痛心，尤人出震，总括六乾之德，跃□(居)九五之尊，覆业汉主当日之平为道、履梁王一生善。色荒不作，六宫弃其美女；琴棋不为，五方放其珍兽。外布三皇之化，内绎五帝之功。伏愿陛下长作聪明，永称克让，静朝庭而使獬豸触□(邪)抚中外而令聪马传化，贫道投书在匦，用申谏诤之文。陛下谠若依行，伏愿颁示天下。无名冒死以闻。伏愿敕旨。

邓县尉判：见恶务去，从善如流。克降百祥，复经千古。况口无血食，存生之德且尊；目不色观，绝世之情可尚。既蒙制度，复是精修。少壮者见要住持，老弱者不堪役力。请依寻常，何必改作。

敕批：李叔明、令狐峘等所奏并停。牓示僧尼，令知朕意。[①]

根据研究，此文书是德宗时期无名僧对于鲜于叔明、令狐峘等要求请试僧尼及不许交易的一份反驳书。[②]安史之乱对唐代社会产生了重要的影响，由此

[①] 唐耕耦、陆宏基编：《敦煌社会经济文献真迹释录》第4辑，全国图书馆文献微缩复制中心1990年版，第314—320页。
[②] 关于文书《讽谏今上破鲜于叔明、令狐峘等请试僧尼及不许交易书并批答》的作者及其年代问题，详论参见陈英英：《敦煌写本讽谏今上破鲜于叔明令狐峘等请试僧尼及不许交易书考释》，北京大学中国中古史研究中心编：《敦煌吐鲁番文献研究论集》第1辑，中华书局1982年版；张军胜：《敦煌写本无名僧所上谏表研究》，兰州大学硕士学位论文，2010年。

佛教也受到一定程度的冲击和破坏,"天下寺舍,翻作军营;所在伽蓝,例无僧饭"。然则,社会各阶层的推崇,佛教与世俗生活的渐趋融合,加之私度泛滥和度牒买卖,寺院经济实力仍在继续膨胀。代宗大历年间,"京畿良田美利多归僧寺",又敕天下"无得棰曳僧尼",由此造成"中外臣民承留相化,皆废人事而奉佛,政刑日紊矣"。① 在这种情况下,鲜于叔明、令狐峘等提出的请试僧尼及不许交易的建议,可谓切中时弊,直指佛教经济的重心。② 在无名看来,僧尼交易于国无害;而禁止交易,则会危及佛教僧众的生存,"且将遣何生"?可以说,这一建议对于佛教僧尼而言无异是相当严峻的考验,因为这直接关系到寺院经济的发展和佛教在社会生活中的地位。因此,以无名为首的佛教僧众对此提议进行了驳斥。

首先,就请试僧尼经业问题,无名"以方圆取人,不失其事,若试经业,或恐遗才"为借口,欲加反对。即使要试僧尼经业,则要求"审若试谏,亦须三学取人,其中或有坐禅,或有学法,或有持律者。全若不得,长斋亦收"。同时,又摆出佛教僧众为平息安史之乱所作的贡献,指出"陛下今日有国,莫不因斯",进而以"即是僧尼有功,何要经业,不求优当,幸请存而勿论"为由,要求免除请试僧尼的要求。

其次,就僧尼交易问题,将世俗官僚与佛教僧众相比较,指出佛教僧尼"或于林处,或在于山居,常以持盂代耕,自给朝夕",不但与国家无害,而且寺院利用常住田产,既可解决僧众的日常生活所需,又可当作王室的福田。相较而言。鲜于叔明、令狐峘之流,"矫身窃位,无法而贪,常以绮罗粉黛惑其情,管弦丝竹乱其所;鱼捕畋猎决其志;阿论谄媚纵其心;沉湎于酒色之间,偃息于华堂之上;不能借国家少理,不能助国家少尤"。请求朝廷对鲜于叔明、令狐峘等人的建议不予采纳。通过佛教僧众的积极应对和努力,鲜于叔明、令狐峘等人请试僧尼及不许交易的奏议终未获施行。站在佛教立场上而论,可以说这是佛教界对于文人士大夫裁汰僧尼、削弱寺院经济实力等反佛言论予以成功反击

---

① 《资治通鉴》卷224,中华书局1956年版,第7196—7197页。
② 李叔明、令狐峘二人皆有裁汰佛教之论。李叔明,"素恶道,佛之弊",曾上言"请本道定寺为三等,观为二等,上寺留僧二十一,上观道士十四,每等将杀以七,皆择有行者,余还为民";令狐峘也曾"表汰浮图"。《新唐书》卷147、210,中华书局1975年版,第4758、5927页。

的经典案例。

总之，无论唐王朝的诏令，抑或文人士大夫的言论，都反映出佛教寺院经济势力的强大。面对寺院经济的不断扩张，在舆论领域里形成了主流的反对声音。但舆论的力量并没有能够阻止寺院经济的继续膨胀。而佛教界，为了维护自身的利益，也同这种言论进行了针锋相对的反击。

表3-2 唐代文人士大夫关于寺院经济及其僧尼经济行为言论一览表

论者	主要言论	备注
傅奕	**请除释教疏** 游手游食，易服以逃租赋。演其妖书，述其邪法，伪启三途，谬张六道。恐吓愚夫，诈欺庸品，凡百黎庶，通识者稀。 **请废佛法表** 搢绅门里，翻受秃丁邪戒；儒士学中，倒说妖胡浪语。曲类蛙歌，听之丧本；臭同鲍肆，过者失香。兼复广置伽蓝，壮丽非一，劳役工匠，独坐泥胡。撞华夏之鸿钟，集蕃僧之伪众，动淳民之耳目，索营私之货贿。女工罗绮，翦作淫祀之幡；巧匠金银，散雕舍利之冢。粳粱面米，横设僧尼之会，香油蜡烛，枉照胡神之堂。剥削民财，割截国贮，朝廷贵臣，曾不一悟。	旧/79 傅奕传 全/133
韦嗣立	臣窃见比者营造寺观，其数极多，皆务取宏博，竞崇瑰丽。大则费耗百十万，小由尚用三五万余，略计都用资财，动至千万已上。转运木石，人牛不停，废人功，害农务，事既非急，时多怨咨。 **请减滥食封邑疏** 苟非修心定慧，诸法皆涉有为。至如土木雕刻等功，唯是殚竭人力。但学相诩壮丽，岂关降伏身心。	旧/88 韦嗣立传 全/236
狄仁杰	**谏造大像疏** 今之伽蓝，制过宫阙，穷奢极壮，画缋尽工，宝珠殚于缀饰，环璧竭于轮奂。工不使鬼，必在役人，物不天来，终须地出，不损百姓，将何以求？生之有时，用之无度，编户所奉，恒若不充，痛切肌肤，不辞棰楚。游僧一说，矫陈祸福，剪发解衣，仍惭其少。亦有离间骨肉，事均路人，身自纳妻，谓无彼我。皆托佛法，诖误生人。里陌动有经坊，阛阓亦立精舍。化诱所急，切于官征；法事所须，严于制敕。膏腴美业，倍取其多。水碾庄园，数亦非少。逃丁避罪，并集法门，无名之僧，凡有几万，都下检括，已得数千。且一夫不耕，犹受其弊，浮食者众，又劫人财。	旧/89 狄仁杰传 全/169

（续表）

苏环	（武后铸浮屠，立庙塔，役无虚岁）糜损浩广，虽不出国用，要自民产日殚。百姓不足，君孰与足？天下僧尼滥伪相半，请并寺，著僧常员数，缺则补。	新/125 苏环传
桓彦范	**论时政表** 臣闻京师喧喧，道路籍籍，皆云胡僧慧范，矫托佛教，诡惑后妃，故得出入禁闱，挠乱时政。陛下又轻骑微行，数幸其室。上下媟黩，有亏尊严。	旧/91 桓彦范传 全/175
李峤	**谏建白马坂大像疏** 伏闻造像，税非户口，钱出僧尼，不得州县祗承，必是不能济办，终须科率，岂免劳扰。天下编户，贫弱者众，亦有佣力客作以济糇粮，亦有卖舍贴田以供王役。造像钱见有一十七万余贯，若将散施，广济贫穷，人与一千，济得一十七万余户，拯饥寒之弊，省劳役之勤，顺诸佛慈慈之心，沾圣君亭育之意，人神胥悦，功德无穷。 **上中宗书** 又崇作寺观，功费浩广，今山东岁饥，糟糠不厌，而投艰□厄之会，收庸调之半。用吁嗟之物，以荣土木，恐怨结三灵，谤蒙四海。又比缘征戍，巧诈百情，破役隐身，规脱租赋，今道人私度者，几至数十万。其中高户多丁，黠商大贾，诡作台符，羼名伪度。且国计军防，并仰丁口，今丁皆出家，兵悉入道，征行租赋，何以备之？	旧/94 李峤传 全/247
姚崇	**遗令诫子孙文** 抄经写像，破业倾家，乃至施身，亦无所吝，可谓大惑也。亦有缘亡人造像，名为追福，方便之教，虽则多端，功德须自发心，旁助宁应获报？递相欺诳，浸成风俗，损耗生人，无益亡者。假有通才达识，亦为时俗所拘。	旧/96 姚崇传 全/206
裴漼	**谏春旱造寺观疏** 若不劝以农桑，恐弃本者多……两京公私营造及诸和市木石等，并请且停，则苍生幸甚。若农业失时，户口流散，纵寺观营构，岂救黎元饥寒之弊哉？	旧/100 裴漼传 全/279

（续表）

张廷珪	菩萨作福德，不应贪著，盖有为之法不足高也……又役鬼不可，唯人是营，通计工匠，率多贫窭，朝驱暮役，劳筋苦骨，箪食瓢饮，晨炊星饭，饥渴所致，疾疹交集……又营筑之资，僧尼是税，虽乞丐所致，而贫阙犹多。州县征输，星火逼迫，或谋计靡所，或鬻卖以充，怨声载路，和气未洽。 **谏白司马坡营大像表** 如佛所言，则陛下倾四海之财，殚万人之力，穷山之木以为塔，极冶之金以为像。虽劳则甚矣，费则多矣，而所获福缘，不愈于一禅房之匹夫，沙门之末学，受持精进，端坐思理，亦明矣。 **谏白司马坂营大像第二表** 臣窃以天后朝僧怀义营创大像，并造天堂安置，今工宏义、李昭德等分道采斫大木，虐用威势，鞭搥官寮，凿山填溪，以夕继昼，伤杀丁匠，不可胜言，费散钱数，动以亿计……且穷土木之作，竭苍库之资，将非崇树胜缘，求诸福德者也……特乞即日停造大像等，仍量抽其钱，赈济穷乏。	旧/102 张廷珪传 全/269
辛替否	**谏造金仙玉真两观疏** 不多造寺观，而福德自至；不多度僧尼，而殃咎自灭……造寺不止，枉费财者数百亿；度人不休，免租庸者数十万。是使国家所出加数倍，所入减数倍，仓不停卒岁之储，库不贮一时之帛。 **陈时政疏** 而方大起寺舍，广造第宅，伐木空山，不足充梁栋，运土塞足，不足充墙壁。夸古耀今，逾章越制，百僚钳口，四海伤心。 今天下之寺盖无其数，一寺当陛下一宫，壮丽之甚矣。用度过之矣。是十分天下之财而佛有七八，陛下何有之矣。百姓何食之矣！ 造寺不止，枉费财者数百亿。度人不休，免租庸者数十万。是使国家所出加数倍，所入减数倍。仓不停卒岁之储，库不贮一时之帛。所恶者逐，逐多忠良。所爱者赏，赏多谄谀。朋侫喋喋，交相倾动。	旧/102 辛替否传 全/272
韩愈	今陛下令群僧迎佛骨于凤翔，御楼以观，异入大内，又令诸寺递加供养……以至灼顶燔指，十百为群，解衣散钱，自朝至暮，转相放效，唯恐后时，老幼奔波，弃其生业。若不即加禁遏，更历诸寺，必有断臂脔身以为供养者。伤风败俗，传笑四方，非细事也。 **钱重物轻状** ……禁铸铜为浮屠佛像钟磬者。蓄铜过若干斤者，铸钱以为他物者，皆罪死不赦。	新/176 韩愈传 《韩愈集》卷37
李蔚	臣以为减雕琢之费以赈贫人，是有如来之德。息穿掘之苦以全昆虫，是有如来之仁。罢营葺之直以给边陲，是有汤武之功。回不急之禄以购清廉，是有唐虞之治。	旧/178 李蔚传

(续表)

张鹫	大云寺僧昙畅奏率僧尼钱，造大像高千尺，助国为福。诸州僧尼诉云像无大小，惟在至诚。聚敛贫僧，人多嗟怨，既违佛教，请为处分。	全/172
袁楚客	规魏元忠书 今度人既多，缁衣满路，率无戒行，宁有经业？空赍重宝，专附权门，取钱奏名皆有定价。昔之卖官也，钱入公府；今卖度也，钱入私家。以兹入道，实非履正。诡情不变，徒为游食，使法侣有失，而流俗生厌，名曰度人，其实颣矣。	全/176
韦凑	谏造寺观疏 观寺兴工，土木所料，动至巨万，更空竭之，必不支年矣。顷年天下灾损流行，乏绝稍多，申奏相继，每延圣念，总令赈恤，更加赋税，则人交不堪，衣食靡供，调敛安出？傥边烽尚警，戎房南牧，军资粮用，将何以济乎？此臣所以深忧也。	全/200
吕元泰	谏广修佛寺疏 今广费钱力，空修栋宇，中下士女，直睹庄严，边疆戍卒，不免饥弊。同沐太平之化，而劳逸以殊。俱承雨露之恩，而荣枯遂隔：恐非如来平等之意，又异陛下亭育之恩……晋魏越兢，梁宋浇漓，释教行於中国，伽蓝遍於天下，然丧乱不绝，邦国未安者，岂佛教之使然乎？盖好尚非所，聚敛过度，人不堪命之所致也。	全/270
宁原悌	论时政疏五篇 其有鬻贩先觉，诡饰浮言，以复殿为经坊，用层台为道法，皆无功於元虑，诚有害於生人。梁武靡报於前，先朝殷鉴於后，咸耳目所接，黎元愤怨……若使广事修营，假饰图像，尽宇内之功巧，倾万国之资储为福，则靡效先朝，树怨则取谤於天下。自隋室以降，寺观尤多，禅定东明之域，足受缁黄之众，更为建立，罕见其宜。后失请收，前弊未远。又先朝所狎僧众，或有犹居圣侧，无益於政理，有紊於朝章，并请屏退，无令亲近。	全/278
李叔明	请删汰僧道疏 佛空寂无为者也，道清虚寡欲者也。今迷其内而饰其外，使农夫工女，堕业以避役，故农桑不劝，兵赋日屈，国用军储敦耗。臣请本道定寺为三等，观为二等，上寺留僧二十一，上观道士十四。每等降杀以七，皆择有行者，馀还为民。	全/394
郑叔清	鬻爵条格奏 诸道士女道士僧尼如纳钱，请准敕回授馀人，并情愿还俗授官勋邑号等亦听。如无人回授，及不愿还俗者，准法不合畜奴婢田宅资财。既助国纳钱，不可更拘常格，其所有资财，能率十分纳三分助国，馀七分并任终身自荫，身殁之后，亦任回与近亲。	全/432

（续表）

彭偃	**删汰僧道议** 况今出家者，皆是无识下劣之流，纵其戒行高洁，在於王者，已无用矣。况是苟避征徭，於杀盗淫秽，无所不犯者乎……今天下僧道，不耕而食，不织而衣，广作危言险语，以惑愚者。一僧衣食，岁计约三万有馀，五丁所出，不能致此，举一僧以计天下，其费可知……臣伏请僧道未满五十者，每年输绢四疋，尼及女道士未满五十者，每年输绢二疋，其杂色役，与百姓同。有才智者令入仕，请还俗为平人者听，但令就役输课，为僧何伤？臣窃料其所出，不下今之租赋三分之一，然则陛下之国富矣，苍生之害除矣。其年过五十者，请皆免之……臣以为此令既行，僧道规避还俗者，固已大半，其年老精修者，必尽为人师，则道释二教益重明矣。	全/445
高郢	**谏造章敬寺书** 无寺犹可，无人其可乎？臣窃料此寺数年方成，土木之劳，工用之费，不虚府库，将焉取给……	全/449
裴垍	**汰僧道议** 臣请僧道士一切限年六十四以上，尼女官四十九以上，许终身在道。馀悉还为编人，官为计口授地，收废寺观，以为庐舍。	全/616
李翱	**与本使杨尚书请停率修寺观钱状** 天下之人，以佛理证心者寡矣，惟土木铜铁，周於四海，残害生人，为逋逃之薮泽。 **再请停率修寺观钱状** 佛法害人，甚於杨墨，论心术虽不异於中土，考教迹实有蠹於生灵，浸溺人情，莫此之甚，为人上者，所宜抑焉。 **去佛斋论** 故其徒也，不蚕而衣裳具，弗耨而饮食充，安居不作，役物以养已者，至於几千百万人。推是而冻馁者几何可知矣。於是筑楼殿宫阁以事之，饰土木铜铁以形之，髡良人男女以居之，虽璇室象廊，倾宫鹿台，章华阿房，弗加也，是岂不出乎百姓之财力欤？	全/634 全/636
白居易	**议释教僧尼** 况僧徒月益，佛寺日崇，劳人力於土木之功，耗人利於金宝之饰，移君亲於师资之际，旷夫妇於戒律之间。古人云：一夫不田，有受其馁者；一妇不织，有受其寒者。今天下僧尼，不可胜数，皆待农而食，待蚕而衣，臣窃思之，晋宋齐梁以来，天下凋弊，未必不由此矣，伏惟陛下察焉。	全/671

（续表）

孙樵	**复佛寺奏** 贱臣樵上言：臣以为残蠹於民者，群髡最大。且十口之家，男力而耕，女力而织，虽乘乐岁，其衣食仅自给也，栋宇仅自完也。若群髡者，所饱必稻粱，所衣必锦縠。居则邃宇，出则肥马。是则中户不十，不足以活一髡。武皇帝元年，籍天下群髡者凡十七万，夫以十家给一髡，是编户一百七十万困於群髡矣。武皇帝一旦发天下群髡，悉归平民，是时一百七十万家之心，咸知生地。陛下自即位以来，诏营废寺，以复群髡。自元年正月，泊今年五月，斤斧之声，不绝天下，而工未以讫闻。陛下即复之不休，臣恐数年之间，天下十七万髡如故矣。臣以为武皇帝即不能除群髡，陛下尚宜勉思而去之，以苏疲氓，况将兴於已废乎……陛下即不能复废之，臣愿陛下已复之髡，止而勿复加；已营之寺，止而勿复修。	全/794

注：本表备注中：(全——《全唐文》，中华书局，1983年；新——《新唐书》，中华书局，1975年；旧——《旧唐书》，中华书局，1975年)

第四章　国家干预与中古佛教寺院经济变迁
——以"三武一宗"废佛为中心的考察

自佛教传入中国以后，其和国家政治社会生活就紧密地联系在一起，无论这种关联是出自佛教自身的意愿，抑或来自外部政治世界的强加。在中古时期佛教不断发展的背景下，却赫然诞生了历史上著名的"三武一宗"废佛——北魏太武帝、周武帝、唐武宗和后周世宗的打击毁佛事件。关于三武一宗废佛，学界已有相当的研究，涉及问题广泛，且不乏立论深刻之作。但将三武一宗废佛与中古时期的佛教寺院经济联系起来予以考察，则似述者少矣。[①] 就中国历史而言，废佛事件仅发生于中古时期，为何此后再也没有出现如此规模的国家强制干预行为？这其中究竟与中古社会有着怎样的纠葛，其背后的深层原因何在？对此疑问，我们试图从经济史的视角，就其与中古佛教寺院经济之间的关系加以讨论。

---

① 郝春文在《唐后期五代宋初敦煌僧尼的社会生活》第二章《敦煌僧尼的生活方式》（中国社会科学出版社1998年版，第101页）中概括地论及如果僧尼靠官府供养，必然成为官府的财政负担；再加上寺院、僧人占有大量土地、人口，且享有免税特权，这减少了官府的收入。因此每当寺院经济有较大发展，僧尼人数大增，世俗政权就会对寺院、僧尼人数加以限制，并采取措施沙汰伪滥僧尼，直至采用极端的办法。推论从南北朝到五代的四次毁佛事件的根本原因恐怕就在于此。张箭《三武一宗废佛研究》（四川大学2001年博士论文）对于四次废佛事件进行了全面系统的论述，考察了各次废佛的原因、过程、历史意义及其影响等，但就四次废佛事件在经济史上的意义也似缺乏系统连贯考察。

第一节 肇始——北魏太武废佛

北魏太武帝灭佛是三武一宗法难的第一次。关于这次灭佛的原因，说法不一，或言于政治层面的佛道之争，或言于经济层面的矛盾斗争。[①] 在此我们并不对其作过多考释辨析，而是就其经济因素进行讨论。

[①] 如汤用彤《汉魏两晋南北朝佛教史（上册）》（中华书局1955年版，第493—496页）将之归因于佛道之争和崔浩、寇谦之等人的撺掇；侯外庐《中国思想通史（第三卷）》（人民出版社1957年版，第358—359页）称"其发动太武毁佛则是土著宗教对于外来宗教的联合进攻"；王仲荦《魏晋南北朝史（下册）》（上海人民出版社1980年版，第866页）认为由于拓跋魏王朝对佛教不了解，同时又掺入了佛道斗争的因素，于是才有灭佛事件的发生；卿希泰《中国道教史（第一卷）》（四川人民出版社1988年版，第449页）认为灭佛的根本原因在于太武帝、崔浩推行的封建士族制度的儒家政治与拓跋守旧势力之间的矛盾和斗争。向燕南《北魏太武帝灭佛原因考辨》（《北京师范大学学报》1984年第2期）认为魏武灭佛有两次：第一次是太平真君五年（444），由于刘洁、拓跋丕等人反对太武帝政变，灭佛是为了加强政治控制；第二次是太平真君七年（446）的灭佛，原因在于太武帝怀疑长安僧侣卷入盖吴领导的反魏起义，灭佛是镇压民族起义的副产品；栾贵川《北魏太武帝灭佛原因新论》（《中国史研究》1997年第2期）认为严峻的政治形式才是灭佛的重要原因。白寿彝等主编《中国通史》第五卷《三国两晋南北朝时期（上册）》（上海人民出版社1995年版，第402页）强调了统治集团与佛教界经济特权矛盾这个因素，同时指出个别僧侣夸诞大言，使得王法废而不行，一些佛教徒借助于鬼神方术扩大影响妨碍了皇权，最后在长安佛寺发现了兵器等不法证据；金家瑞《南朝的寺院地主》（《历史教学》1953年第7期，收入何兹全主编《五十年来汉唐佛教寺院经济研究》，北京师范大学出版社1986年版）认为是寺院经济与北魏统治者游牧经济的劳动人口之争。郭朋《汉魏两晋南北朝佛教》（齐鲁书社1986年版，第812页）认为，一是因为地主阶级内部世俗地主与僧侣地主的矛盾冲突；二是因为佛、道斗争的激化。任继愈《中国佛教史（第三卷）》（中国社会科学出版社1988年版，第57—62页）则指出其多种因素：一是争夺控制人口劳力；二是佛道之争；三是怀疑沙门与盖吴通谋反魏；四是儒佛之争。刘淑芬《从民族史的角度看太武灭佛》（《中研院史语所集刊》第七十二本第一分，2000年；后收入氏著《中古的佛教与社会》，上海古籍出版社2008年版，第3—45页）则以民族史的视角，透过5世纪上半叶西北、华北的情势，以及鲜卑族北魏政权和卢水胡族的互动关系、卢水胡人的佛教信仰等，来探讨太武帝的灭佛事件，指出太武灭佛不是单一因素所促成的，强调太武灭佛背后所蕴含的对卢水胡族的猜疑。张箭《三武一宗灭佛研究》（四川大学2001年博士论文）认为太武灭佛的原因是综合性的，其中僧俗地主间的经济利益矛盾不是灭佛的主要原因，而谋反则是最直接最主要的原因。

《魏书·世祖纪》记载了太武帝太平真君五年（444）正月颁布的废佛诏："愚民无识，信感妖邪，私养师巫，挟藏谶记、阴阳、图纬、方伎之书；又沙门之徒，假西戎虚诞，生致妖孽。非所以壹齐政化，布淳德于天下也。自王公以下至于庶人，有私养沙门、师巫及金银工巧之人在其家者，皆遣诣官曹，不得容匿，限今年二月十五日。过期不出，师巫、沙门身死，主人门诛。"①

诏令清楚地指明禁止私养沙门，并将其同师巫、工巧之人交由国家处置。故而，这并不仅仅是一项为了"壹齐政化""布德天下"而进行政治教化和控制的敕令，同时也是考虑到北魏当时社会经济背景而作出的一项重要决策。

自汉末以来，社会动荡，战争频仍，户口流徙，田畴荒废，尤其在北方地区，"名都空而不居，百里绝而无民者，不可胜数"②。曹魏以来，统治者们都不断致力于社会生产的恢复发展，招怀流民，兴立屯田，使得民众复归，荒芜的土地得以开垦利用。但是西晋短暂的统一之后，旋即陷入纷扰的社会动乱中，百姓流亡，天下饥乱。《魏书·食货志》称："晋末，天下大乱，生民道尽，或死于干戈，或毙于饥馑，其幸而自存者盖十五焉。"可见，北方地区的经济生产又一次遭到沉重的打击。

在十六国的战火纷飞中，游牧的代北拓跋鲜卑崛起。伴随着其统一北方的步伐，拓跋魏的经济生产尤其是农业生产获得了初步的发展，徙吏民，给耕牛，计口授田。孝文帝时，又颁行均田制和三长制，北魏的社会经济才获得了高度的发展，"公私丰赡，虽时有水旱，不为灾也"③。

魏晋南北朝时期，经年不息的战乱，生产力的不断破坏，加之频繁的自然灾害，形成了大规模、大范围的人口迁徙流转，户口大幅下降。④可以说在北方

---

① 《魏书》卷4《世祖纪》，中华书局1974年版，第96—97页；《魏书·释老志》亦有相似记载，但时间在太平真君七年（446），误。参见向燕南：《北魏太武帝灭佛原因考辩》，《北京师范大学学报》1984年第2期。
② 《后汉书》卷49《仲长统传》引《昌言·理乱篇》，中华书局1965年版，第1649页。
③ 《魏书》卷110《食货志》，中华书局1974年版，第2857页。
④ 据研究，西晋太康元年（280）户（2459840）、口（16163863）数比东汉永寿元年（157）户（10677960）、口（56486856）数分别下降了77%和71.4%。南朝户籍上的户口寡少，反映了国家编户主要是自耕农民的减少与籍外诸色人的增多，首先是由于封建大土地所有制的发展，封建依附者的增多；而北朝在均田制和三长制建立后，国家自耕农才得以增多。参见唐长孺《魏晋南北朝隋唐史三论》，武汉大学出版社1992年版，第30页、第104—105页。

的社会生产发展中，正是由于缺乏劳动力人口资源，使得千里旷野无法得以垦辟，农业生产处于一片萧条。因此，各统治者在推进经济生产的活动中，十分注意将劳动力资源同土地结合起来，做到民无游力，尽勤地利。

在北魏三长制设立之前，众多的人口依附于宗族大户。尤其在宗主督护制度下，豪强大族不仅广占田土，而且拥占大量劳动人口，"民多隐冒，五十、三十家方为一户"者①，比比皆是，甚至"百室合户""千丁共籍"者也不鲜见，公然逃避国家赋役。②如赵郡之李显甫，"豪侠知名，集诸李数千家于殷州西山，开李鱼川方五六十里居之，显甫为其宗主"③；河北"有韩、马两姓，各二千余家，恃强凭险，最为狡害，劫掠道路，侵暴乡间"④。故而，为了扩大国家的财政税收和军需来源，保证劳动力稳定地依附于土地之上，北魏统治集团不断加强了对劳动力人口的争夺和控制。

魏太祖拓跋珪平定中原之后，在登国年间（386—395）就开始"离散诸部，分土定居，不听迁徙，其君长大人，皆同编户"⑤，发展农业经济。天兴元年（398）灭后燕，即"徙山东六州民吏及徒河、高丽杂夷三十六万，百工伎巧十余万口，以充京师"；次年，又"诏给内徙新民耕牛，计口授田"。⑥对此，《魏书·食货志》亦记载："天兴初，制定京邑，东至代郡，西及善无，南极阴馆，北尽参合，为畿内之田，其外四方四维八部帅以监之，劝课农桑，量校收入，以

---

① 《魏书》卷53《李孝伯传》，中华书局1974年版，第1180页；《魏书·食货志》亦称："魏初不立三长，故民多荫附。荫附者皆无官役，豪强征敛，倍于公赋。"《魏书》卷110《食货志》，中华书局1974年版，第2855页。

② 《晋书》载："尚书韩上疏曰：'……而百姓因秦晋之弊，迭相荫冒，或百室合户，或千丁共籍，依托城社，不惧熏烧，公避课役，擅为奸宄，损风毁宪，法所不容，但检今未宣，弗可加戮。今宜隐实黎萌，正其编贯，庶上增皇朝理物之明，下益军国兵资之用。若蒙采纳，冀裨山海，虽遇商鞅之刑，悦绾之害，所不辞也。'德纳之，遣其车骑将军慕容镇率骑三千，缘边严防，备百姓逃窜。以諲为使持节、散骑常侍、行台尚书，巡郡县隐实，得荫户五万八千。"可见这种荫附户口现象由来已久，且分布范围广泛。《晋书》卷127《慕容德载记》，中华书局1974年版，第3169—3170页。

③ 《北史》卷33《李灵附显甫传》，中华书局1974年版，第1202页。

④ 《魏书》卷42《薛辩传附薛胤传》，中华书局1974年版，第943页。

⑤ 《魏书》卷83上《贺讷传》，中华书局1974年版，第1812页。

⑥ 《魏书》卷2《太祖纪》，中华书局1974年版，第32页。

为殿最。"①

此后，北魏统治者又继续在更广大的区域实行计口授田制度。这一制度的推行，促进了北魏初期游牧经济向农耕经济的转化，对促进农业生产的发展起到了重要作用。到孝文帝太和初期，农业已经成为国家举足轻重的经济部门，高祖太和元年（477）春正月辛亥诏就说："今牧民者，与朕共治天下也。宜简以徭役，先之劝奖，相其水陆，务尽地利。使农夫外布，桑妇内勤。若轻有征发，致夺民时，以侵擅论。民有不从长教，惰于农桑者，加以罪行。"②此后不久颁行的均田制，就是由"计口授田"转化而来的，而其之所以能够转变的一个重要原因就在于两种方式依据的是相同的环境条件——北方长期存在的"地广人稀"和国家急需农村劳动力的经济环境条件。③

由此可见，贯穿于北魏经济制度由"计口授田"到均田制转变的地旷人稀和劳动力资源稀缺的客观经济条件，对于拓跋政权的国家决策具有重要的意义。处于这种经济环境下，北魏国家对改变经济管理方式和手段所付出的努力，也体现在具体的政策法令和经济行为中。

因此，当我们反观太武帝太平真君五年（444）的那道"禁养沙门"诏令时，就不会对其中所包涵的经济意图感到突兀不解，尽管这种意味表现得并不是那么直接、强烈。而就在此令发布之前的太延三年（437），北魏政府就曾经以沙门众多为由，下达过一条"罢年五十已下"僧侣的诏令。当时恰逢初平凉州，大量的僧尼涌入京邑，"沙门佛事皆俱东，像教弥增矣"④，故而以此手段抑制佛教势力的扩张。胡三省为此在《资治通鉴》作注中就明确指出，强迫僧人还俗的目的是

---

① 《魏书》卷110《食货志》，中华书局1974年版，第2850页。
② 《魏书》卷7上《高祖纪》，中华书局1974年版，第143页。
③ 赵向群师认为："计口授田"向均田制的转化，就是将"八部大人"制下奴隶制的役民方式一变而为封建行政体制下的役民方式。这种转变是因北魏国家结束了初创期而进入发展期，封建的行政制度已成熟，国家与劳动者的关系已不再像军事徙民时期那样带有随时性和不稳定性。也就是说，均田制和"计口授田"的转变只是经济手段方面的无序向有序的转变，其变为有序的表现便是均田制这一法制形式的出现。从均田制关于授田对象的规定看，它是将奴隶制、封建制融合为一体的经济管理制度。方式的不同和制度的形成既不会改变国家面对同一经济环境条件时的无奈，也不会改变国家计划经济在这一经济环境下的管理原理。参见赵向群、刘小平：《经济环境与均田制的变化》，《西北师大学报》（社会科学版）2003年第3期。
④ 《魏书》卷114《释老志》，中华书局1974年版，第3032页。

"以其强壮，罢使为民，以从征役"①。可见北魏统治者真正的意图还是在于其对国家的经济价值——补充国家所缺劳动力人口，扩大税收和兵源。

太平真君七年（446），太武帝拓跋焘对佛教进行了更为严厉的打击。由于卢水胡盖吴的反魏起义，太武帝西入长安，在佛寺发现藏有武器，疑其与盖吴通谋，加之僧侣秽行，故而下诏对其禁毁。《魏书·释老志》载：

> 会盖吴反杏城，关中骚动，帝乃西伐，至于长安。先是，长安沙门种麦寺内，御驺牧马于麦中，帝入观马。沙门饮从官酒，从官入其便室，见大有弓矢矛盾，出以奏闻。帝怒曰："此非沙门所用，当与盖吴通谋，规害人耳！"命有司案诛一寺，阅其财产，大得酿酒具及州郡牧守富人所寄藏物，盖以万计。又为屈室，与贵室女私行淫乱。帝既忿沙门非法，浩时从行，因进其说。诏诛长安沙门，焚破佛像，敕留台下四方，令一依长安行事。②

此事约发生在太平真君七年（446）二月，当时正是恭宗为太子监国，素敬佛道。因此多次上表，要求减缓对佛教的打击："陈刑杀沙门之滥，又非图像之罪。今罢其道，杜诸寺门，世不修奉，土木丹青，自然毁灭。"③如是再三请求，终未能得许。接着，太武帝在三月又下令诸州坑沙门、毁佛像。《魏书·释老志》记载其诏说：

> 昔后汉荒君，信惑邪伪，妄假睡梦，事胡妖鬼，以乱天常，自古九州之中无此也。夸诞大言，不本人情。叔季之世暗君乱主，莫不眩焉。由是政教不行，礼义大坏，鬼道炽盛，视王者之法，蔑如也。自此以来，代经乱祸，天罚亟行，生民死尽，五服之内，鞠为丘墟，千里萧条，不见人迹，皆由于此。朕承天绪，属当穷运之弊，欲除伪定真，复羲农之治。其一切荡除胡神，灭其踪迹，庶无谢于风氏矣。自今以后，敢有事胡神及造形像泥人、铜人者，门诛。虽言胡神，问今胡人，共云无有。皆是前世汉人无

---

① 《资治通鉴》卷123，中华书局1956年版，第3867页。
② 《魏书》卷114《释老志》，中华书局1974年版，第3034页。
③ 《魏书》卷114《释老志》，中华书局1974年版，第3034页。

赖子弟刘元真、吕伯强之徒,乞胡之诞言,用老庄之虚假,附而益之,皆非真实。至使王法废而不行,盖大奸之魁也。有非常之人,然后能行非常之事。非朕孰能去此历代之伪物!有司宣告征镇诸军、刺史,诸有佛图形像及胡经,尽皆击破焚烧,沙门无少长悉坑之。①

相比之下,真君七年(446)的废佛,其中的经济目的就很明确。首先寺院藏有大量资财钱物"盖以万计",其数目不菲。那么如此财产从何而来呢?《释老志》称是"州郡牧守富人所寄藏物"。可见寺院僧侣与地方官员、富商是有着密切交往的。而"寄藏"的背后,似乎说明数以万计的财物不仅仅是寺院所蓄,更多的则是官员、商人的私财,寺院只不过是替他们转移和窝藏财富的一个秘密场所。对于严于吏治、"以刑禁重"的太武帝而言②,这起事件必然使他大为不满,下令整饬,而佛教僧侣和寺院在其中不啻扮演了一个并不光彩的角色,必然受到迁怒。

其次,从寺院中发现大量酿酒具。寺院僧侣饮酒,违背了佛教戒律,也违犯了国家禁止饮酒的法令③,自然是要受到惩处的。同时,酿酒要耗费大量的粮食。在北魏初期,粮食是保证国家军需征战最重要的物资,因而拓跋政权是不允许浪费粮食而酿酒消费的,更遑论佛教戒律甚严的寺院僧众。④

---

① 《魏书》卷114《释老志》,中华书局1974年版,第3035页。
② 魏太武帝重于刑禁吏治。太延三年(437),就曾"诏天下吏民,得举告牧守之不法";太平真君四年(443)六月庚寅,又诏曰:"朕承天子民,忧理万国,欲令百姓家给人足,兴于礼义。而牧守令宰不能助朕宣扬恩德,勤恤民隐,至乃侵夺其产,加以残虐,非所以为治也。今复民赀赋三年,其田租岁输如常。牧守之徒,各厉精为治,劝课农桑,不得妄有征发;有司弹纠,勿有所纵。"因此,对那些不励精图治、聚敛私财的地方牧守,会予以大加惩治。《魏书》卷111《刑罚志》,中华书局1974年版,第2874页;《魏书》卷4《世祖纪》,中华书局1974年版,第96页。
③ 《魏书》卷4《世宗纪》:太子初监国时,曾下令"禁饮酒、杂戏、弃本沽贩者"。太子监国在太平真君五年(444),《世祖纪》载:"五年春正月壬寅,皇太子始总百揆。"《魏书》卷4《世祖纪》,中华书局1974年版,第96页。
④ 认为寺院僧侣酿酒也违犯了国家禁酒法令,当误。据《魏书》卷111《刑罚志》载:"太安四年,始设酒禁。是时年谷屡登,士民多因酒致酗讼,或议主政。帝恶其若此,故一切禁之,酿、沽、饮皆斩之,吉凶宾亲,则开禁,有日程。"可知太安四年(458)之后,酿酒才被列入酒禁法令,故太平真君七年(446)酿酒则是不违犯国家法令的。《魏书》卷111《刑罚志》,中华书局1974年版,第2875页。

另外，僧侣"与贵室女私行淫乱"，不仅违犯佛教戒律，而且触犯了国家法律。北魏早在昭成建国二年（338）就规定"男女不以礼交皆死"[①]，何况僧人与贵族妇女私通，定要受到严惩。

由于僧侣以上诸多违律越制的行为，借助于在寺院发现违禁武器的事实，太武帝对佛教实行严厉的废毁，焚烧经像，坑杀僧众。《高僧传》卷10《昙始传》说朝廷"分遣军兵，烧掠寺舍，统内僧尼，悉令罢道。其有窜逸者，皆遣人追捕，得必枭斩。一境之内，无复沙门。时惟闭绝幽深，军兵所不能至"[②]；《隋书》亦称："长安僧徒，一时歼灭。自余征镇，预闻诏书，亡匿得免者十一二"[③]。可想废佛的强度还是很大的。

不过在素敬佛道的太子拓跋晃的尽力斡旋下，许多僧众还是躲过了此次法难。通过缓宣诏书，使得"远近皆豫闻知，得各为计。四方沙门，多亡匿获免，在京邑者，亦蒙全济。金银宝像及诸经论，大得秘藏"。但寺院塔庙、宫殿建筑等都遭到了破坏，"土木宫塔，声教所及，莫不毕毁矣"[④]。

至此，历史上第一次废佛行动告终。太武帝凭借强权的威力，给外来的佛教以严厉的打击。北魏佛教势力的发展，受到了一定程度的抑制，但之后不久又得以逐步恢复发展。

尽管从魏太武帝废佛整个过程来看，其中的经济意图并不是那么明确、直接；在结果上，也没有获得明显的具体成果，但在实际行动中还是体现出了为争夺经济资源所付出的努力。那种以为当时佛教寺院经济尚未真正形成，寺院与政府争夺劳动力人口的矛盾不够尖锐，就否认太武灭佛不存在经济因素的说法不免失于武断。因为对于经济资源的争取，并非矛盾对立、势均力敌双方的相互争夺，有时更多的却是强势集团一方乃至多方对弱势群体的一种强取豪夺。太武废佛就是这样一次国家强权的掠取，虽然它呈现出的图景不是那么清晰，但其内在的意蕴仍可辨析。

---

① 《魏书》卷111《刑罚志》，中华书局1974年版，第2873页。
② 《高僧传》卷10《昙始传》，中华书局1992年版，第386页。
③ 《隋书》卷35《经籍志·佛经》，中华书局1973年版，第1098页。
④ 《魏书》卷114《释老志》，中华书局1974年版，第3035页。

第二节　承袭——北周武帝废佛

北魏太武帝废佛后不久去世，佛教又逐步恢复发展起来。历史的天空变幻莫测，北方的政治局面也在发生着巨大的变化。北魏政权分裂为东魏和西魏，而后又变为北齐和北周。在政治局势的动荡和政权的更迭中，佛教依旧沿袭着其发展传播的道路，并呈现出扩张兴盛的局面。到北周武帝时期，又发生了北朝历史上第二次废佛事件——周武帝废佛。

周武帝宇文邕，性沉深而有远见，坚毅而有智谋，少时就显露出其志向和抱负。执政后，为巩固统治，扩大北周实力，宇文邕更是亲理万机，勤于吏治，听览不息，史载："苦心焦思，克己励精，劳役为士卒之先，居处同匹夫之俭。修富民之政，务强兵之术。"①

实现其天下一统之志，富国强兵，乃是根本。为此，周武帝除在疆场上倥偬戎马、雄图远虑外，更能注重社会经济的发展，保持国家财富资源的增长。周武帝以身作则，减省后宫，去其奢华，厉行节俭，并颁布法令，昭行天下。②

早在保定二年十月的一道诏令中就说："今巨寇未平，军戎费广，百姓空虚，与谁为足。凡是供朕衣服饮食，四时所须，爰及宫内调度，朕今手自减削。纵不得顿行古人之道，岂曰全无庶几。凡尔百司，安得不思省约，勖朕不逮者哉。"③要求百司官署也以省约为务，增加财源。在经济发展尤其是农业生产方面，要求百司分番，体恤民情，躬行率导，保证农时，运行有度。如建德元年下诏："民亦劳止，则星动于天；作事不时，则石言于国。故知为政欲静，静在宁民；为治欲安，安在息役。顷兴造无度，征发不已，加以频岁师旅，农亩废业。去

---

① 《周书》卷6《武帝纪》，中华书局1971年版，第108页。
② 周武帝事从约简，"身衣布袍，寝布被，无金宝之饰，诸宫殿华绮者，皆撤毁之，改为土阶数尺，不施栌栱。其雕文刻镂，锦绣纂组，一皆禁断"。宫中用度，自行裁削，嫔御不过十余人，"置妃二人，世妇三人，御妻三人，自兹以外，悉宜减省"。另外在婚丧嫁娶等方面，周武帝也颁行诏令，力求节俭行事。《周书》卷6《武帝纪》，中华书局1971年版，第107页。
③ 《周书》卷5《武帝纪》，中华书局1971年版，第67页。

秋灾蝗，年谷不登，民有散亡，家空杼轴。朕每旦恭己，夕惕兢怀。自今正调以外，无妄征发。庶时殷俗阜，称朕意焉。"①

周武帝这种务节俭、去奢靡的作风，贯穿于其一生的行事当中。在平齐之后，他甚至将北齐灭亡的重要因素归结于"极奢侈之事"。建德六年正月辛丑诏曰：

> 伪齐叛涣，窃有漳滨，世纵淫风，事穷雕饰。或穿池运石，为山学海；或层台累构，概日凌云。以暴乱之心，极奢侈之事，有一于此，未或弗亡。朕菲食薄衣，以弘风教，追念生民之费，尚想力役之劳。方当易兹弊俗，率归节俭。其东山、南园及三台可并毁撤。瓦木诸物，凡入用者，尽赐下民。山园之田，各还本主。②

此后，在建德六年三月颁布的诏令中又重申其行节俭的决心：

> 朕钦承丕绪，寝兴寅畏，恶衣菲食，贵昭俭约。上栋下宇，土阶茅屋，犹恐居之者逸，作之者劳，讵可广厦高堂，肆其嗜欲。往者，冢臣专任，制度有违，正殿别寝，事穷壮丽。非直雕墙峻宇，深戒前王，而缔构弘敞，有逾清庙。不轨不物，何以示后。兼东夏初平，民未见德，率先海内，宜自朕始。其露寝、会义、崇信、含仁、云和、思齐诸殿等，农隙之时，悉可毁撤。雕斫之物，并赐贫民。缮造之宜，务从卑朴。

戊戌，诏曰："京师宫殿，已从撤毁。并、邺二所，华侈过度，诚复作之非我，岂容因而弗革。诸堂殿壮丽，并宜除荡，蕙宇杂物，分赐穷民。三农之隙，别渐营构，止蔽风雨，务在卑狭。"③

周武帝这种一贯作风，其实也是和当时北朝社会的经济环境密切关联的。如前文所述，北魏时期地广人稀和国家劳动力人口的稀缺性，促使北魏孝文帝颁行实施了均田制。即如李安世所言："盖欲使土不旷功，民罔游力。雄擅之家，不独膏腴之美；单陋之夫，亦有顷亩之分。所以恤彼贫微，抑兹贪欲，同富约之

---

① 《周书》卷5《武帝纪》，中华书局1971年版，第80页。
② 《周书》卷6《武帝纪》，中华书局1971年版，第101页。
③ 《周书》卷6《武帝纪》，中华书局1971年版，第103页。

不均,一齐民于编户。"① 辅之以三长制,均田制推动了北魏经济的快速发展,四方无事,国富民康,"百姓殷阜,年登俗乐,鳏寡不闻犬豕之食,茕独不见牛马之衣"②。

此后,东魏、北齐,西魏、北周均沿袭了北魏均田制度。虽然在均田制的具体措施方面屡有变化,但其制度实施的经济环境——地旷人稀,仍未有多大改观。"尽地利"的经济观念,仍是北周统治者所奉行的一条金科玉律。③ 即使北周末年户口大增,有户三百九十五万,有口九百万九千六百四十,大致情形依旧如故。"尽地利",实是"尽人力",体现出的还是人力资源不足的经济困境。

周武帝崇尚俭约,其实也就是这种背景下社会经济资源相对稀缺的另一种反映。当然,我们并不是说社会经济资源丰富就不需要俭约,只是想要说明北周武帝的这种作风,受到当时经济大环境的巨大影响。

为了实现富国强兵、完成北方统一的大业,周武帝可谓处心积虑,其坚定的决心也表露无遗。经济资源和物质基础是其宏图伟业的基本保障。因此,寺院经济势力的急剧扩张,引起了周武帝的不满,并最终向佛教寺院发动了一场以"求兵于僧众之间,取地于塔庙之下"④ 为目的的废佛运动。

北朝统治者的佞佛,使得佛教势力大增。《魏书·释老志》记载:"正光(520—524)以后,天下多虞,王役尤甚。于是所在编民,相与入道,假慕沙门,实避调役,猥滥之极,自中国之有佛法,未之有也。略而计之,僧尼大众二百万矣,其寺三万有余。"⑤ 繁重的赋税徭役,使得百姓争相涌入佛门,甚至出

---

① 《魏书》卷53《李孝伯传》,中华书局1974年版,第1176页。
② 《洛阳伽蓝记校释》卷4,中华书局2010年版,第148页。
③ 北周颁行的施政方针——"六条诏书"中就有"尽地利"之说,按苏绰的解释:"夫衣食所以足者,在于地利尽。地利所以尽者,由于劝课有方。主此教者,在乎牧守令长而已。民者冥也,智不自周,必待劝教,然后尽其力。诸州郡县,每至岁首,必戒敕部民,无问少长,但能操持农器者,皆令就田,垦发以时,勿失其所。及布种既讫,嘉苗须理,麦秋在野,蚕停于室,若此之时,皆宜少长悉力,男女并功,若援溺、救火、寇盗之将至,然后可使农夫不废其业,蚕妇得就其功。若有游手怠惰,早归晚出,好逸恶劳,不勤事业者,则正长牒名郡县,守令随事加罚,罪一劝百。此则明宰之教也。"要求无论少长,悉尽力于农,进行生产,以获地利。《周书》卷23《苏绰传》,中华书局1971年版,第384页。
④ 《广弘明集》卷24《谏周祖沙汰僧表》,《大正藏》52册,第279页中。
⑤ 《魏书》卷114《释老志》,中华书局1974年版,第3048页。

现"民多绝户为沙门"的现象。为此,李瑒就曾指明其原因:"今南服未静,众役仍烦。百姓之情,方多避役。若复听之,恐捐弃孝慈,比屋而是"。①

即是说,寺院僧尼免除赋役的特权吸引了广大的人们相与入寺。因此,相当数量的僧尼并不是真正的佛教信众,而是"假慕沙门"、逃避徭役的编民。随着这样一群庞大民众的加入,僧尼数目急剧扩大,而且伪滥僧人数极多。对此情况,北朝的统治者也是很清楚的,但限制僧尼无序发展的措施并未取得多大效果。②故而魏末二百余万僧众的复役特权,对于当时国家财税收入是相当大的损失。

除僧尼众多之外,北朝佛教发展的另一个表现就是大肆兴建佛寺,且寺院建筑奢华豪丽,耗费巨大。杨衒之所撰《洛阳伽蓝记》就详尽描绘了当时佛寺的情景:"招提栉比,宝塔骈罗,争写天上之资,竞模山中之影。金刹与灵台比高,广殿共阿房等壮。"③如此壮观的寺院景象,实在是令人叹为观止。然而,建造这样的寺院,其所用资财也是惊人的。

经过西魏、东魏时期的继续发展,到北周武帝之时,佛教势力的极度膨胀确实是当时重要的社会问题。尤其是数目庞大的复役僧人和消耗的巨额财富,自然会被"凡布怀立行,皆欲逾越古人"④的周武帝所觊觎,作为其成就大业道路上的铺路石。

就在此时,前僧卫元嵩、道士张宾又向周武帝进言,促其废佛。《广弘明集》卷7《辩惑篇·列代王臣滞惑解下》记载卫元嵩上书:

---

① 《魏书》卷53《李孝伯传》,中华书局1974年版,第1177页。
② 孝文帝太和十年(486)冬,"有司又奏,'前被敕以勒籍之初,愚民侥幸,假称入道以避输课。其无籍僧尼罢遣还俗。重被旨,所检僧尼,寺主、维那当寺隐审。其有道行精勤者,听仍在道;为行凡粗者,有籍无籍,悉罢归齐民。今依旨简遣,其诸州还俗者,僧尼合一千三百二十七人。'奏可。"可见此前北魏政府就曾对僧籍进行过勘勒,但收效甚微,太和十年又重被旧旨,以"道行"为标准,重新简罢。此后,太和十六年又下诏:"四月八日、七月十五日,听大州度一百人为僧尼,中州五十人,下州二十人,以为常准,著于令。"太和十七年,"诏立《僧制》四十七条"。规定度僧时间和人数,限制僧尼数目,而《僧制》四十七条估计也是为限制僧尼猥滥而制定的条例。这些都可看出魏孝文帝为限制和规范佛教发展所做的努力是较为温和而理性的。《魏书》卷114《释老志》,中华书局1974年版,第3039页。
③ 《洛阳伽蓝记校释·洛阳伽蓝记序》,中华书局2010年版,第23—24页。
④ 《周书》卷6《武帝纪》,中华书局1971年版,第107页。

> 唐虞无佛图而国安，齐梁有寺舍而祚失者，未合道也。但利民益国，则会佛心耳。夫佛心者，大慈为本。安乐含生，终不苦役黎民，虔恭泥木，损伤有识，荫益无情。今大周启运，远慕唐虞之化，无浮图以治国而国得安，齐梁之时，有寺舍以化民而民不立者，未合道也。
>
> 若言民坏，不由寺舍。国治岂在浮图！但教民心合道耳。民合道则国安。道滋民，则治立……而大周启运，继历膺图，总六合，在一心。齐日月之双照。养四生，如厚地；复万姓，同玄天。实三皇之中心，嗟兆民之始遇，成武帝之新立，庆黎庶之逢时，岂不慕唐虞之胜风，遗齐、梁之末法？！
>
> 请造平延大寺，容贮四海万姓，不劝立曲见伽蓝，偏安二乘五部。夫平延寺者，无选道俗，罔择亲疏，以城隍为寺塔，即周主是如来，用郭邑作僧坊，和夫妻为圣众，推令德作三纲，尊耆老为上座，选仁智充执事，求勇略作法师。行十善以伏未宁，示无贪以断偷劫。是则六合无怨纣之声，八荒有歌周之咏。
>
> ……有德贫人，免丁输课。无行富僧，输课免丁。输课免丁，则诸僧必望停课，争断悭贪；贫人免丁，众人必望免丁，竞修忠孝。此则兴佛法而安国家，实非灭三宝而危百姓也。

卫氏提出对有德行的贫苦人，只征收租调，而免除力役；而对品行不端的富僧，则应收纳租调，征发力役。

卫元嵩的上书，一个重要的出发点就是佛教的发展和寺院经济的膨胀，会危及国家统治。唐虞时代没有佛教而国家安定，而南朝齐梁大兴佛教，"有寺舍以化民而民不立者"，佛教最终导致其亡国。因此，卫元嵩主张废除佛教，让其世俗化，道俗无异，"是周主即如来"，建立理想的平延大寺。对于僧众的经济特权，也要一律废除，让其"输课免丁"。尽管卫元嵩的上书在理论上并不会产生很大的响应，但其对于佛教尤其是寺院经济的具体处置建议，却在一定程度上会对周武帝打击佛教发生重要的催化、推动作用——因为废寺院、收寺产，充实国家财源是很符合周武帝的心愿的。

道士张宾,"谲诈罔上,冒增荣宠,潜进李氏,欲废释宗。既纵悖紫宸,蝇飞黄屋,与前僧卫元嵩唇齿相副"①。《广弘明集》也记载张宾"谲诈罔上,私达其党,以黑释为国忌,以黄老为国祥。帝纳其言,信道轻佛,亲受符箓,躬服衣冠。有前僧卫元嵩,与宾唇齿相煽,惑动帝情。云僧多怠惰,贪逐财食,不足钦尚"②。道教徒的耳边聒噪,也加深了周武帝对寺院僧侣的不良印象,愈发刺激了其对寺院经济财富的占有欲望。

同时,佛教在北周政治空间里的地位也逐步发生变化。尤其是建德二年十二月癸巳,"集群臣及沙门、道士等,帝升高座,辨释三教先后,以儒教为先,道教为次,佛教为后"③。佛教被列为三教之末,这种微妙的变化,从一个层面反映了佛教在周武帝政治蓝图上的渐行渐远和边缘化,也兆示着一场佛教危机的渐行渐进和主题化。

终于,在对经济资源觊觎之情的主导下,辅之以其他各种因素,一场废佛运动步入北周政治舞台的中心。

周武帝建德三年(574)正月,"诏以往岁年谷不登,民多乏绝,令公私道俗,凡有贮积粟麦者,皆准口听留,以外尽粜"④。由此可见,寺院所积聚的粮食数量是很大的。在年岁不好的时节,要求寺院将贮藏的粮食拿出保证需求供应,一方面有利于防止因歉收而导致的社会混乱,保持社会稳定,另一方面却在不经意间,悄无声息地削弱了寺院的经济实力,可谓一举两得。

建德三年(574)五月,"丙子,初断佛、道二教,经像悉毁,罢沙门、道士,并令还民。并禁诸淫祀,礼典所不载者,尽除之"⑤。佛、道二教,俱遭禁毁,寺院建筑被破坏,僧众道士被还俗。自然,寺院的财富也大为北周国家所获取。

这是周武废佛在北周境内的发展过程。然而,废佛行动并未就此局限于如此范围。随着周武帝政治大业的推进,废佛的触角也不断深入扩张。建德六年(577),北齐被北周所亡,其境内寺院随即遭到打击。虽然其行动招致众人的反对,但周武帝的废佛决心坚定,并对持不同政见者予以反驳:

---

① 《续高僧传》卷24《周终南山避世峰释静蔼传》,中华书局2014年版,第908页。
② 《广弘明集》卷8《叙周武帝集道俗议灭佛法事》,《大正藏》52册,第136页上。
③ 《周书》卷5《武帝纪》,中华书局1971年版,第83页。
④ 《周书》卷5《武帝纪》,中华书局1971年版,第83页。
⑤ 《周书》卷5《武帝纪》,中华书局1971年版,第85页。

> 佛生西域，寄传东夏，原其风教，殊乖中国。汉魏晋世，似有若无，五胡乱治，风化方盛。朕非五胡，心无敬事，既非正教，所以废之。①

又言寺院"佛经广叹，崇建图塔，壮丽修造，致福极多。此实无情，何能恩惠，愚人向信，倾竭珍财，徒为引费，故须荡除"②。

北齐佛教亦难免周武废佛风潮之裹胁。至此，废佛达到了顶点。

周武帝废佛，虽然行动时间不长，却实现了其预期的目标。大量的寺院资财被没收，"三宝福财散给臣下，寺观塔庙赐给王公"③。庞大的僧尼群体被还俗，成为编户齐民，据《历代三宝记》记载："建德敕样迄于作噩，毁破前代关山西东数百年来官私所造一切佛塔，扫地悉尽。融刮圣容，焚烧经典。八州寺庙，出四十千，尽赐王公，充为第宅；三方释子，减三百万，皆复军民，还归编户。"④ 上百万的僧众，皆复军民，这应是最大的收获。当然，寺院也遭到严重破坏，"融佛焚经，驱僧破塔，圣教灵迹，削地靡遗。宝刹伽蓝，皆为俗宅，沙门释种，悉作白衣"⑤。又据《惠郁造像记》云："后周建德六年岁次丁酉，破灭大像，僧尼还俗。至七年六月，周武帝宇文邕因灭三宝，见受迦摩罗之患罹。"⑥

周武帝宇文邕也认为："自废以来，民役稍稀，租调年增，兵师日盛，东平齐国，西定妖戎，国安民乐，岂非有益。"⑦ 减轻徭役，增加税收，补充兵源，增强国力，维护北周统治的稳定，自然是值得宇文邕踌躇满志。

后人也对其废佛多赞美之辞。时人卢思道在其《西征记》中说："佛教靡费，公私岁以巨万。帝独运远略罢之，强国富民之上策也。"⑧

唐代名相姚崇说："齐跨山东，周据关右。周则多除佛法修缮兵威，齐则广置僧徒而依凭佛力。及至交战，齐氏灭亡。国既不存，寺复何有，修福之报，何

---

① 《广弘明集》卷10《叙任道林辨周武帝除佛法诏》，《大正藏》52册，第154页上—154页中。
② 《广弘明集》卷10《叙释慧远抗周武帝废教事》，《大正藏》52册，第153页中。
③ 《广弘明集》卷8《周灭佛法集道俗议事》，《大正藏》52册，第136页中。
④ 《历代三宝记》卷11，《大正藏》第49册，第94页。
⑤ 《历代三宝记》卷12，《大正藏》第49册，第107页。
⑥ 韩理洲辑校：《全隋文补遗》，三秦出版社2004年版，第391页。
⑦ 《广弘明集》卷10《周祖巡邺请开佛法事》，《大正藏》52册，第154页下。
⑧ 《广弘明集》卷7《叙列代王臣滞惑解》下，《大正藏》52册，第133页上—133页中。

其蔑如。"①

"强国富民"之策,"修缮兵威"灭齐之功,后世所赋予周武废佛历史意义的着眼点不约而同地立足于其经济收益和影响。这也恰恰印证了周武废佛的出发点就是对经济资源的获取。

相比前朝魏太武帝拓跋焘废佛,北周武帝宇文邕废佛的经济意图就显得相当直接、明显。宇文邕承袭了拓跋焘的理念,并将其在实践中发挥得淋漓尽致,所取得的收获也更为丰厚。尽管宇文邕废佛是要"求兵于僧众之间,取地于塔庙之下",但我们看到其更加关注人力,因为取地也是为劳动力服务的。也就是说,无论周武帝本人,抑或后来者的感叹,其实都是从劳动力人口资源的功绩对废佛予以评论的。这其实正是劳动力人口资源稀缺性经济环境在当时历史时期的直接反映。国家所急需的就是劳力资源,而周武废佛最大的收获也即是百万僧众的编户齐民,借助于此,才会有宇文邕所值得引以为豪的北周国乐民安的局面。因此,前人称宇文邕"弃奢淫,去浮伪",下诏废除寺院,"亦前王所未行也"。②

第三节　高峰——唐代武宗废佛

公元581年,杨坚代周建隋,南北朝长期分裂的局面结束,历史步入中国封建社会的隋唐时期。在繁荣兴盛的隋唐时代,佛教得到了充分的发展,寺院经济也获得了空前的膨胀,在中古社会多姿多彩的历史画卷上,留下了绚丽的一笔。安史之乱后,在盛唐气象的夕阳下,唐武宗发动了一场废佛事件——"会昌法难",也为中古佛教发展史书写了一段别样的笔墨。

根据日本僧人圆仁《入唐求法巡礼行记》及其他史籍,我们可以清楚地了解唐武宗废佛中的细节。

会昌二年,废佛开始。十月九日敕下:

---

① 《旧唐书》卷96《姚崇传》,中华书局1975年版,第3027页。
② 《文苑英华》卷751《后周兴亡论》,中华书局1966年版,第3930页。

第四章 国家干预与中古佛教寺院经济变迁

> 天下所有僧尼解烧练咒术禁气、背军身上杖痕鸟文、杂工巧,曾犯淫养妻不修戒行者,并勒还俗。若僧尼有钱物及穀斗田地庄园,收纳官。如惜钱财,情愿还俗去,亦任勒还俗,宛入两税徭役。①

将懂得烧炼、咒术、禁气、背军逃亡的士兵、受有刑罚之人及各种杂工巧、不修戒行的僧众一律还俗。这些僧尼当然是广大僧众中特殊的一部分,估计所占数量不是很大。似乎带有很浓的清整佛教的意味。其实在此之前会昌二年三月,李德裕就奏闻要求条流僧尼。唐武宗下敕:"发遣保外无名僧,不许置童子、沙弥"②,开始限制僧众。对于寺院僧尼财产及寺院庄园田土等,诏令要求必须缴纳,归于官府。那些痛惜财产的僧侣,如果愿意还俗,则必须按照两税法的规定服役。这完全说明了武宗废佛的意图就是为了争夺佛教寺院的经济资财。

对于废佛敕令,长安两街功德使要求各寺院长闭寺门,不准放出僧尼,加以条流,勘检财物。尽管京城仇军容、仇士良极力反对条流僧尼,"且许请权停一百日内",但最后还是无法抗拒废佛的潮流。据左右街功德使报奏:除年老及戒行精确僧徒外,其爱惜资财自愿还俗的僧尼共有三千四百九十一人。寺院所蓄纳奴婢,僧许留奴一人,尼许留婢二人。其余"各任本家收管。如无家者,官为货卖。同衣钵余外,资财收贮,待后敕处分。其僧尼所留奴婢,如有武艺及解诸药诸术等,并不得留"③。寺院僧尼奴婢之财产也收贮官府。同僧众一样,不得留有"武艺及解诸药诸术"的奴婢。禁止私度,违者由纲维知事录报官。

会昌四年三月,敕令不许供养佛牙。又敕下云:

> 代州五台山及泗州普光王寺、终南山五台、凤翔府法门寺,寺中有佛指节也。并不许置供及巡礼等。如有人送一钱者,脊杖二十。如有僧尼等在前件处受一钱者,脊杖二十。诸道州县应有送供人者,当处捉获,脊杖二十。④

---

① [日]圆仁著:《入唐求法巡礼行记校注》卷3,白化文、李鼎霞、许德楠校注,周一良审阅,花山文艺出版社1992年版,第408页。
② [日]圆仁著:《入唐求法巡礼行记校注》卷3,花山文艺出版社1992年版,第397页。
③ [日]圆仁著:《入唐求法巡礼行记校注》卷3,花山文艺出版社1992年版,第409页。
④ [日]圆仁著:《入唐求法巡礼行记校注》卷4,花山文艺出版社1992年版,第439页。

上列五台山、普光王寺、法门寺等都是唐代著名的佛教圣地，香火旺盛，信徒不可胜数。如今被禁止供养、行礼，就意味着断绝了世俗社会对其寺院的财物施舍，即是削弱了寺院僧尼的经济实力。为防止设供，规定对供养者和被供养者均施以严厉惩处：送一钱者和受一钱者皆杖二十。这种打压，确实也取得了很大效果，"四处灵境绝人往来，无人送供"。就连当处寺院僧人，也加紧勘责，无公验者并当处打杀，具姓名闻奏。可见对于佛寺僧尼的勘检还是相当严格的。

在巩固已有僧尼还俗成果的基础上，为继续扩大检括僧尼的数量，武宗又下令拆毁寺院，断绝僧尼的栖身之所。七月十五日，敕令：

> 毁拆天下山房兰若、普通佛堂、义井、村邑斋堂等：未满二百间，不入寺额者。其僧尼等尽勒还俗，宛入色役。具令分析闻奏。且长安城里坊内佛堂三百余所，佛像、经楼等庄校如法，尽是名工所作。准敕并除罄尽。诸道天下佛堂院等不知其数，天下尊胜石幢、僧墓塔等有敕皆令毁拆。①

山房兰若、普通讲堂、村邑斋堂等，都被划入毁拆行列，僧尼也尽还俗，充入色役。京城长安各坊内的佛堂也难逃厄运。长安城坊内的佛堂，大多为贵族、官僚出资施舍修建，是他们重要的礼佛场所。因此，相比于其他普通佛堂，这些佛堂资财丰厚，妆饰奢华，"一个佛堂院敌外州大寺"，佛像、经幢等都是名工所做，也就不足为怪了。

十月，又敕令：

> 毁拆天下小寺，经、佛般入大寺，钟送道士观。其被拆寺僧尼，粗行不依戒行者，不论老少，尽勒还俗，递归本贯，宛入色役。年老身有戒行者，配大寺。虽有戒行，若是少年者，尽勒还俗，归本贯。城中毁拆卅三处小寺，条流僧尼，一准敕文也。②

---

① [日]圆仁著：《入唐求法巡礼行记校注》卷4，花山文艺出版社1992年版，第445—446页。
② [日]圆仁著：《入唐求法巡礼行记校注》卷4，花山文艺出版社1992年版，第454页。

天下小寺，数量众多，则毁拆的不在少数。沙汰僧尼也开始有了新动向，寺僧中除了年老有戒行者，其余皆还俗。而少年者皆还俗，即使素有戒行者，也尽勒还俗。这明显表明其经济意图，就是要从寺院中争夺更多的人力资源和财富。僧尼还俗的范围还在不断扩大，废佛的步伐越来越急。

会昌五年，武宗废佛达到了高潮。

> 三月，又敕天下寺舍不许置庄园。又令勘检天下寺舍奴婢多少，兼钱物斛斗匹段，一一指实，具录，令闻奏。城中诸寺仰两军中尉勘检，诸州府寺舍委中书门下勘检。且城中寺舍奴婢三等收身：有艺业者军里收；无业少壮者货卖；老弱者填宫。①

唐代佛寺经济实力大增，许多寺院都拥有自己的庄园。因此，禁止寺院设置庄园，就是限制其实力的继续扩张。寺院僧尼留有大量奴婢，是重要的劳动人口资源，故而要求严加勘检，令其收身还俗。

此后敕令不断，加紧僧尼沙汰：

> 先是令寺院僧尼年纪四十岁以下的还俗，接着又扩大年限，年纪五十以下的僧尼都得还俗。后又有敕令："天下僧尼五十已上，无祠部牒者，尽勒还俗，递归本贯；有祠部牒者，委当州县磨勘，差殊者，尽勒还俗，递归本贯。城中僧尼，委功德使准此例条流者。"②

僧尼五十岁以上者，无度牒者皆还俗。对于持度牒者，仔细勘查，防止假冒者。因为当时私度成风，许多人通过私度或者买卖度牒来逃避国家赋役，因此伪滥僧数量很大，对其必须进行勘检，才可辨其真伪。

其后，"其祠部牒上微有点污处，及生年与功德，案入保牒。差殊者尽入还俗之数，不差殊者便收入军案不出。遂使诸寺僧尼同无告身也"。更是加大了沙汰僧尼的力度，以至于僧众惊呼："不还告身者，不留僧尼之谋样；收寺奴婢钱

---

① ［日］圆仁著：《入唐求法巡礼行记校注》卷4，花山文艺出版社1992年版，第459页。
② ［日］圆仁著：《入唐求法巡礼行记校注》卷4，花山文艺出版社1992年版，第459页。

物者，毁拆寺舍之兆也。"其实这种迹象早已表露无遗。

废佛诏令的频频敕下，使得废佛不断升级。

> 从四月一日起首，年卌已下僧尼还俗，递归本贯。每日三百僧还俗。十五日，年卌已下僧尼方尽。从十六日起首，五十以下僧尼还俗。直到五月十日方尽也。十一日起首，五十已上无祠部牒者还俗。前年已来条流僧尼，即简粗行不依本教者还俗，递归本贯。今年不简高行粗行，不论验僧大德内供奉也。但到次第，便令还俗。①

唐武宗频发敕令，催进其数，还俗者多少，未还俗者多少。对那些不伏还俗的僧尼，施行严打，科违敕罪，"当时决杀"。

五月底，长安城中僧尼还俗已尽，"准敕每寺留三纲勘检钱物，待官家收钱物，已后拟令还俗"；又"诸寺见下手毁拆，章敬、青龙、安国三寺通为内园"②。

圆仁的行程，见证了当时废佛的情景：

六月廿二日，到达泗州。泗州普光王寺是天下著名佛寺，如今却"庄园、钱物、奴婢尽被官家收捡。寺里寂寥，无人来往"，州司也准敕欲以毁拆。③如此名寺落得这般景况，其他普通寺院也就可想而知了。

六月廿八日，到扬州。见城里僧尼正裹头，递归本贯。拟拆寺舍，钱物、庄园、钟等官家收检。近敕有牒来云："天下铜佛、铁佛尽毁碎，称量斤两，委盐铁使收管讫。具录闻奏者。"④这一运动对于佛教寺院经济的冲击与破坏由此可见一斑。

七月，唐武宗"恶僧尼耗蠹天下，欲去之"，"乃先毁山野招提、兰若"。⑤又敕并省天下佛寺，毁废铜像，铸造钱币、农器，收缴寺产，销付度支。《旧唐书·武宗本纪》记载："天下废寺，铜像、钟磬委盐铁使铸钱，其铁像委本州铸为农器。金、银、鍮石等像销付度支。衣冠士庶之家所有金、银、铜、铁之像，

---

① ［日］圆仁著：《入唐求法巡礼行记校注》卷4，花山文艺出版社1992年版，第461页。
② ［日］圆仁著：《入唐求法巡礼行记校注》卷4，花山文艺出版社1992年版，第477页。
③ ［日］圆仁著：《入唐求法巡礼行记校注》卷4，花山文艺出版社1992年版，第476页。
④ ［日］圆仁著：《入唐求法巡礼行记校注》卷4，花山文艺出版社1992年版，第478页。
⑤ 《资治通鉴》卷248，中华书局1956年版，第8015页。

敕出后限一月纳官。如违，委盐铁使依禁铜法处分。其土、木、石等像合留寺内依旧。"①

八月，又有敕令："天下金铜佛像，当州县司剥取其金，称量进上者。"唐代佛教大盛，寺中佛像规模宏伟，耗费了大量的金、铜材料。因此，佛像也是重要的寺产，自然也被纳入废毁行列。登州虽是边地，但废佛状况与京城并无二致："虽是边地，条流僧尼，毁拆寺舍，禁经毁像，收捡寺物，共京城无异。况乃就佛上剥金，打碎铜铁佛，称其斤两。痛当奈何！天下铜铁佛金佛有何限数，准敕尽毁灭，化尘物。"②

九月，敕令："天下还俗僧尼缁服各仰本州县尽收焚烧。恐衣冠亲情恃势隐在私家，窃披缁服，事须切加收检。尽皆焚烧讫，闻奏。如焚烧已后，有僧尼将缁服不通出，巡检之时有此色者，准敕处死者。"诸州县准敕，牒诸坊县乡收僧尼衣服，将到州县，尽焚烧。又有敕令"天下寺舍奇异宝珮、珠玉金银仰本州县收检进上"。又有敕云："天下寺舍僧尼所用铜器钟磬釜铛等，委诸道盐铁使收入官库。具录闻奏者。"③

十二月，又有敕令："天下边州应有还俗僧尼，并仰所在知存亡。且不令东西。"④

至此，唐武宗废佛诏令基本颁布完毕，各道州县的废佛也渐近尾声。

从以上的废佛进程，我们可以看出唐武宗废佛的经济意图是相当明晰、直接。那就是要坚决削弱寺院经济，争夺寺院财产，将僧尼、寺院奴婢等人口还俗，充入国家两税户。承隋唐佛教之兴盛，集寺院经济之膨胀，使得唐武宗采取了一种强制的手段，向寺院夺人力，争人利，革除蠹弊。在会昌五年八月的《毁佛寺勒僧尼还俗制》中，昭示了唐武宗废佛行动的志向：

朕闻三代以前，未尝言佛。汉魏之后，像教浸兴。是由季时，传此异俗。因缘染习，蔓衍滋多。以致蠹耗国风，而渐不觉；诱惑人意而众

---

① 《旧唐书》卷18《武宗本纪》，中华书局1975年版，第605页。
② [日]圆仁著：《入唐求法巡礼行记校注》卷4，花山文艺出版社1992年版，第490页。
③ [日]圆仁著：《入唐求法巡礼行记校注》卷4，花山文艺出版社1992年版，第493—494页。
④ [日]圆仁著：《入唐求法巡礼行记校注》卷4，花山文艺出版社1992年版，第497页。

益迷。洎于九州三原，两京城阙，僧徒日广，佛寺日崇。劳人力于土木之功，夺人利于金宝之饰；遗君亲于师资之际，违配偶于戒律之间。坏法言人，无逾此道。且一夫不田，有受其饥者；一妇不蚕，有受其寒者。今天下僧尼不可胜数，皆待农而食，待蚕而衣。寺宇招提，莫知纪极，皆云构藻饰，僭拟宫居。晋、宋、齐、梁，物力凋瘵，风俗浇诈，莫不由是而致也。我高祖太宗，以武定祸乱，以文理华夏，据此二柄，足以经邦，岂可以区区西方之教，与我抗衡哉！贞观、开元亦尝厘革，铲除不尽，流衍转滋。朕博览前言，劳求舆议，弊之可革，断在不疑。而中外诚臣，协予至意，条疏至当，宜在必行。惩千古之蠹源，成百王之典法，济人利众，予何让焉。其天下所拆寺四千六百余所，还俗僧尼二十六万五百人，收充两税户；拆招提、兰若四万余所，收膏腴上田数千（"千"应为"十"）万顷，收奴婢为两税户十五万人。隶僧尼属主客，显明外国之教。勒大秦穆护、祆三千余人还俗，不杂中华之风。于戏！前古未行，似降有待；及今尽去，岂谓无时。驱游惰不业之徒，已逾十万；废丹臒无用之室，何啻亿千。自此清净训人，慕无为之理；简易齐政，成一俗之功。将使六合黔黎，同归皇化。尚以革弊之始，日用不知，下制明廷，宜体予意。①

此制述佛教之弊害，陈废佛之理由，希求以其之力，"驱游惰不业之徒"，"废丹臒无用之室"，从而"惩千古之蠹源，成百王之典法"。

唐武宗废佛的决心在实际行动中得到了具体体现，可谓令行禁止，力度很大。

佛寺毁坏严重。圆仁在会昌五年九月到达楚州，原想住在赤山院，但州县已遵照敕令将其拆毁殆尽，也无房舍可居。赞宁在所撰《宋高僧传》中称："武

---

① 《旧唐书》卷18上《武宗本纪》，中华书局1975年版，第606页。另见《唐大诏令集》卷113《拆寺制》，学林出版社1992年版，第543页；《唐会要》卷47《议释教上》，中华书局1955年版，第984页；《全唐文》卷76《毁佛寺勒僧尼还俗制》，中华书局1983年版，第802页。

宗废塔像，无巨细皆毁除。"①写于大中八年的《百岩寺奉敕再修重建法堂记》描述会昌废佛的情景："先皇（指唐武宗）禧萃，毁废伽蓝，佛像摧颓，僧尸□道。明敕既□，莫不遵行，官吏颁宣，敢不从命。于时会昌五年夏五月十八日，其寺废矣。伤夫！巍巍大厦翻为瓦砾之堆，□□金容变作泥沙之聚。仰天何诉？抚地何依……"②可以说，在废佛运动的冲击下，"天下名祠珍宇，毁撤如扫"，"废为闲地，巾像示灭，钟声绝耳，楼台为薪"。③

僧尼处境艰难。还俗僧尼的景况相当糟糕，甚至发生僧尼为衣食而抢劫的事件。圆仁在游记中描写道："唐国僧尼本来贫，天下僧尼尽令还俗，乍作俗形，无衣可着，无物可吃，艰穷至甚。冻饿不彻，便入乡村，劫夺人物，触处甚多。州县捉获者皆是还俗僧。因此更条流已还俗僧尼，勘责更（甚）。"④废佛中幸存的僧尼，大多都年事甚高，加之寺院破坏，寺产没收，整体上受到了较大冲击，故而处境大不如前。

寺院经济遭到削弱。经过几年的冲击和破坏，寺院经济受到了严重创伤："三四年已来，天下州县准敕条流僧尼，还俗已尽；又天下毁拆佛堂兰若寺舍已尽；又天下焚烧经像僧服罄尽；又天下剥佛身上金已毕；天下大碎铜佛铁，称斤两，收捡讫；天下州县收纳寺家钱物、庄园，收家人奴婢，已讫。"⑤《太平广记》引《尚书故实》说："会昌毁寺时，分遣御史检天下所废寺，及收录金银佛像。"⑥寺院塔像建筑、僧尼财产、庄园土地等，皆为勘检没收，呈现出一派

---

① 《宋高僧传》卷26《唐晋州大梵寺代病师传》，中华书局1987年版，第670页。类似记载如《宋高僧传》卷14《唐扬州龙兴寺法慎传》、卷19《唐成都净众寺无相传》、卷27《唐吴郡嘉禾贞干传》等。宋人记载亦多，例如释元昭《安国寺法界相记》记述余杭郡盐官邑安国寺，唐开元创建，"属会昌梗塞，例为焚除。大中四年，祠宇还立，号为齐丰寺"。再如张浚《重建保安寺记》中称其寺"唐至德间，易为保安禅院。业席响振，物盛必衰，罹会昌之厄，寺众星散，梵宇化为荆榛。否极泰来，继有大中之诏，阴霾驳散，佛日重辉，院坠而复起"。曾枣庄、刘琳主编：《全宋文》，上海辞书出版社2006年版，97册第68页；188册第131页。
② [清]陆耀遹纂《金石续编》卷11（[清]王昶辑《金石萃编》附），中国书店1985年版。
③ 《全唐文》卷788李节《饯潭州疏言禅师诣太原求藏经诗序》、陈会《彭州九陇县再建龙兴寺碑》，中华书局1983年版，第8250页。
④ [日]圆仁著：《入唐求法巡礼行记校注》卷4，花山文艺出版社1992年版，第494页。
⑤ [日]圆仁著：《入唐求法巡礼行记校注》卷4，花山文艺出版社1992年版，第496页。
⑥ 《太平广记》卷174引《尚书故实》"温庭筠"，中华书局1961年版，第1291页。

萧条的景象。

同时，唐朝廷还派遣御史出行，监督各州所的废佛执行情况。颜真卿大中五年《八关斋会报德记》南宗州刺史崔倬石幢："会昌中有诏大除佛寺，凡熔塑镂刻堂阁室宇关于佛祠者，禁灭销破，一无遗余。分遣御史复视之，州县震畏。至于碑幢铭镂赞述之类，亦皆毁而瘗藏之。"①杜牧也提及道："出四御史缕行天下以督之，御史乘驿未出关，天下寺至於屋基耕而刓之。"②废佛风潮席卷之广③，强度之大，可以说无出其右者。

正是在这种强有力的干预，唐武宗废佛取得了重大的成果。按照前引唐武宗的说法，毁拆寺院四千六百多所，拆招提、兰若四万余所；还俗僧尼二十六万五百人，充两税户，收奴婢为两税户十五万人；收田土数十万顷。对此，杜牧在其《杭州新造南亭子记》也有相同记载："凡除寺四千六百，僧尼笄冠二十六万五百，奴婢十五万，良人枝附为使令者，倍笄冠之数，良田数千万顷，奴婢口率与百亩编入农籍，其馀贱取民直，归於有司，寺材州县得以恣新其公署传舍。"④

就废佛的意图和目的而言，武宗废佛是成功的，其成果也是丰硕的。相比于北朝两次废佛，会昌法难也是相对温和、有步骤推进的。当然，在这种貌似温和的方式之下，其废佛的强度和广度却并不减弱。这一方面，在于武宗废佛政策制定有条不紊，步步推进，逐渐加大强度，扩大广度，保证整个运动的有序和顺利实施；另一方面，在于及时排遣御史出行检查监督，造成一种高压环境，力求废佛敕令的贯彻落实，巩固已有废佛成果，防止出现无序和混乱局面。

作为中古佛教寺院经济发展史上重要的历史事件，会昌法难不仅削弱了传

---

① 《金石萃编》卷98，中国书店1985年版。
② 杜牧《樊川文集》卷10《杭州新造南亭子记》，上海古籍出版社1978年版，第155页。另《全唐文》卷788李节《饯潭州疏言禅师诣太原求藏经诗序》也记载："会昌季年，武宗大翦释氏，巾其徒且数万之民，隶具其居。容貌于土木者沈诸水，言词于纸素者烈诸火。分命御史，乘驿走天下。察敢隐匿者罪之。"可见对废佛进展确实进行了监督检查，保证废佛敕令得以贯彻执行。《全唐文》，中华书局1983年版，第8250页。
③ 据圆仁《入唐求法巡礼行记》载："唯黄河已北镇、幽、魏、路等四节度使元来敬重佛法，不拆（寺）舍，不条流僧尼。佛法之事，一切不动之。"尽管有些地方没有认真执行禁断佛教的诏令，"姑务宽容"，但整体而言，大多数地区都接受到了会昌废佛风雨的洗礼。《入唐求法巡礼行记校注》，花山文艺出版社1992年版，第496页。
④ ［唐］杜牧：《杭州新造南亭子记》，上海古籍出版社1978年版，第155页。

统的寺院经济体制和制度①，而且对弥漫于当时社会的佛教弊俗也有着清整作用，这为禅宗的兴起和禅林经济的发展也创造了良好的条件。

唐武宗废佛所表现出的这种强制干预态势和其后遗留下的空间氛围，对会昌以后的佛教留下了强烈的印象，也对其产生了重要的影响。禅宗的变革和兴盛，正是在王权国家的干预下，佛教自身发展的一种自我选择。当然这种选择并不仅仅是国家干预的结果，但正是会昌法难的风潮，促进了此后禅宗农禅经济的发展。反过来说，从禅宗最后的兴盛也恰好验证了会昌法难的目的所在。

三武废佛在唐武宗时达到了高潮。就这三次废佛来看，其中到底有着什么样的内在联系呢？值得我们思考。对此问题，有研究者从其废佛的动机和原因方面笼统地指出，由于佛教寺院僧尼经济势力日趋扩张，使得世俗王权国家与寺院争夺经济资源的矛盾不断上升，最终引发对寺院经济的强制干预。

对于北魏太武帝废佛，正如前文所述，它是处在均田制制度创新的历史端口上。在由"计口授田"向均田制转变的过程中，制度本身也在由无序向有序、由混乱向规整、由不稳定向稳定变迁。但是这种变迁的背景——地旷人稀、劳动力人口资源稀缺的经济环境是一样的。也就是说，在同一底色的布景上，北魏统治者勾勒出了两幅元素不同但却密切关联的经济蓝图，只是后者更趋合理、行之有效、影响深远。两者所体现的经济理念和管理意图是一致的。在这种背景之下来考察太武废佛，我们认为这次废佛，虽然并未直观地表明其废佛的经济目的，但它在行为实践上开创了废佛的先河，体现出国家强制干预经济资源配置的能力。废佛虽具偶然性的因素，但却是当时经济环境下统治者经济干预的一次尝试。

北魏创立均田制，其后北朝各代相继沿袭，并对具体措施进行制度性的修定。经济环境的动态变化，要求执政者不仅要适应这种变化，而且能及时作出相应的对策。可以说，孝文帝之后的统治者，对均田制的制度原理和经济理念有了深入的理解，并在实践中加以运用。同北魏太武帝时期一样，北周国家经济环

---

① 姜伯勤在《唐五代敦煌寺户制度》中指出："会昌废佛是中古佛教寺院经济发展中的一个划时代的事件。以律寺为代表的役使净人（部曲、奴婢）的生产体制（它集中反映在《四分律删繁补阙行事钞》《量处轻重仪本》中）决定性地衰落了。会昌五年收天下'家人'已讫，意味着内地寺户制度的衰落。"《唐五代敦煌寺户制度》，中华书局1987年版，第339页。

境并未发生根本性的改观，只是统治者的意图和目的却更加清晰、明确。周武帝宇文邕求兵于僧众、取土于寺院的废佛之举，是均田制"土不旷功，民罔游力""分艺有准，力业相称"[①]经济思想主导下的一次实践。因此，较之魏太武帝，周武废佛被视为"强国富民"的高明上策。

隋唐时期的佛教，发展到了其兴盛的阶段。隋唐时期，均田制依旧实行，但已大不同于北朝时期。在社会经济的发展变化中，人旷地稀和劳动力资源稀缺的经济环境逐渐演变为人多地少、土地资源稀缺的状态。这种变迁，客观要求经济制度的创新发展，均田制的修定即是这一变迁后的结果。僧尼受田的规定，是将寺院经济的管理纳入国家正式制度中的表现。而历来一直实践的非正式途径的寺院经济发展模式，仍然大行其道。在正式（均田制僧尼授田）与非正式制度两条道路上，寺院经济的实力获得了极度膨胀。安史之乱后，世俗社会土地稀缺的形势渐趋严重，流民、客户的数目不断增多，使得唐王朝经济制度——均田制名存实亡。两税法的推行，作出了制度层面上的变革。但要保证制度的实施，需要国家的调控和管理。唐武宗废佛即是如此背景下的举动。不同于北朝两次废佛，唐武宗废佛，不仅觊觎寺院经济庞大的资财，更看着寺院所拥占的土地和劳动力资源。会昌法难，对土地和人口资源的争夺，并行不悖。[②]

三武废佛，都是在中古时期经济环境的变迁下，对经济资源进行配置所采取的一种国家强制干预手段。在人地关系的动态变化中，废佛之举对资源配置的侧重点也随之发生变化。这种变化，也反映了中古时期统治者对经济环境变迁的适应和应对。当然这种应对方式，也是和中古时期佛教的发展变迁、社会经济的变化乃至废佛者本人的偏好等因素有着复杂的联系。但仅从经济变迁的角度来

[①] 《魏书》卷53《李孝伯传》，中华书局1974年版，第1176页。

[②] 唐武宗废佛，对于佛教慈善事业予以保护和支持，并未取缔悲田养病坊。废佛主要针对寺院经济资源，只是将对悲田养病坊的管理权限收至朝廷。《唐会要》记载会昌五年李德裕上奏："今缘诸道僧尼尽以还俗，悲田坊无人主领……臣等商量缘悲田出于释教。并望更于养病坊，其两京及诸州各于录事耆寿中捡一人，有名谨信为乡间所称者，专令勾当。其两京望给寺田十顷，大州镇望给田七顷。其他诸州望委观察使量贫病多少给田五顷，以充粥食。如州镇有羡馀官钱，量予置本收礼，最为稳便。敕：悲田养病坊，缘僧尼还俗，无人主持，恐残疾无以取给，两京量给寺田拯济。诸州府七顷至十顷，各于本置选耆寿一人勾当，以充粥料。"《唐会要》卷49，中华书局1955年版，第863页。另见《全唐文》卷704《论两京及诸道悲田坊状》，中华书局1983年版，第7224—7225页；《旧唐书》卷18《武宗本纪》，中华书局1975年版，第607页。

看，我们认为三武废佛是中古时代经济环境——人地关系变化的体现。三武废佛之后的周世宗废佛，是这一关系变化在五代时期局部区域的表现，可以说是中古三武废佛的尾声。

第四节 余波——后周世宗废佛

五代后周世宗对佛教的打击，是中古时期最后一次废佛行为。周显德二年五月甲戌，下诏曰：

> 释氏贞宗，圣人妙道，助世劝善，其利甚优。前代以来，累有条贯，近年已降，颇紊规绳。近览诸州奏闻，继有缁徒犯法，盖无科禁，遂至尤违，私度僧尼，日增猥杂，创修寺院，渐至繁多，乡村之中其弊转甚。漏网背军之辈，苟剃削以逃刑；行奸为盗之徒，托住持而隐恶。将隆教法，须辨否臧，宜举旧章，用革前弊。①

从诏令中可知，周世宗时期，佛教仍大有发展，且弊害亦甚，僧尼犯法，逃避刑罚，私度猥滥，惑乱乡里。其实在周世宗之前，就有沙汰僧尼、整顿佛教的呼声。例如李钦明在《请汰僧人疏》中曾指出：

> 伏见天下户民，大半家贫产薄，征赋之外，差配尤繁。岂宜寒耕热耨之人，供游手惰农之辈。臣近以简苗外县，遍历乡村，缁侣（阙）居精舍辉赫，每县不下二十馀处。求化斋粮，不胜饱饫，寺家耕种，又免征税。臣窃知淮南不度僧尼，不滋医卜，已六十年矣，兼不许外求者入境。此辈遗留蠹耗，幸我国困民贫。古语云：一夫不耕，一妇不织，必有受饥寒者。即自圣化之内，且约十万僧尼，每人日米一升，十万人日费二十石，以日系月，其数可知。每人春冬服装，除绫罗纱縠外，一僧岁中须绢五匹，绵五十两，十万僧计绢匹五十万，绵两五百万。此辈不耕不农，皆出於蚕织，无裨至化，实致大献。臣以为聚僧不如聚兵，僧富不如民富。昔秦皇帝并吞

---

① 《旧五代史》卷 115《世宗纪》，中华书局 1976 年版，第 1529 页。

六国，虎视天下，以兵多民富故也，僧何预焉？经日圣人在上，国无幸民，民之多幸，国之不幸。臣尝三复此言，为之扼腕。[①]

基于五代佛教的这种状况，周世宗继位后，决心革除弊病，整饬佛教。其主要的措施主要有以下方面。

一、关于佛教寺院建置

废除无敕额寺院，合并、整顿寺产。"诸道州府县镇村坊应有敕额者，一切仍旧，其无敕额者，并仰停废。所有功德神像及僧尼，与限一月腾并，于逐处州军县镇合留寺院内安置，所有殿堂屋宇，仰封锁收管。所有资财衣钵斛斗孳畜什物，并仰分付本主。"

规定诸县、军镇及其边远州郡保留寺院数目，限制寺院扩展。"天下诸县城郭内。若无敕额寺院，只于停废寺院内。选功德屋宇最多者，或寺或院，僧尼各留一所。若无尼处，只留僧寺院一所。其在军镇及偏镇坊郭户，及二百户以上者，亦依诸县例指挥，如边远州郡无敕额寺院处，于停废寺院内，僧尼各留两所。"

限制两京诸道州府僧尼创建寺院，对于违犯敕令者予以严惩："两京诸道州府，除见留寺院外，今后不限城郭村坊山林胜境古迹之地，并不得创造寺院兰若。如有僧尼俗士辄违敕命者，其主首及同句当人，并徒三年，仍配役，其僧尼勒还族。本州府录事参军本判官本县令佐，并除名配流。地分镶镇职员所由，当并严断。长吏奏请进止。"

限制贵族官僚开坛建寺。"王公戚里诸道节刺已上，今后不得奏请创造寺院，及请开置戒坛，如违，仰御史台弹奏。"

二、关于僧尼出家剃度

禁止私度，订立僧尼出家条例。"今后僧尼，不得私剃头，应有人志愿出家

[①] 《全唐文》卷855，中华书局1983年版，第8971页。

者，并许父母祖父母处分，已孤者取同居伯叔兄处分，候听许得出家。其师主须得本人家长听许文字，方得容受男年十五已上，念得经文一百纸，或读得经文五百纸者；女年十三已上，念得经文七十纸，或读得经文三百纸者，方得经本州陈状，乞剃头，委录事参军本判官试验经文，合敕条者，只仰闻奏。其未剃头间留发，如有私剃头者，却勒还俗，其本师主徒三年，勒还俗，役配三年，其本寺院三纲知事僧尼杖八十，并勒还俗。"

规范僧尼受戒。"僧尼不得私受戒，只于两京大名府京兆府青州府戒坛，候受戒时，两京委祠部差官引试前项所习经业。其大名府等三处戒坛，只委本判官录事参军引试，合敕条者，分析闻奏。如有私受戒者，其本人本师主临坛三纲知事僧尼，并同私剃头例科罪。如引试经业不精，辄与剃头受戒者，本试官当行朝典。"

"合剃头受戒人等，仰逐处于天清节一月前，具姓名乡贯寺院年几，及所习经业，申奏，候敕下委祠部给付凭由，方得剃头受戒，不得非时施行。起今后应有僧尼剃头受戒，无祠部凭由者，所由并还俗。"

规范僧侣出家。"男子有父母祖父母在，别无儿侍养，不听出家，如违，起本师主重行科断。"

"曾有犯遭官司刑责之人，及弃背祖父母逃亡，如奴婢奸人细作恶逆徒党山林亡命未获贼徒负罪潜窜人等，并不得出家剃头。如有寺院辄容受者，其本人及师主，三纲知事僧尼，邻房同住僧，仰收提禁勘，申奏取裁，其地方巡司官吏不能觉察者，仰概申奏。"

"自前多有逃避军人，投寺院出家，在所僧徒，不畏官方，便与剃削，起今后有向曾在军门，面带琨痕，逐处寺院辄敢容受者，起本人及师主三纲知事邻房同住僧等，仰密切收捉禁勘奏申，地方官所由，不能觉察，重行科断。"

"有僧尼衷私并置院舍，私与人剃头受戒，及容贼盗恶逆徒党奸细背军之人，辄披剃者，其僧俗中有能告官，及地方分所由节级，自收捉到者，以本犯僧尼衣钵资财，充给优赏。"

"有僧尼俗士，自前多有舍身烧臂炼指，钉截手足，带铃燃灯，诸般毁坏肢体，戏弄道具符篆，左道妖惑之类，今后一切止绝，如此色人，仰所在严断，递配边远，仍勒归俗。其所犯罪重者，准格律处分。所由居停寺院知事僧尼，地方厢镇职员所由，公然容纵者，重行科断。"

"有怀才抱器，或武或文，寄迹空门，莫逐展志，其中有愿出仕宦者，仰逐处长吏发遣赴阙，少壮骁勇之人，愿在军门者，亦仰申奏，必当量材录用。若僧尼中有情愿归俗者，一切听许，所在不得搅扰。"

三、关于僧籍管理

"每年造僧账两册，一册奏闻，一册存于祠部（显德五年，据唐制改为三年一造）。每年四月中旬以后，由诸县将管内寺院僧尼数目向州报告，诸州则集合僧账于五月末后向京提出。过期不提出者，或有报告粗略脱漏寺僧之州县，责其粗略不用心，其判官录事参军等州县官员，按等级加以处分。今后僧尼账籍内无名者，均令还俗。有身死逃亡还俗者，由州县立即报告，于次年改账时削籍，巡礼行脚出入往来僧尼，皆准此。"

四、关于毁像造钱

"因官府久不铸钱，而民间多销钱为器皿佛像，钱益少。（九月）始敕立监采铜铸钱。今后除朝廷法物军器官物及镜子，并寺院道观内钟磬、钹、相轮、火珠、铃铎留存之外，其余民间铜器佛像，五十日内悉令输官，给其值，用以铸钱。过期隐匿不输者，五斤以上处死，不及者按斤两判徒刑，两年三年有差。知情不报者亦判徒刑。捉事告事人赏钱十贯三十贯不等。若纳到熟铜，官府每斤给钱一百五十，生铜每斤给钱一百。"①

以上就是周世宗废佛所颁布的法令。从这些规定我们可以看到，周世宗的废佛比之于三武废佛，更加趋于理性化，且在废佛的同时，注意对佛教的规范化管理。

首先，对于佛教寺院的建置予以限定，规定不同等级的行政区域保留数目不等的僧寺、尼寺。停废无敕额的寺院。对那些不遵法度开坛置寺的僧尼俗士、官僚贵族，都要予以严惩。可以说通过寺院建置方面的规定，限制寺院的随意设置和过度发展，保证了国家对寺院的管理和控制。

其次，对于僧尼出家、剃度，实行规范化管理。禁止私度，违者处置。僧

---

① 上文所引史料，均出自《五代会要》卷16，中华书局1998年版，第150、154、204页。另见于《旧五代史》卷115《世宗纪》，中华书局1976年版，第1529页。

尼剃度和出家，要达到一定的标准和要求，并由国家机构统一管理实施。加强对出家僧尼的审查勘检，严禁各种作奸犯科之人出家为僧。清整佛教，禁止各种舍身、烧臂、炼指、挂灯等毁坏肢体和带有左道、妖惑之类的行为仪式，违者惩处。这些规定，有利于僧尼群体的健康发展，引导和促进佛教管理的规范化。

再次，加强僧籍管理。由国家造册登记，掌握僧尼生死、还俗出入变化等情况，有利于国家对僧尼的控制和管理。

第四，销毁佛寺铜器佛像，限制寺院对铜的消费，保证国家铸钱等用途。

周世宗废佛，僧尼还俗和废毁寺院数目众多，据《旧五代史》的记载："是岁，诸道供到帐籍，所存寺院凡二千六百九十四所，废寺院凡三万三百三十六，僧尼系籍者六万一千二百人。"[1]《资治通鉴》亦有相同记载："是岁，天下寺院存者二千六百九十四，废者三万三百三十六，见僧四万二千四百四十四，尼一万八千七百五十六。"[2] 一般认为，这是周世宗废佛的主要成果。[3]

周世宗废佛对佛教的影响不小，但就废佛行为而言，注重了对寺院的规范化管理，其建设性意义更强。通过对寺院、僧尼的规范化管理，也达到了兴利除弊的目的。

以上就"三武一宗"废佛与寺院经济的联系进行了论述。就中古时期这四次废佛而言，如上所论，其都是在中古社会经济环境不断变迁下对经济资源配置予以干预的一种方式，当然这种方式显得较为激烈。同为废佛，但废佛帷幕下的目的则各有不同。早期的北朝废佛，相对侧重于对劳动力资源的争夺，而到后

---

[1] 《旧五代史》卷115《世宗纪》，中华书局1976年版，第1529页。

[2] 《资治通鉴》卷292，中华书局1956年版，第9527页；《五代会要》卷16《祠部》载"废寺院凡三万三十六"，中华书局1998年版，第204页。而《新五代史》卷12《世宗本纪》则载："废天下佛寺三千三百三十六"；另《佛祖统纪》《释氏通鉴》也记废佛寺三千余所。自唐武宗废佛之后，佛教虽然受到重创，但其后仍有发展，尤其是禅宗，更是兴盛。因此，五代时期佛教寺院的数目，不在少数。从周世宗废佛诏令中看，其对于寺院的整顿是较为严格的，尤其对于无敕额寺院，要求一律停废，因此，废寺中绝大多数应该是这种无敕额寺院。而无敕额寺院，大多是官僚贵族、僧尼俗士乃至民间社会所自行设立（而这恰恰是周世宗废佛诏令的重要内容），因此，其数量定然不止三千余所。本文取三万余所之说。

[3] 如王仲荦：《隋唐五代史》下册，上海人民出版社，1990年版，第865页；白寿彝主编：《中国通史》第七卷《五代辽宋夏金时期》上册，上海人民出版社1999年版，第1021页。不同意此说法的，如汤用彤《隋唐佛教史稿》，中华书局，1982年版；张箭《三武一宗废佛研究》考证研究，认为周世宗废佛寺三千余所，还俗僧尼七万余人。

期，则较看重土地资源，周世宗废佛破坏性就减弱了，更注重对佛教寺院和僧尼的规范化建设和管理。国家对于寺院经济资源的重新配置，是受制中古时代经济环境变迁，即人力资源和土地资源方面之间的不平衡变化，导致国家对不同经济资源的偏好。随着这种不平衡的动态变化，国家干预的侧重点也随之发生转移。同时，随着国家经济制度的迁转，尤其是唐代均田制的瓦解和两税法的实行，及其佛教寺院经济自身的变迁，使得国家对寺院经济资源的配置趋向于规范管理，而不再是单纯的破坏抢夺。也就是说，在三武一宗废佛过程中，经济色彩日益浓厚，并逐渐取代了政治的底色。废佛的方式也由纯粹的带有强力特色的行政干预向理性的经济规范的途径转变。在中古时代之后，即在唐宋变革以后，这种行政干预的方式再也没有出现，即表明了三武一宗废佛正是中古时期社会经济环境下的产物。而三武一宗废佛的结束，或许可以说是中古时代结束的一个标志。在历史的沧桑之后，三武一宗废佛的功业也终于远离而去，成为那个时代的记忆。

第五章　中古佛教寺院经济的个案考察

中古佛教寺院经济的发展，不仅同世俗社会发生着密切的互动，而且也产生了重要的社会影响。本章试以寺院水碾硙经营的论述，考察其对中古时代水权管理制度的影响；同时，通过对佛道之间经济领域斗争的论述，反观当时寺院经济的部分特征。

第一节　寺院水碾硙经营与中古水权管理制度的变迁

中古时期社会经济的发展，也离不开先进生产技术的发展进步。水碾硙即是中古时期最为著名的加工工具之一，且在这一历史时期的经济生活中扮演着重要的作用。水碾硙在寺院经济中也具有特殊地位，并与当时世俗社会有着紧密关联，尤其对于唐代水权管理制度的变迁产生了重要影响。在前人研究的基础上[1]，

---

[1] 从农业科技史角度论述的例如张卓研《古水碓的使用及其工作原理分析》(《农业考古》1991年第1期）。将水碾硙与社会经济联系起来，探究其在中古时期的发展状况和经济地位的主要论述如西嶋定生《碾硙寻踪——华北农业两年三作制的产生》（载刘俊文主编《日本学者研究中国史论著选译》第四卷六朝隋唐，中华书局，1992年版）、张泽咸《唐代工商业》（中国社会科学出版社，1995年版）、魏明孔《隋唐手工业研究》（甘肃人民出版社，1999年版）、魏明孔《中国手工业经济通史·魏晋南北朝隋唐五代卷》（福建人民出版社，2004年版）、梁忠效《唐代的碾硙业》(《中国史研究》1987年第2期）、王利华《古代华北水力加工兴衰的水环境背景》(《中国经济史研究》2005年第1期）及氏著《中古华北饮食文化的变迁》第四章（中国社会科学出版社，2000年版，第146—160页）等。关于敦煌碾硙研究，尤其是碾硙的经营方式、"碾户"的性质、"硙课"等方面的论述，主要可参见［法］谢和耐《中国五——十世纪的寺院经济》（耿昇译，上海古籍出版社，2004年版）、姜伯勤《唐五代敦煌寺户制度》（中华书局，1987年版）等。

我们试就寺院水碾硙经营与中古水权管理制度的变迁的视角，予以论述。

一、中古时期的水碾硙经营

西汉扬雄在其《方言》中记述道："碓机，陈、魏、宋、楚，自关而东谓之梃硙，或谓之石䃺。"[①]即硙很早就作为一种加工粮食作物的工具而在农业生产中运用，当然主要是依靠人力操作，其功效可想而知。水碾的特点主要是在技术上充分利用水利资源，借助水力带动碾硙进行加工生产，这不仅解放了人力，而且大大提高了生产劳动的效率。桓谭说："宓羲之制杵臼，万民以济，及后人加巧因延力，借身重以践碓，而利十倍杵臼。又复设机关，用驴骡牛马及役水而舂，其利乃且百倍。"[②]

《魏书》亦记载崔亮"读《杜预传》，见为八磨，嘉其有济时用，遂教民为碾。及为仆射，奏于张方桥东堰谷水造水碾磨数十区，其利十倍，国用便之"[③]。

由此可见，不仅水碾的加工效率大有提高，而且其生产效益也颇丰厚，对于社会生产有着重要意义。

在当时日趋发展的寺院经济势力，其经济资源除了依靠皇室贵族和王公权要的赏赐、社会各阶层的捐施投献外，也开始主动谋取自身的经济利益，介入到各种经济活动中。作为有着巨大经济收益的水碾，自然是寺院经济觊觎的对象之一。北魏杨衒之在《洛阳伽蓝记》中就描述当时的景明寺已经利用水碾进行生产加工："寺有三池，萑蒲菱藕，水物生焉。或黄甲紫鳞，出没于繁藻；或青凫白雁，沉浮于绿水。碾硙舂簸，皆用水功。"[④]

到了隋唐时期，寺院的水碾经营活动相当发达，众多的寺院都拥有自己的水碾硙。隋朝开皇年间，晋王杨广曾经赏赐给寺院"水硙及碾上下六具"，作为其发展的基业。[⑤]

唐初，因为帮助平定王世充有功，少林寺获得了唐太宗赐予的田地四十顷，

---

① 钱绎撰集：《方言笺疏》卷5，上海古籍出版社1984年版，第326页。
② 《太平御览》卷829桓子《新论》，中华书局1960年版，第3699页。
③ 《魏书》卷66《崔亮传》，中华书局1974年版，第1481页。
④ ［北魏］杨衒之撰，周祖谟校释：《洛阳伽蓝记校释》卷3，中华书局2010年版，第98页。
⑤ 《续高僧传》卷17《隋京师清禅寺释昙崇传》，中华书局2014年版，第639页。

水碾一具。①其他如普救寺，"园硙田蔬，周环俯就"②；京师清禅寺，"竹树森繁，园圃周绕，水陆庄田，仓廪碾硙，库藏盈满"③。

即使规模较小的寺院，有些也拥有自己的水碾，日本僧人圆仁在游历时，"到三交驿歇。次入定觉寺庄，见水碾——名为三交碾"④。而敦煌地区的寺院也是普遍拥有水碾硙，例如P.3500号卷子就写道："□中现有十硙水，潺潺流溢满□渠"⑤；斯.1947号V1《唐咸通四年癸未岁（863年）敦煌所管十六寺和三所禅窟以及抄录再成氎数目》文书中也提及东河有水硙一轮⑥；敦煌文书S.3873《唐咸通某年索淇舍施水硙园田等入报恩寺请求判凭状》记载索淇家卖给报恩寺水碾及园田家客等：

（前缺）

1. ＿＿＿＿＿＿上代水碾三年，园田家
2. ＿＿＿＿＿＿□信敬心重建报恩寺
3. ＿＿＿＿＿＿斋两所水碾，园田家客施入
4. ＿＿＿＿＿＿□供养三宝不绝愿心
5. ＿＿＿＿＿＿□其碾是时被殿下
6. ＿＿＿＿＿＿日出卖于报恩寺，
7. ＿＿＿＿＿＿五十余载师僧□
8. ＿＿＿＿＿＿淇自力微，无处
9. ＿＿＿＿＿＿照察，乞赐上祖水
10. ＿＿＿＿

---

① 《全唐文》卷279 裴漼《少林寺碑》，中华书局1983年版，第2834页；另见［清］王昶《金石萃编》卷74《少林寺柏谷坞庄碑》，中国书店1985年版。
② 《续高僧传》卷30《唐蒲州普救寺释道积传》，中华书局2014年版，第1218页。
③ 《续高僧传》卷30《唐京师清禅寺释慧胄传》，中华书局2014年版，第1224页。
④ ［日］释圆仁著，［日］小野胜年校注，周一良审阅：《入唐求法巡礼行记校注》，花山文艺出版社1992年版，第317页。
⑤ 王重民等编：《敦煌变文集》上集，人民文学出版社1984年版，第117页。
⑥ 唐耕耦、陆宏基编：《敦煌社会经济文献真迹释录》第3辑，全国图书馆文献微缩复制中心1990年版，第8页。

11.　　　□（咸）通年十一月　　日索淇谨状。①

　　寺院普遍进行水碾硙经营活动，首先是因为水碾的生产效率比较高。如上文桓谭所言，水碾的功效要比人力乃至畜力高出许多，这是水碾相较之于其他工具在技术方面的优越性和先进性所在。新型的、先进的生产工具总是在经济发展中扮演着重要角色。

　　其次，与水碾的高效直接相关联的是其生产加工的高额回报。水碾硙在生产过程中的经济收益是丰厚的，如东汉顺帝永建四年，尚书仆射庾诩上书说："禹贡雍州之域，厥田惟上……北阻山河，乘陀据险。因渠以溉，水舂河漕。用功省少，而军粮饶足。故孝武皇帝及光武筑朔方，开西河，置上郡，皆为此也。"②这是对国计民生的重要意义。而唐代高力士在都城西北截沣水作碾，日转五轮，每天碾麦三百斛③，大获其利，则是对个体经济诱惑之所在。因此，高额的经济回报是吸引寺院经济染指水碾经营的重要原因。

　　可以说，先进的生产技术和丰厚的收益回报，使得水碾硙被视作获取经济利益的有效工具。当然这两点只是就水碾硙本身因素而言，就寺院经济更深层原因所论，水碾硙经营其实只不过是寺院经济发展中的一个侧面。

　　中古时期的寺院经济发展历程，有研究者认为寺院由于政治上和经济上存在着依附于皇权和世俗地主阶级的关系，因此其具有非自主发展的特点。④但从寺院经济本身发展来看，其实从一开始，寺院经济就一直在寻求并逐渐步入自主发展的道路，只不过是其自主程度的高低不同而已。在东晋南北朝时期寺院经济产生之后，寺院不仅占有了大量的田产资财，而且通过各种手段进行经济扩张，如金融高利贷、邸店及其他商业活动。这都表明寺院经济不仅仅是依靠外在途径来保持自己的生存发展，而且是有着积极的主动性，通过多种方式来壮大自身实力。因此，正是出于对自身生存发展空间的考虑，才使得寺院在谋取经济利益时，能够紧随时代的步伐，保持着与整个社会经济发展相适应的状态。

---

① 唐耕耦、陆宏基编：《敦煌社会经济文献真迹释录》第3辑，全国图书馆文献微缩复制中心1990年版，第83页。
② 《后汉书》卷87《西羌传》，中华书局1965年版，第2893页。
③ 《新唐书》卷207《高力士传》，中华书局1975年版，第5856页。
④ 详论参见张弓：《中国中古时期寺院地主的非自主发展》，《世界宗教研究》1990年第3期。

二、唐代寺院水碾硙经营与国家废碾行动

寺院大规模水碾硙经营，造成许多社会经济问题，最主要的就是水碾经营影响了农业水利灌溉事业。

中古时期，水碾在国家经济中一直有着重要影响。《北齐书》卷18《高隆之传》记载高隆之任尚书右仆射时，"以漳水近于帝城，起长堤以防汛溢之患。又凿渠引漳水周流城郭，造治水碾硙"，利于当世。①

唐代王方翼为了安养民众，曾"发卒浚筑，引多乐水环城为壕。又出私财造水碾硙，税其利以养饥馁，宅侧起舍十余行以居之"②。再比如韩绅卿，"迁泾阳令，破豪家水碾，利民田，顷凡百万"，可知有多少农田灌溉受到破坏。③由此说明，水碾的生产效率很高，对社会经济和人们日常生活都有着不可忽视的影响。

但是，过度的、大规模的水碾硙经营活动，势必会触及国家和社会利益。因为水碾经营，要影响到河渠水流的流向和流量，这样就会造成河渠阻塞或者损害沿岸区域农业灌溉，如西晋刘颂在任河内太守时，就因为郡界很多公主的水碓运转，阻塞河流，浸害了农业生产，刘颂上表罢除，才使百姓获其便利。④隋唐以前，虽然产生了这样的问题，但其影响毕竟有限，矛盾还不是很突出。⑤到了唐代，由于寺院经济实力的急剧膨胀，加之贵族官僚竞相投身碾硙经济领域，使得碾硙经营规模急剧扩大，水碾经营与农田灌溉用水之间矛盾日渐激化，发生了多次官方拆毁水碾的事件。

在唐高宗时（655），雍州长史长孙祥曾建议拆除关中郑白渠上的碾碨。据《元和郡县图志》卷1《关内道》"泾水"条记载：

---

① 《北齐书》卷18《高隆之传》，中华书局1972年版，第236页。
② 《旧唐书》卷185《王方翼传》，中华书局1975年版，第4802页。
③ 《韩昌黎全集》卷35《虢州司户韩府君墓志铭》，中国书店1991年版，第429页。
④ 《晋书》卷46《刘颂传》，中华书局1974年版，第1293页。
⑤ 《广弘明集》亦记载隋代王文同"凤与僧□水□之利"。此后，王文同借"敕令问军实"之名，"矫诏集僧，三木加身考令云反，并令引邑议同谋遂诛剪僧徒于河间郡，杀道俗近一千人"。虽不明其中具体缘由，但恐与寺院僧徒争夺水硙之利脱不了干系。

> 大唐永徽六年，永州长史长孙祥奏言："往日郑白渠溉田四万余顷，今为富僧大贾，竞造碾硙，止溉一万许顷。"于是高宗令分检渠上碾硙，皆毁撤之。未几，所毁皆复。①

明确指出，由于王公权要及寺院竞造碾硙，破坏了郑白渠的灌溉，使溉田亩数大大减少。郑白渠溉田数由以前四万余顷减至一万余顷，除了自然地理变化原因和水利设施自身等因素外，主要原因应还在于人为活动的影响，而水碾硙的过度经营就是其中之一。

唐玄宗开元九年（711），李元纮奉命拆毁三辅渠上的所有碾硙。《旧唐书》卷98《李元纮传》记载："元纮少谨厚。初为泾州司兵，累迁雍州司户。时太平公主与僧寺争碾硙，公主方承恩用事，百司皆希其旨意，元纮遂断还僧寺。窦怀贞为雍州长史，大惧太平势，促令元纮改断，元纮大署判后曰：'南山或可改移，此判终无摇动。'竟执正不挠，怀贞不能夺之。俄转好畤令，迁润州司马，所历咸有声绩。开元初，三迁万年县令，赋役平允，不严而理。俄擢为京兆尹，寻有诏令元纮疏决三辅。诸王公权要之家，皆缘渠立硙，以害水田，元纮令吏人一切毁之，百姓大获其利。"②

这一次提到了寺院与皇室贵族为碾硙争利的事情。以太平公主的威势，寺院竟然与之争夺碾硙经营，说明碾硙获利之丰，同时也显示出寺院经济势力之大，能够为了自己的利益而抗衡权贵。

还有两次发生在代宗皇帝时期。一次是在代宗广德二年（764），由工部侍郎李栖筠主持拆毁郑白渠上的私碾硙。同样据《元和郡县图志》记载："广德二年，臣吉甫先臣文献公为工部侍郎，复陈其弊，代宗亦命先臣拆去私碾硙七十余所。岁余，先臣出牧常州，私制如初，至大历中，利所及才六千二百余顷。"③

另一次，代宗大历十二年（777），由于大量碾硙的经营生产造成京畿泾水沿岸的百姓无法灌溉农田，于是京兆尹黎干立即上奏，请求开决郑白渠支渠，拆除所有碾硙，以保证农业水利灌溉。次年，即大历十三年（778）正月，下诏毁碾硙，悉数拆除郑白渠支流上的碾硙八十余所。对此次事件，《新唐书》卷145《黎

---

① [唐]李吉甫撰：《元和郡县图志》，中华书局1983年版，第11页。
② 《旧唐书》卷98《李元纮传》，中华书局1975年版，第3073—3074页。
③ [唐]李吉甫撰：《元和郡县图志》卷1，中华书局1983年版，第11页。

干传》记载："大历八年，复召为京兆尹……十三年，泾水壅隔，请开郑、白支渠，复秦、汉故道以溉民田，废碾硙八十余所。"①

这两次废碾硙行动虽然没有明确提及寺院水碾，但是联系以往毁废水碾的行为及寺院经济状况来看，可以说佛教寺院的水碾经营仍然是导致毁废行为的重要原因。

由上所述，可以看出寺院经济在经历南北朝时期的发展后，在隋唐时期达到了其兴盛的阶段。作为社会经济发展中重要的一股势力，寺院经济的影响显而易见，且逐步渗透和深入到社会经济生活中。水碾硙的过度经营活动，正是佛教寺院组织与世俗社会之间经济互动的具体表现之一。

三、唐代寺院水碾硙经营与社会的互动及其制度分析

上文我们就寺院经济水碾硙经营状况和其导致的社会问题作了简单的论述，下面就寺院经济与当时社会之间的互动作进一步讨论。

首先，寺院经济在唐代发展到了繁盛时期，其庞大的经济势力能够支撑寺院在各领域扩张。

寺院经济多种生产经营方式，虽然历来遭到官方尤其是儒家官僚的批判和反对，但都未能得以禁止。唐朝初年，"有猥贱之侣，规自尊高；浮惰之人，苟避徭役。妄为剃度，托号出家，嗜欲无厌，营求不息。出入闾里，周旋阛阓，驱策畜产，聚积货物，耕织为生，估贩成业，事同编户，迹等齐人"②。对此，高祖下《沙汰佛道诏》，正本澄源，沙汰僧尼，以对寺院僧尼进行规束，但效果不甚理想。到睿宗时，这种状况依旧，寺观广占土地田产，侵损百姓的事情时有发生。为此，下诏"僧、尼、道士、女冠之流，并令修习真寂，严持诫行，不得假托功德，扰乱闾阎。令州县严加检察，私度之色，即宜禁断"③。尽管国家不时对寺院经济予以限制，但有唐一代寺院经济仍不断膨胀，如狄仁杰就说寺院"膏腴美业，倍取其多。水碾庄园，数亦非少"④。从武宗会昌法难中，我们也可以清楚地

---

① 《新唐书》卷145《黎干传》，中华书局1975年版，第4721页。
② 《全唐文》卷3《沙汰佛道诏》，中华书局1983年版，第38页。
③ ［宋］宋敏求编、洪丕谟等点校：《唐大诏令集》，学林出版社1992年版，第523页。
④ 《旧唐书》卷89《狄仁杰传》，中华书局1975年版，第2893页。

看到唐后期寺院经济势力的发展程度。

其次，寺院经济的特权是其经济扩张的重要条件。

寺院经济自其产生之后，一直享有很大的经济特权，"不贯人籍"[①]、"规免租役"[②]。寺院特殊的地位，使得其获得上至统治阶层下到普通民众各种方式的经济扶植。土地、劳动人口、钱财等经济资源的获得都体现了其不同一般的优越性。水碾硙本身在当时就是财富的象征，往往为特权者们所拥有，如《魏书》记载："封王诸子为县公，邑各一千户。奉绢三万匹，钱一千万，粟二万石，奴婢三百人，水碾一具，田百顷，园一所。"[③]

加之水碾运作必备的一个重要条件就是要具备水资源，故而这是一般普通民众所可望而不可及的，只能被那些贵族权要和寺院等享有。例如隋朝杨素"负冒财货，营求产业，东、西二京，居宅侈丽，朝毁夕复，营缮无已，爰及诸方都会处，邸店、水硙并利田宅数以千百数，时议以此鄙之"[④]；唐代李林甫也是"京城邸第，田园水硙，利尽上腴"[⑤]。

寺院僧尼在唐代两税法之前，基本享有免纳租庸调正赋正役的经济特权。[⑥]所以，寺院僧尼们也都以此作为敛财的工具，而不负担相应的义务。辛替否就曾批评当时"造寺不止，枉费财者数百亿；度人不休，免租庸者数十万"，使国家所出加数倍，所入减数倍。[⑦]《旧唐书》卷148《李吉甫传》记载，当时京城寺院僧侣有"以庄硙免税者"，为此李吉甫上奏建议："'钱米所征，素有定额，宽缁徒有余之力，配贫下无告之民，必不可许。'宪宗乃止。"[⑧]由此可知，寺院的经济特权，使寺院在碾硙的经营上居于十分有利的地位，刺激了其对财富的追求，以至不惧太平公主的权势。

---

① 《南史》卷70《郭祖深传》，中华书局1975年版，第1722页。
② 《广弘明集》卷7，《大正藏》第52册，第130页下。
③ 《魏书》卷12《孝静帝传》，中华书局1974年版，第313页。
④ 《隋书》卷48《杨素传》，中华书局1973年版，第1292页。
⑤ 《旧唐书》卷106《李林甫传》，中华书局1975年版，第3238页。
⑥ 详论参见谢重光：《略论唐代寺院、僧尼免赋特权的逐步丧失》，《中国社会经济史研究》1983年第1期；亦收入何兹全主编：《五十年来汉唐佛教寺院经济研究》，北京师范大学出版社1986年版。
⑦ 《旧唐书》卷101《辛替否传》，中华书局1975年版，第3159页。
⑧ 《旧唐书》卷148《李吉甫传》，中华书局1975年版，第3994页。

寺院经济和王公权要的水碾硙经营，破坏了正常的农业水利灌溉，影响到了国家基本的经济生产和农民生活，也从一个侧面反映了唐王朝在水资源的管理制度方面存在的问题。

水资源历来都是由国家所掌控，但在水资源管理的制度方面并未有很好的措施。西汉武帝时期兴修关中六辅渠时，儿宽曾"定水令以广溉田"，颜师古注曰："为用水之次具立法，令皆得其所也。"①也就是制定用水法令，分清轻重缓急，保持用水均衡。后来，召信臣"行视郡中水泉，开通沟渎，起水门提阏凡数十处，以广溉灌"，收效很好，"岁岁增加，多至三万顷。民得其利，畜积有余"。其关键在于召信臣"为民作均水约束，刻石立于田畔，以防分争"，同样是"用之有次第也"，避免用水发生无端纠纷。②儿宽和召信臣都注意到了对水资源利用的制度约束和规范，以保证各领域用水之间的平衡协调。但这些均是个别区域内的个人行为，还未能形成制度化的规范管理。

唐代是水资源管理制度发生重大变化的时期，最主要的就是从制度建设的层面出发，制定了我国历史上第一部水利法规《水部式》。《水部式》是一部比较系统的关于水利制度方面的法规，主要对水资源的使用、调节及水利灌溉权益的协调等作了详细的规定。其中一个重要的方面就是对水碾硙的使用进行了特别的规定，据唐开元二十五年（737）水部式残卷（伯.2507号）记载：

> 诸水碾硙，若拥水质泥塞渠，不自疏导，致令水溢渠坏，于公私有妨者，碾硙即令毁破……诸溉灌小渠上，先有碾硙，其水以下即弃者，每年八月卅日以后，正月一日以前，听动用。自余之月，仰所管官司于用硙斗门下，著镮封印，仍去却硙石，先尽百姓溉灌。若天雨水足，不须浇田，任听动用。其傍渠，疑有偷水之硙，亦准此断塞。③

对于碾硙用水导致河渠阻塞或者毁坏水渠，妨碍国家水利事业和农民灌溉的，都要撤毁水碾硙。这同样在《唐六典》卷7《水部郎中员外部》中有规定：

---

① 《汉书》卷58《儿宽传》，中华书局1962年版，第2630页。
② 《汉书》卷89《召信臣传》，中华书局1962年版，第3642页。
③ 唐耕耦、陆宏基编：《敦煌社会经济文献真迹释录》第2辑，全国图书馆文献缩微复制中心1990年版，第579—581页。

"凡水有灌溉者，碾硙不得与争其利。自季夏及于仲春，皆闭斗门，有余乃得听用之。"①即是否与民争利是国家限制水碾硙使用的一个基本标准。因此，也就有了唐代多次废毁碾硙的行动。对于正常的水碾硙使用者，也规定了其使用的时间和权限。

从相关的一系列规定中可以看出，水资源的利用首先是要保证国家水利灌溉，保证农民生产生活的稳定。这是关系到国家国计民生的大事，涉及王朝的统治安定局面。正如敦煌文献 S.5894 文书所言："本地，水是人血脉"，水资源的重要性不言而喻。因此，在水资源利用的各种经济活动中，国家利益显得尤为突出，毕竟水资源是一种相对稀缺的资源（特别是在农业生产大量用水期及和其他经济行为如水碾硙经营相冲突时）。《新唐书·百官志》记载都水监掌川泽、津梁、渠堰、陂池之政的一项基本原则就是"凡渔捕有禁，溉田自远始，先稻后陆"②。水田灌溉是居于相当重要地位的。故而当不需要溉田，或者雨水充沛等水资源相对比较丰富的时候，则水碾硙经营等其他经济活动可以任意使用。在具体的制度管理上，还在水渠上设置斗门，"渠长、斗门长节其多少而均焉"③，这样不仅可以通过斗门的开启，保证水资源的合理使用，充分发挥其效益，而且还能使上下游及其沿岸区域都能获得收益，不致引起资源配置不公的纠纷，"务使均普，不得偏并"。同时，为了使这些制度在实际的操作过程中得以贯彻实施，官方规定将具体落实情况与其地方官员的考绩挂钩。《唐六典》规定："每渠及斗门置长各一人，至溉田时，乃令节其水之多少，均其灌溉焉。每岁，府县差官一人以督察之；岁终，录其功以为考课。"④《水部式》亦规定："诸渠长及斗门长，至浇田之时，专知节水多少。其州县，每年各差一官检校，长官及都水官司时加巡察。若用水得所，田畴丰殖，及用水不平，并虚弃水利者，年终录为功过附考。"⑤ 这就在一定程度上保证了制度的可行性，有利于在实践中取得收效。

因此，就国家制度建设而言，《水部式》的确有着其积极的意义。但是，好的制度未必就能带来好的收益，重要的是要保证制度得以切实执行。废毁水碾硙

---

① ［唐］李林甫等撰，陈仲夫点校：《唐六典》，中华书局 1992 年版，第 226 页。
② 《新唐书》卷 48《百官志》，中华书局 1975 年版，第 1276 页。
③ 《新唐书》卷 48《百官志》，中华书局 1975 年版，第 1276 页。
④ ［唐］李林甫等撰，陈仲夫点校：《唐六典》，中华书局 1992 年版，第 599 页。
⑤ 唐耕耦、陆宏基编：《敦煌社会经济文献真迹释录》第 2 辑，全国图书馆文献缩微复制中心 1990 年版，第 577 页。

的行为，侵害了官僚贵族、寺院僧团等特权集团的利益，因此《水部式》制度的实施会遭到他们的反对和抵制，甚至予以破坏。[①]因此，国家对于水碾硙的管理制度实际并没有取得很好的效果，这从前述的废碾行动中可以看出。尽管拆毁了不少的碾硙，减缓了农业水利灌溉的压力，但这只是一时的短期效应，时间一长，又故态萌生。

除了特权阶层对于国家制度的破坏外，河渠沿岸、上下游的各区域民众也往往不遵法度，经常就水权分配发生矛盾冲突。刘禹锡在《高陵县令刘君遗爱碑》中记载：

> 泾水东行注白渠，酾而为三，以沃关中，故秦人常得善岁。按水部式：决泄有时，畎浍有度，居上游者不得拥泉而颛其腴。每岁少尹一人行视之，以诛不式。兵兴已还，浸失根本。泾阳人果拥而颛之，公取全流，浸原为畦，私开四窦，泽不及下。泾田独肥，它邑为枯。地力既移，地征如初。人或赴诉，泣迎尹马。而占泾之腴皆权幸家，荣势足以破理，诉者覆得罪。繇是咋舌不敢言，吞冤衔忍，冢视孙子……[②]

可见，在泾水沿岸区域，由于各自的地方利益，使得上下游民众用水分配不均。泾阳凭借着优越的地位，独占其美，水源充足，田地肥沃，而其他区域的农业生产则遭到破坏，民众生活受到很大的影响。而且占据膏腴肥田之地者皆是权势豪家，民众亦无能为力维护自己的权益。因此，国家管理制度在实际执行过程中，由于各种因素的阻碍（如高昂的监督管理成本、信息的不对称、既得利益集团的约束、"搭便车"行为，等等），并不能很好地贯彻执行，其效用是很有限的。正如诺思所言："支持新规则并使新规则合法化的行为规范，

---

① 以新制度经济学派代表人物诺思的观点来看："对社会而言是有效率的制度并不必然甚或并不通常会被创造出来；相反，所创造的制度，或者至少正式规则是服务于那些拥有谈判力从而创造新规则的利益相关者。"作为拥有特权和经济势力膨胀的寺院组织，其对于国家水权制度的破坏也是必然的。道格拉斯·C.诺思：《时间历程中的经济绩效》，[美]道格拉斯·C.诺思、张五常等著，[美]李·J.阿尔斯通、[冰]思拉恩·埃格特森主编：《制度变革的经验研究·跋》，罗仲伟译，经济科学出版社2003年版，第417页。

② 瞿蜕园笺证：《刘禹锡集笺证》，上海古籍出版社1989年版，第56页。

其发展是一个长期的过程，缺少这样的强化机制，政府将趋于不稳定。"① 所以，制度建设固然很重要，但是确保好的制度能够在实际运行中得以实施，显得更为关键。

寺院经济借助强大的实力和其在经济行为中所具有的特权，在水碾硙经营中占据了相当的优势，不仅获取了巨大财富，同时也对国家法令制度的实施造成一定程度的危害。水碾硙经营反映出寺院在经济利益方面的积极追求，也表明其在自身发展历程中的主动性。因此，可以说唐代寺院经济的发展，其影响已渐趋深入到社会经济生活的各个层面，亦不仅仅局限于宗教领域，而是与更广阔的社会空间有着密切联系。当然，这种互动关系的意义及其对于当时社会生活的重要影响，还值得我们继续作深入广泛的探讨。

第二节　从唐代佛道之争看佛教寺院经济

关于唐代佛道之争，在宗教思想、意识形态等领域已经有很多的讨论。但就佛道在经济领域尤其是经济资源方面的相互争夺和纠葛，论述则似较少。对于佛道寺观经济而言，经济领域的发展是其各自势力壮大的重要因素。因此，就经济之争予以考察，也是了解中古时期寺院经济变迁的一个侧面。

一、唐代道观经济概述

本土生长的道教道观经济，在中古时期尤其是唐代获得了相当发展，道观大兴，道冠激增。据《唐六典》卷4"祠部郎中员外郎"条记载："凡天下观，总一千六百八十七所，一千一百三十七所道士，五百五十所女道士。"② 这当然不是唐代道教道观数的真实数目。据统计研究，有唐一代，道观数大约保持在4000—5700余所，而道士女冠在唐代各个时期始终保持在数万名左右，总数约

---

① 《制度变革的经验研究》，经济科学出版社2003年版，第429页。
② 《唐六典》卷4，中华书局1992年版，第125页。

为 28000—39900 余名。①

  统治者的赏赐施舍，是道观经济的重要来源。例如宗圣观，"晋元康中重更修，莳木万株，连亘七里，给户三百供洒扫"②。南朝梁天监二年（503），"武帝赐三百户庄田充基业"给南岳衡山衡岳观；隋代大业八年，又将"衡州府库、田畴什物并赐观资用"。③ 隋仁寿年间，文帝"令出省库钱"，于泸州合江县修成上中下三观，"仍赐田土，禁樵采"④。

  唐王朝尊崇道教，对道观的赏赐不断，使得道观经济势力大增。唐高祖时，曾对太一宫予以修崇，"选戒洁道流三十员以奉香火，及赐土田绕宫周广五十余里，以为斋给之费"。⑤

  《茅山志》卷10记载，唐太宗曾于贞观九年（635），赐太平观大量田地，并度道士二十七人。⑥ 而另一座唐初著名道观——至真观，规模宏大，基址广袤，四面通街，"乡曲争持钱帛兢施珍宝，费余巨万，役不崇朝"⑦。

  唐中宗，也曾赏赐给天柱观大量资财，其中"特赐观庄一所，以给香灯"⑧。唐睿宗为金仙、玉真公主"起金仙、玉真两观，用功巨亿"，朝野轩然。⑨ 玉真观庄园的情况，可从诗人王建笔下的描述窥其大概："仙居五里外门西，石路亲

---

① 参见王永平：《道教与唐代社会》，首都师范大学出版社2002年版，第187页、198页。
② 《金石萃编》卷41，中国书店1985年版。
③ 李冲昭：《南岳小录》，《道藏》第6册，第862页。
④ 张元济：《刘真人记》，龙显昭、黄海德主编：《巴蜀道教碑文集成》，四川大学出版社1997年版，第68页。
⑤ 《金石萃编》卷212《太一宫记》，中国书店1985年版。
⑥ 《茅山志》卷10，《道藏》第5册，第600页。《旧唐书·隐逸传·王远知传》亦载："至贞观九年，敕润州于茅山置太受观，并度道士二十七人。"《旧唐书》卷192，中华书局1975年版，第5125页。
⑦ 卢照邻：《益州至真观主黎君碑》，龙显昭、黄海德主编：《巴蜀道教碑文集成》，四川大学出版社1997年版，第16页。
⑧ 《大涤洞天记》卷下《天柱观记》《道家金石略》，文物出版社1988年版，第195页。
⑨ 例如《旧唐书》记载韦凑为此谏言："陛下去夏，以妨农停两观作，今正农月，翻欲兴功。虽知用公主钱，不出库物，但土木作起，高价雇人，三辅农人，趋目前之利，舍农受雇，弃本逐末。"辛替否亦谏曰："陛下爱两女而造两观，烧瓦运木，载土填沙。道路流言，皆云用钱百万……而陛下破百万贯钱，造不急之观，以贾六合之怨，以违万人之心。"《旧唐书》卷101《韦凑传》，中华书局1975年版，第3145页；《旧唐书》卷178《李蔚传》，中华书局1975年版，第4626页。

回御马蹄。天使来栽宫里树,罗衣自买院前溪。野牛行傍浇花井,本主分将灌药畦。楼上凤凰飞去后,白云红叶属山鸡。"①

开元二年(714),唐玄宗诏令改怀仙观为龙瑞宫,赐"东(至)秦皇酒瓮射的山,西(至)石□山,南(至)望海玉□香炉峰,北(至)禹陵内射的潭五云□□白鹤山淘砂径茗□宫山□□潭葑田葵池"的大片领地。②唐玄宗还曾"特诏于杨许旧居紫阳以宅之,仍赐绢二百匹,法衣两副,香炉一具,御制诗及序以饯之……(洎七载)夏又诏以紫阳观侧近二百户,太平、崇元两观各一百户,并蠲其官徭以供香火"③。此事也见于敦煌斯446号《唐天宝七载(748)册尊号赦》文书:"其茅山紫阳,取侧近百姓二百户,本(太)平、崇元二观,各一百户,并蠲免租税差科,长充修葺洒扫。"④同年,"天宝七载,永穆公主出家,舍宅置观"⑤,即万安观。

唐僖宗中和二年(882)下诏改玄中观为青羊宫,"置殿堂屋宇,侧近属观田地,约有两顷"⑥,并赐钱二百贯。此后,青羊宫大兴土木,"木神送材,九层崇构;地祇献土,百堵俱兴"⑦。

除此之外,官僚贵族和民众的捐施及道观的自我发展,也是道观经济日益壮大的重要途径。例如韦皋在镇守西川时,就曾给葛璝化"良田五百亩"⑧,以资其用。益州至真观,法师弟子所获施舍,"不可称量,尽入修营,咸供众用"⑨。

道观也通过购买的方式来扩大地产。如成都府华阳县灵关坊大道弟子秦温,"就当县界普安乡沙坎里,将信钱九万九千九百九十九贯文买地敬造千年之宅,

---

① 王建:《九仙公主旧庄》,《全唐诗》卷300,中华书局1999年版,第3395页。
② 《道家金石略》,文物出版社1988年版,第145页。
③ 《茅山玄静先生广陵李君碑铭并序》,《道家金石略》,文物出版社1988年版,第160页。
④ 唐耕耦、陆宏基编:《敦煌社会经济文献真迹释录》第4辑,全国图书馆文献微缩复制中心1990年版,第260页。
⑤ 《唐两京城坊考》卷3,中华书局1985年版,第56页。
⑥ 唐僖宗:《改玄中观为青羊宫诏》,龙显昭、黄海德主编:《巴蜀道教碑文集成》,四川大学出版社1997年版,第48页。
⑦ 乐朋龟:《西川青羊宫碑铭》,龙显昭、黄海德主编:《巴蜀道教碑文集成》,四川大学出版社1997年版,第55页。
⑧ 《云笈七籤》卷117,中华书局2003年版,第2584页。
⑨ 《益州至真观主黎君碑》,《道家金石略》,文物出版社1988年版,第63页。

万岁石城"①。而京兆府永仙观在玄宗时代也获得了极大发展，物资丰盈，实力雄厚："槐移儒市，杏摘仙林，桃□□□□李，请真君之宅，海榴湘橘，朱柿紫榛，异药千品，名花万类，庶春花之可采，岂秋实之无望。虽固在生成，亦爱资树植，穿畦种子，汲井浇根……初上元岁，大兵□□□蚕失事，五谷不登，天降凶灾，人受冻馁，尊师乃□□□食以待穷者，凡所蒙活，数逾千计。"②天灾人祸之际，永仙观却能"食以待穷"，救济民众千以众，可想其道观经济实力非比寻常。

需要提及的是，唐初均田令僧尼道士受田的规定，也是道观经济获得土地资源的重要"制度化"方式。

在庞大经济实力的支持下，道观建筑规模宏大，辉煌精美，环境雅致。例如唐初贞观年间敕建的许祖旌阳宝殿，"崇高三丈六尺，广六丈，深四丈，其后三清殿高四丈，广深俱同前殿"③。再如《唐两京城坊考》记载：长安长乐坊之兴唐观，本司农园地，开元十八年造观，"其时敕令速成之，遂拆兴庆宫通乾殿造天尊殿，取大明宫乘云阁造门屋楼，拆白莲花殿造精思堂屋，拆甘泉殿造老君殿"，其后"元和初年，命中尉彭忠献帅徒三百人修兴唐观，赐钱千万，使壮其旧制。其观北拒禁城，因是开复道为行幸之所，以内库绢千匹、茶千斤为夫役之赐。又以庄宅钱五千万、杂谷千石充修斋醮之费"；普宁坊之东明观，"规度仿西明之制，长廊广殿，图画雕刻，道家馆舍，无以为比"。④

佛道二教宗教思想领域的互争乃至诽谤⑤，也体现在经济活动当中。例如为寺观建造之事，佛道信徒就曾一争高下。《宋高僧传》记载，长安大兴善寺本是隋舍卫寺，至唐玄宗先天年间因火灾而"殿宇荡然，唯遗基耳"。后有东明观道士李荣，"好事薄徒，多与释子争竞优劣"。李荣来玄都观，"因率黄冠指其灰烬

---

① 《秦温买地券》，《道家金石略》，文物出版社1988年版，第196页。
② 《田尊师碑》，《道家金石略》，文物出版社1988年版，第152页。
③ 《敕建乌石观记》，《道家金石略》，文物出版社1988年版，第49页。
④ 《唐两京城坊考》卷3、卷4，中华书局1985年版，第70页、第122页。
⑤ 武周时曾敕《禁僧道毁谤制》，从中可看出佛道之间的纷争和矛盾，以至为此互相毁谤："佛道二教，同归于善，无为究竟，皆是一宗。比有浅识之徒，竞生物我，或因忿怒，各出丑言。僧既排斥老君，道士乃诽谤佛法，更相訾毁，务在加诸，人而无良，一至于此。且出家之人，须崇业行，非圣犯义，岂是法门。自今僧及道士敢毁谤佛道者，先决杖，即令还俗。"《全唐文》卷95，中华书局1983年版，第983—984页。

而嘲之曰：'道善何曾善？言兴且不兴。如来烧赤尽，唯有一群僧。'僧中有愤其异宗讥诮者，急募劝重新缔构，复广于前。十二亩之地，化缘虽日盈千万，计未能成"①。面对如此情形，僧众"搔首踌躇，未知何理克成"。这时，"忽有一僧，衣服粗弊，形容憔悴，负一破囊入缘，言速了佛殿，步骤而去。启视之，则黄金也，校末之一千两矣。时人奇之，由此檀施日繁，殿速成矣"②。故事的后半部分带有一些神奇色彩，这自然与佛教的立场有关。但由此事，亦可看出佛道二教争锋的端倪。③

二、唐代佛道之争及其经济关系——以"钟"为个案的考察

基于佛教和道教各自的实力，在中古时期寺观经济的扩张过程当中，双方不可避免地要发生冲突。当然，这种"冲突"的表现形式也并不单一，在表面的宗教"冲突"背后④，还隐藏着更为复杂的经济关系。以下我们就以"钟"为例，予以具体论述。

在佛寺和道观中，钟都是其不可或缺的重要法事器物，以为报时、召集僧众乃至报警之用。钟多是用铜铸造而成，而铜本身即是重要的金属。因此，铜钟

---

① 《宋高僧传》卷21《唐成都府法聚寺法江传附兴善寺异僧》，中华书局1987年版，第551页。
② 《宋高僧传》卷21《唐成都府法聚寺法江传附兴善寺异僧》，中华书局1987年版，第552页。
③ 《隋唐嘉话》中也有类似佛道争斗之事的记述："张僧繇始作《醉僧图》，道士每以此嘲僧，群僧耻之，于是聚钱数十万，贸阎立本作《醉道士图》，今并传于代。"《隋唐嘉话·朝野佥载》，中华书局1979年版，第22页。
④ 韩愈《华山女》描绘了唐代佛教与道教以俗讲的形式争取听众、互相争胜的局面，展现了中唐时期长安佛道二教抗衡的生动画卷。兹引《华山女》诗："街东街西讲佛经，撞钟吹螺闹宫廷。广张罪福资诱胁，听众狎恰排浮萍。黄衣道士亦讲说，座下寥落如明星。华山女儿家奉道，欲驱异教归仙灵。洗妆拭面著冠帔，白咽红颊长眉青。遂来升座演真诀，观门不许人开扃。不知谁人暗相报，訇然振动如雷霆。扫除众寺人迹绝，骅骝塞路连辎軿。观中人满坐观外，后至无地无由听。抽簪脱钏解环佩，堆金叠玉光青荧。天门贵人传诏召，六宫愿识师颜形。玉皇颔首许归去，乘龙驾鹤来青冥。豪家少年岂知道，来绕百匝脚不停。云窗雾阁事恍惚，重重翠幔深金屏。仙梯难攀俗缘重，浪凭青鸟通丁宁。"《全唐诗》卷341，中华书局1999年版，第3830页。

的铸就和迎放,必然赋予了其在寺院道观中特殊的地位。同时,在寺院和道观的神圣空间里,钟也被披上了宗教的神圣面纱,"要以声发机,警众令开悟"①,从而具有重要的象征意义。

唐太宗曾为长安兴善寺所铸大钟撰写过一篇铭文:"欲使云和之乐,共法鼓而同宣;雅颂之声,与梵音而俱远……希声旦发,键槌夕震,莫不倾耳以证无生,入神而登正觉。圆海有竭,福祚无穷,愿力无尽!"②法鼓同宣,梵音俱远,借此表达了太宗皇帝对佛教的护持之情。③

在此,兴善寺钟就具有了其显现和展示其与众不同的神圣性。米尔恰·伊利亚德在《神圣与世俗》中指出:"每一个神圣空间都意味着一个显圣物,都意味着神圣对空间的切入,这种神圣的切入把一处土地从其周围的宇宙环境中分离出来,并使它们有了品质上的不同。"④

佛教寺院中佛塔、铸钟等皆是显圣物,具有神圣性,故又有"神钟"之谓。《敕修百丈清规》列举禅寺大钟之用途时,就特别强调了其在阐扬佛法方面的神圣性:"愿此钟声超法界,铁围幽暗悉皆闻。闻尘清净证圆通,一切众生成正觉。"

"处州青田县清溪观古钟自归验"记载处州青田县清溪观古有铜钟,因袁晁乱后,失其所在,只是钟上有墨书"青田"字,故人或记焉。后来人们在温州岛屿山下水中发现一物,"如半钟之形,侧露水上,荡桨视之,既近即覆矣。露其一半,认其模范之迹,蒲牢之形,乃钟也。以物触之,沉于水中矣。与人语其异,好事者乘舟看之,天气晴霁,亦时一见"。

---

① 冯楫:《密印寺钟楼铭》,曾枣庄、刘琳主编:《全宋文》181册,上海辞书出版社2006年版,第151页。
② 《全唐文》卷10,中华书局1983年版,第38页。
③ 唐初虽奉行"道先佛后"的政策,但太宗皇帝对于佛教的支持态度表现得仍然很明显,最突出的就是玄奘西行求法回国后在译经、弘法方面取得的成功及其与唐王室的和谐关系。如由于太宗皇帝的赞助,译经与传播较为便捷,玄奘所译《瑜伽师地论》也受到唐太宗的推崇并亲自推广,"展转流通,时率土之人同禀未闻之义"。参见李翎:《玄奘与深沙大神——特别关注其图像中的密教元素》,王邦维、陈金华、陈明编:《佛教神话研究:文本、图像、传说与历史》,中西书局2013年版,第317—326页。
④ [罗]米尔恰·伊利亚德著,王建光译:《神圣与世俗·序言》,华夏出版社2002年版,第2页。

此事引起了人们的轰动，佛道二教俱有行动："州寺僧结彩舫，具幡花，致斋迎之；或经宿水上道场，礼忏而请，或得见之，寻又沉去。道门亦备幡花舟舫香火迎之，见而不得。"

清溪观的道士也在迎钟的队伍里，为了迎回此钟，他们祝祷说："此州观寺皆自有钟，唯清溪观无钟多年，极是阙事，远地不办香花，丹心而已。钟若有灵，愿溯流自往。某旬日即归，于观前溪中奉候。"众闻其说皆笑之，十余日后，"道士归青田，钟已在观前潭中矣。焚香迎之，泛泛就岸，重千余斤，数人挽拽悬挂，若百许斤耳。自后，时亦飞去，旬日却回，今以大锁系之，不复去矣。其上墨书'青田'字，久在水中，宛然不灭。井邑老人详认其字，乃观中旧钟也"①。

从这件事情，即可看出钟这一显圣物对于佛寺道观的重要意义——钟的神圣和圣灵性。再如"青城山宗玄观铜钟不能损验"所记载：

> 青城山宗玄观古迹铜钟三千余斤，隐花文飞仙幢节之状，工甚精好。刘辟据成都，取管内铜像、大钟，铸兵器及钱。此钟差县人挽拽下山，磨其上隐起花文欲尽，频以巨石捶击，终不能损。拽至江干，将入竹筏，力敌万斤，竟亦不动。县状申辟，辟异之，令送山中，三二十人牵送上山，才若一二百斤尔。既复悬挂，时或击之，立致云雨，至今见在。②

可见，"钟"的神圣性在民众日常生活当中，发挥着重要的作用。因为神圣就是力量，神圣就是现实。"这种神圣被赋予现实的存在之中。神圣的力量意味着现实，同时也意味着不休，意味着灵验。"③对于佛教和道教而言，这种神圣性

---

① ［宋］张君房编，李永晟点校：《云笈七籖》卷120，中华书局2003年版，第2639—2640页。
② ［宋］张君房编，李永晟点校：《云笈七籖》卷120，中华书局2003年版，第2640页。
③ ［罗马尼亚］米尔恰·伊利亚德著：《神圣与世俗·序言》，王建光译，华夏出版社2002年版，第13页。

早已超越了其宗教性本身，更多的是佛道势力在世俗社会中的一种体现和表征。①为此，佛道之间争夺铜钟的事件时有发生。

例如"眉州故彭山市观大钟伤寺匠验"记载："眉州故彭山市，观有大钟重千斤。观去州二十余里，每扣钟之时，声应州郭。顷年僧辈诳陈文状，云：'观无道士，钟在草中，当用运之。'时官无正理，遂移于州寺悬挂。上钟之时，折匠人之足，人以为灵验。寺当州门，扣击之声，不闻州内。群僧别铸大钟，此钟不还本观，卖与嘉州寺中。下楼之时，伤其二匠，断足折腰，入船出岸，皆有伤损。聋俗不以为灵验，至今流俗未还，良可惜也。"②

"天台山玉霄宫古钟僧偷而卒验"记载："天台山玉霄宫古钟，高二尺，重百余斤，制度浑厚，形如铎，上有三十六乳，隐起之文亦甚精妙，相传云夏禹所铸，或云是越王乐器。顷年于空中，夜夜飞鸣，人皆闻之。忽堕于禹庙内，藏之府库，绵历七八十年，累有名僧求请，欲彰其异，而皆廉问不与。咸通中，左常侍李绾为浙东观察使，请玉霄峰叶尊师修斋受箓，于使宅立坛，出此钟以击之。既而水部员外柳韬自上京得老君夹纻像，高三四尺，圣相奇妙，乃重装修，作盝顶宝帐，以白金香鸭香龟数事，送于玉霄，亦便留箓坛内供养。

---

① 宋人冯楫所撰《密印寺钟楼铭》有助于我们理解"钟"乃至"钟楼"这些神圣之物在宗教空间中所扮演的重要角色及其让人们感觉到的神圣性，兹引述如下："菩萨三摩地，多自闻中人。因声始有闻，因器方发声。声尘投耳根，显出能闻性。因闻得见性，见性即遗闻。根尘二俱遗，自性无生灭。生灭既尽已，三昧今现前。是故圆通门，观音为第一。而此阎浮界，教体在音闻。十方净伽蓝，以声为佛事。钟鼓以为器，撞击出音声。要以声发机，警众令开悟。器大声乃普，声普闻亦周。堪以觉群迷，俾到菩提岸。我闻秀外邑，巨镇号青墩。中有古梵宫，敕名密印寺。寺安六百众，钟不满千斤。其声虽远闻，与众未相称。比丘行昭者，自发广大心。愿增铸万斤，晨昏发蒙昧。亦以除恶念，亦以度苦伦。庶几获听闻，咸悟真常性。寻诱三同志，共结此良缘。大事不易成，三铸三不遂。最后修忏法，上祷诸天神。金将跃冶中，大地忽震动。密云垂坠雨，复恐事不谐。万口悬观音，开模已成就。须臾大雨作，匠者悉欢呼。得雨火力衰，钟声必清亮。巨钟既已成，复患无巍楼。不能递远音，开觉未为广。复欲创大厦，不敢化邑人。鬻屋以为资，借贷市珍货。泛海易香药。往返数十年。寇难凡七遭，秋毫无所损。遂足楼所费，今复次第成。我念结净缘，凭仗佛威力。及以自愿力，无一不遂者。谛观行昭意，竭力铸巨钟。架楼以奉安，非徒为观美。要使一切众，皆由观音门。获悟真圆通，方满殊胜愿。"曾枣庄、刘琳主编：《全宋文》181册，上海辞书出版社2006年版，第150—151页。
② ［宋］张君房编，李永晟点校：《云笈七籤》卷120，中华书局2003年版，第2641—2642页。

斋毕，李貂命宾为钟铭，具以岁日，刻于钟上，并老君像，皆送山中。所刻之处，灿然金色。禹迹寺僧，频求此钟不得，既知镌勒铭篆，已送天台，计无所出。乃扬言曰：'天台所得古钟，乃真金也。匠人所刻之末是数两金，况于钟乎！又有香鸭器皿，计其所直多矣。'因有衲僧与不道辈十余人，夜入玉霄宫，伏于版阁之下，中夜逾栏干而上，于道场中取香鸭香龟金龙道具，实于囊中，縻钟于背，出门群呼而去。尊师知之，不许徒弟追之。僧等约行三十余里，憩一大树下，良久天明，只在阁柱之侧。众小师往视之，背钟者已僵死矣。其余徒党，痴憃凝然，不辨人物。钟及金帛，一无所失。尊师咒水洒之，良久僧亦稍醒，群贼乃苏，发愿立誓，乞不闻于官。乃尽释之，扶舁病僧而去，僧至山下乃卒。"①

再如"洪州游帷观钟州官强取入寺验"记载："洪州游帷观有二钟：一是观司特敕所铸，一是许真君修行钟，历代传之在真君殿，稍小于观钟尔。节度使严撰创置节制，威令风行。素重缁徒长老，增修其院。长老欲取许真君钟，严令官吏取而授之，道士皆不敢论其曲直。取钟之日，雷风震击，是时大设斋筵，费用极广，风雨暴至，曾不施张，顷刻水溢数尺。及扣其钟，如击土木，并无音响。长老谓严曰：'此州道士，例多妖法，必是禁钟，使无声尔。'严怒，捕诸道士，所在禁系，责其邪幻，将加重法。官吏畏威，无敢谏者。严忽沉然思寐，梦见许真君与二从者来至其前，谓严曰：'无知无道，强取我钟，又加法于道士。若不送钟还观，礼谢大道，令侍者断其头来。'即见授剑于侍者。严惊觉汗流，而侍者持剑，仿佛在其前，遽释诸道士，送钟还观，自诣游帷，焚香致谢。回顾见持剑侍者谓之曰：'汝为不道，加害于人，上帝所责。断头之事，恐将不免。'言讫而去。不久，以开江事败，断鞅而死。"②

尽管以上故事主要是从道教的视角和立场来表述的，但并不妨碍我们对当时佛道二教之间微妙关系的考察。

首先，可以看出佛教势力的强势地位。"眉州故彭山市观大钟伤寺匠验"称，僧人以"观无道士，钟在草中，当用运之"为由，将其钟强行移于州寺悬

---

① [宋]张君房编，李永晟点校：《云笈七籤》卷120，中华书局2003年版，第2644—2645页。
② [宋]张君房编，李永晟点校：《云笈七籤》卷120，中华书局2003年版，第2647—2648页。

挂。而天台山玉霄宫的古钟，僧人在"求请"不成的情况下进行抢夺偷盗。而洪州游帷观古钟，只是由于佛寺长老的觊觎，节度使严撰就下令官吏取而授之，"道士皆不敢论其曲直"。这自然是慑于节度使的权威，同时也可看出佛教借助于世俗权威在扩张自己的力量。

再如文铢所居之处——"文铢台"有天尊之像，僧人见之竟称："既是文铢圣迹，何得有道士功德？固知道士无良，侵我古迹已多年矣。"①

云顶山仙居观，有两处洞门及卢照邻碑，"近无道士住持，为僧徒所夺为寺碑，及洞穴亦已掩蔽摧损"②。

玄宗观之南，三师坛侧，有明皇御容碑，乾符己亥年，"忽有飞赴寺僧，窃据明皇真碑舍中，拟侵占灵境，创为佛院"③。

以上虽然只是个别区域的事例，但联系整个唐代道教的发展，还是可以断定佛教势力的强势地位是不会有很大改变的。④例如飞赴寺僧侵占道观、扩张势力之事，在开元年间就曾闹得沸沸扬扬。史籍载有唐王朝对此事的处理意见，即《青城山常道观敕并表》，兹录如下：

大唐开元神武皇帝书

常道观主甘遗荣勒字及题

晋原吴光□刻

敕益州长史张敬忠：顷者西南阻化，徭役殷繁，山川既接于夷戎，县道有劳于转输。自卿镇抚，百姓咸安，革弊迁讹，良多慰沃。岁阴寒极，

---

① ［宋］张君房编，李永晟点校：《云笈七籤》卷117，中华书局2003年版，第2576—2577页。
② ［宋］张君房编，李永晟点校：《云笈七籤》卷118，中华书局2003年版，第2594—2596页。
③ ［宋］张君房编，李永晟点校：《云笈七籤》卷122，中华书局2003年版，第2690—2691页。
④ 敦煌文书P.4053V《唐天宝十三载便麦契》记载了道观龙兴观因常住田缺乏种粮而由道士杨神岳具契告贷。从这件文书似可推测出敦煌道观虽有一定的经济实力，拥有田产、车、牛及其他财物，但与佛教寺院相比，恐难同日而语。由此，亦可看出佛道二教经济实力的差别与差距。参见沙知：《跋唐天宝十三载便麦契》，中国文化大学中国文学研究所敦煌学会编印：《敦煌学》（第18辑），台湾学生书局1992年版，第59—64页。

比平安好。今赐卿衣一副至领之。蜀州青城先有常道观，其观所置，元在青城山中，闻有飞赴寺僧夺以为寺。州既在卿节度检校，勿令相侵，观还道家，寺依山外旧所，使道佛两所，各有区分。今使内品官毛怀景、道士王仙卿往蜀州等州，故此遗书，指不多及。

  敕

  十一日

  开元十二年岁次甲子，闰十二月十一日下，十三年正月一日至益州，二日至蜀州。专检校移寺官、节度使判官、彭州司仓参军杨踌、蜀州刺史平嗣先，清城县令沈从简。

  （碑阴）

  剑南道节度使 常道观主甘荣书

  蜀州青城山常道观

  右内品官毛怀景、道士王仙卿等使至，伏奉闰十二月十一日墨敕：蜀州清城先有常道观，其观所置，元在青城山中。闻有飞赴寺僧夺以为寺，州既在卿节度检校，勿令相侵，观述道家，寺依山外旧所，使道佛两所，各有区分者。臣差判官、宣义郎、彭州司仓参军杨踌往青城山，准敕处置。其飞赴寺佛事及僧徒等，以今月九日并移于山外旧所安置讫，又得常道观三纲甘道荣等状称：奉敕移飞赴寺依山外旧所，观还道家，今蒙使司对州县官及僧等准敕还观讫，更无相侵者。其山中先缘寺界所有竹木等，寺院出居山外，观今置在山中，务使区分，不令侵竞。臣已牒所管州县，亦许观家收领讫。谨附采药使、内品官毛怀景奉状以闻，谨奏。[①]

可以看出，飞赴寺原在山外旧所，却要争夺青城山中常道观之领地，其意图就是要壮大自己的经济实力，取得对民众宗教话语权的主导地位。虽然最后在国家权威的干预之下，佛教寺院未能达到目的，但由此确实可以看出佛道之间的

---

① 《道家金石略》，文物出版社1988年版，第110页；另见《全唐文》卷277张敬忠《准敕勘复蜀州青城山常道观奏》，中华书局1983年版，第2812页。

其次，寺院抢夺古钟，不仅是为了达到"欲彰其异"的宗教显圣目的，重要的在于其经济价值。道观铸钟，形制多样，不仅具有很高的艺术价值，而且由于其耗铜巨大，经济价值也随之攀升。例如大历年间，道士叶法善舍宅建立宣阳观，道俗出铜一千五百斤，造洪钟一口②；青城山宗玄观铜钟三千余斤，"隐花文飞仙幢节之状，工甚精好"；温江县太平观有任尊师者，于市中每日户乞一钱，铸钟万斤，数年乃成③。

故而，眉州彭山市道观铜钟被僧人移入寺院后，虽然此钟"扣击之声，不闻州内"，群僧别铸大钟，但"此钟不还本观，卖与嘉州寺中"，从中获取钱财。而禹迹寺僧在频求此钟而不得、"计无所出"之情由下，公然扬言说："天台所得古钟，乃真金也。匠人所刻之末是数两金，况于钟乎！又有香鸭器皿，计其所直多矣。"于是才发生了僧侣及"不道辈"十余人"夜入玉霄宫"事件。

飞赴寺之侵占道观事件，不仅显示了佛教的强势地位，同时也表明佛道之间对田产、竹木等重要经济资源的相互争夺。其实佛道这种经济争夺，早在唐初就已有之。据《续高僧传》记载："释道会，姓史，犍为武阳人。初出家住益州严远寺，器宇高简，雅调逸群，四方道俗，日夕参候……于时国初，僧尼道士所在多度。有道士宋冀，是彼梁栋，于隆山县下新立道观，屋宇成就，置三十人。会经总管段伦陈牒，改观为寺。其郭内住者并是道宗，不伏移改。嘱安抚大使李袭誉巡察州县，会以事达，乃引兵过城，四面鸣鼓，一时驱出，举宗怨诉，噂诸街衢。会曰：'未能令天下改观为寺，此之一所，终不可夺。'遂依立寺，至今不

---

① 较之佛教势力的强势，道教则显得相对温和，尤其在经济发展过程中，往往受到世俗社会的侵占。例如《饶州开元观神运殿阁过湖验》记载，饶州开元观"道流既少，廊庑摧损，唯上清阁大殿斋堂三门皆在。里中民庶，多葬于观地中，坛殿之外尽为墟墓矣"；再如《婺州开元观蒙刺史复常住验》记载："婺州开元，却倚小坡，形势高爽。元置之地，四面通街，其后居人所侵，基地渐狭，大殿之后，便逼居人私舍。亦有州司势要，占地造宅，道士明知其事，未尝敢言……即令悬牓发遣居人，四面以官街为界，并还常住，所侵占地者，据住年月，限一月日内陪纳租地钱，随间数征地租，约数百千，充版筑垣墙，修饰屋宇，六十余日，观复旧制"。《云笈七籖》卷117、卷122，中华书局2003年版，第2574—2575页、第2682—2683页。

② 《道家金石略》，文物出版社1988年版，第161页。

③ ［宋］张君房编，李永晟点校：《云笈七籖》卷120，中华书局2003年版，第2641页。

毁。"① 道会借助于官府的势力，强行将道士宋冀在隆山县新立道观改置为佛寺，可想其在争夺中甚嚣尘上的气焰。

三、唐代佛教寺院对道观及世俗社会其他经济资源的争夺

从唐王朝对道教的管理制度上也可以看出佛教寺院对道观经济资源的侵夺。例如唐高宗弘道元年（683），"请叶天师法善封岳辟方四十里，充宫观长生之地，禁樵采，断畋猎，罢献琛以为常典"②。据《茅山玄静先生广陵李君碑铭并序》载，唐玄宗曾下敕"又禁于山侧采捕渔猎，食荤血者不得辄入，公私祈祷，咸绝牲牢"③。斯446号《唐天宝七载（748年）册尊号赦》文书中也有"应天下灵山仙迹，并宜禁断樵采弋猎"④的记载。唐代宗大历十二年（777），"诏天下仙洞灵迹之处禁樵苏"，衡山、天台山、茅山、青城山等处都得到保护，明令"禁山庙游□樵苏"。⑤ 这些禁令本身也说明道教不断遭到世俗势力乃至佛教寺院的侵夺，以至于统治者不得不通过禁令的方式来予以保护，限制其经济资源的"流转"。

而这种侵占的状况，也引起道教内部的忧虑，要求朝廷出面予以干预。例如杜光庭在《历代崇道记》中记载："侧近属观田地，约有两顷，近来散属黎氓，多植葱蒜，清虚之地，难使熏蒸，已赐钱二百贯，便令收赎，仍给公验，永归靖庐。"⑥ 唐文宗大和时，茅山道士孙智清曾上疏称当时茅山"自经艰难，失去原敕。百姓不遵旧命，侵占转深，采伐山林，妄称久业"，所以请求重新颁赐"禁断弋猎樵苏"。⑦

佛教在经济资源方面除了同道教进行争夺外，而且亦在世俗社会中扩张势力。白居易《两朱阁》诗中写道："寺门敕榜金字书，尼院佛庭宽有余。青苔明

---

① 《续高僧传》卷25《唐眉州圣种寺释道会传》，中华书局2014年版，第960—961页。
② 李冲昭：《南岳小录》，《道藏》第6册，第862页。
③ 《道家金石略》，文物出版社1988年版，第160页。
④ 唐耕耦、陆宏基编：《敦煌社会经济文献真迹释录》第4辑，全国图书馆文献缩微复制中心1990年版，第260—262页。
⑤ 《赐白云先生书诗并禁山敕碑》，《道家金石略》，文物出版社1988年版，第182页。
⑥ 《历代崇道记》，《道藏》第11册，第7页。
⑦ 《请重赐敕禁止樵苏状》，《全唐文》卷928，中华书局1983年版，第9672页。

月多闲地,比屋疲人无处居。忆昨平阳宅初置,吞并平人几家地?仙去双双作梵宫,渐恐人家尽为寺!"①表明寺院侵占民宅民田确是事实。据文书材料"贞观十四年弘宝寺主法绍辞"(64TAM15:15)的记载,当时弘宝寺僧法绍申请将判得的附庸(浮客)常田作为寺田以充僧斋,具状请求官府催索,作为寺产自种。这反映了当时西州地区佛教僧侣扩占民田的情况。②

沈亚之《复戒业寺记》也记载了僧徒曾侵损社地的事情:"寺宇益毁,其后缁衣以为居近郭,若游宾,乃聚党与谋,迁之西冈,萦垣侵社地,又治殿庑,诸墓坟陇当其下者辄平去,是时(王)郓为尉,固止之。缁衣之魁得他吏与交通为助,故尉终不能制,日纵其徒于民间,为祸福语以动惑之,民无老幼男女,争相率以奉所欲,顾畏已后耳。乃郓为令,乃元和七年也,明年,召缁衣宿老师弟子与语曰:缁衣之道,非能逾仁谊,以无害故,天子许留国中。前者缁衣无状,徙其居西冈之上,侵社地,坏邱垄。夫社,国之尊祭也;邱冢,人之反本也。今而曹自为其居侵坏之,是宁无害耶?某昔争之不得,身常僳僳报痛,愿得自劾以快意。今能亟复之,幸善;不能,亦且论繁矣。民闻之皆大喜,故以其年十一月,悉还其故。"③

寺僧"聚党与谋",说明侵占土地乃是寺院集体行为,而且侵占的是当地社庙和坟陇之地。王郓本想制止,但未成功。僧众为了达到扩张的目的,也借助于地方势力,"缁衣之魁得他吏与交通为助,故尉终不能制"。当然,僧众究竟通过怎样的手段取得"他吏交通为助"的结果,我们不得而知。不过从其"日纵其徒于民间,为祸福语以动惑之,民无老幼男女,争相率以奉所欲,顾畏已后耳"的叙述来看,佛教信仰在当地有着重要的地位和巨大的影响力,而寺院所获取的捐施也是相当丰厚的。或许,在僧俗共谋的背后,就是他们之间的钱权交易。至元和八年,王郓说服寺院僧众还其故地,似乎表露出为了当地僧俗的共同利益,佛教势力和官方之间达成了某种共识。

这一事例也使我们不得不重新考量佛教僧众在民间社会中的地位和影响。尤其是唐代寺院经济膨胀的时代,寺院在这一过程中是如何平衡自己在世俗社会

---

① 顾学颉校点:《白居易集》卷4,中华书局1979年版,第75页。
② 新疆维吾尔自治区博物馆:《吐鲁番县阿斯塔那—哈拉和卓古墓群发掘简报(1963—1965)》,《文物》1973年第10期。
③ 《全唐文》卷736,中华书局1983年版,第7599页。

中的力量，并保持持续的发展。当然，寺院势力也并非一直都处在优越的强势位置。在唐武宗废佛的打击下，寺院废毁，僧众逃散，侵占寺院的事例也就不足为奇了。黄滔《莆山灵岩寺碑铭》就记载武宗时之敬善寺，"民井而居之"；玉涧寺，"民亩而田之"。[①] 这样的事多发生在"非常"时期，较之于上文所述道教之被侵害，实是大有不同。

从以上个案的考察中，可见中古佛教寺院经济的发展，对世俗社会产生了重要意义。尤其在社会经济方面，寺院经济的膨胀，在某种程度上影响了国家的制度决策和法令制定。同时，佛教经济势力的扩张，还对其他宗教力量例如道教势力形成了挑战。如果说唐初僧尼致拜君亲是外来的佛教与儒家礼教秩序的冲突与妥协，而道教在此问题上所表现的"讷于言而敏于行"，反映的是道教在唐代不辩自明的国家宗教之身份认同的话[②]，那么我想佛教正是在国家权力的强力压制之下，通过自身的申诉、抗争和争夺，在经济领域中，力求取得对道教的主动和优越，故而显得气势逼人，处于强势地位。

[①] 《全唐文》卷825，中华书局1983年版，第8699页。
[②] 吴真：《唐代"致拜君亲"论争中沉默的道团》，孙昌武、陈洪主编：《宗教思想史论集》，南开大学出版社2008年版，第137—146页。

第六章 佛教寺院与中古社会经济活动
——以北魏洛阳和唐长安寺院为中心的考察

任何宗教组织的存在和发展都不是处于真空之中,而是与当时的社会经济文化环境有着密切的关联。宗教学者研究指出,在大多数时候对于大多数宗教组织而言,其所在的社会文化环境的关键包括其他宗教组织的方方面面,以及制约宗教活动的规则和规范的方方面面。对此,研究者提出了"宗教经济"(Areligious Ecnomy)的模型予以分析,将宗教经济视为社会系统中的一个子系统,它包括社会中所进行的所有宗教活动。① 虽然"宗教经济"的分析模型需要更多的研究予以充实、完善,但这一理论的提出,确为我们对于宗教学尤其是宗教经济领域的研究开拓了视野。因此,联系中国宗教经济的研究,就有必要以更开阔的眼光观之。

就中国古代佛教寺院经济而言,寺院经济的发展并不是孤立的,它总是和当时的社会环境有着紧密的联系,尤其是和在寺院中活动的行为主体——僧俗两众有着密切关联。美国学者罗纳德·约翰斯通指出:"任何宗教群体,特别是当它的组织开始变得有点复杂的时候,它就需要经费才好活动。这样,群体就开始卷入经济事务,不管它自己是否愿意。"② 随着社会经济的发展,佛教寺院与社会各阶层之间的联系和交往日益密切,寺院经济的变迁也在不断地超越着已有的畛域。所以,当我们探究中古时期佛教寺院经济的变迁历程时,就不能仅局限于寺

---

① 《信仰的法则——解释宗教之人的方面》,第44页。该书对于"宗教经济"的定义是:"宗教经济是由一个社会中的所有宗教活动构成,包括一个现在的和潜在的信徒'市场',一个或多个寻求吸引或维持信徒的组织以及这(些)组织所提供的宗教文化。"《信仰的法则——解释宗教之人的方面》,中国人民大学出版社2003年版,第237页。
② [美]罗纳德·L.约翰斯通著:《社会中的宗教——一种宗教社会学》,尹今黎、张蕾译,四川人民出版社1991年版,第197页。

院经济本身,而是要将其置于在中古社会的历史潮流中,从更广的范围去触摸变迁的痕迹。本章内容就是基于这样的立场,以京师寺院作为活动的舞台,来展现中古时期僧俗之间的活动和交流,从而就寺院经济变迁的社会大背景予以描述。

北魏洛阳和唐代长安,是中古时期最为著名的两大都市。作为当时社会经济、政治文化的中心,其所起到的重要作用亦勿庸置疑。同时,在中古佛教传播发展的历程中,两大都城都有着不可替代的重要意义。

洛阳是北魏时期佛教寺院最为集中的地区。到北魏末年,京师洛阳寺院还有一千三百六十七所。《洛阳伽蓝记》记载说:"天平元年迁都邺城,洛阳馀寺四百二十一所。北芒山上有冯王寺、齐献武王寺。京东石关有元领军寺、刘长秋寺。嵩高中有闲居寺、栖禅寺、嵩阳寺、道场寺。上有中顶寺,东有升道寺。京南关口有石窟寺、灵岩寺。京西瀍涧有白马寺、照乐寺。如此之寺,既郭外,不在数限,亦详载之。"①

而唐代长安城,据宋敏求《长安志》卷7《唐京城》记载,唐天宝时有僧寺64所,尼寺27所。根据《唐两京城坊考》各坊的统计,有唐一代长安共有寺院112所。②

京师寺院的创立者,多为皇室王公、官僚贵族。这一点上,北魏洛阳之寺院表现尤为明显。皇室、百官、贵族乃至宦官,是洛阳寺院的主要创立者。唐代长安,在继承了前朝尤其是隋代长安佛教寺院遗产的基础上,又重新予以废立、调整,其规模更显壮观。长安寺院也多是皇室贵族所立。③

京师寺院,规模宏大,法相庄严,建筑富丽堂皇。北魏洛阳寺院,金壁辉

---

① [北魏]杨衒之撰,周祖谟校释:《洛阳伽蓝记校释》卷5,中华书局2010年版,第212—213页。
② [清]徐松撰、张穆校补,方严点校:《唐两京城坊考》,中华书局1985年版。李映辉在《唐代佛教地理研究》中指出,唐代长安有佛教寺院124所,占全国总数的15%。《唐代佛教地理研究》,湖南大学出版社2004年版,第91页。龚国强认为唐初至天宝十四年(755)长安城内新建佛寺52所,加上隋代保留下来的75所寺院,合计寺院总数为127所,达到了隋唐时期都城佛寺数量的最高峰。龚国强:《隋唐长安城佛寺研究》,文物出版社2006年版,第81页。
③ 曹尔琴《唐长安的寺观及有关的文化》指出:唐代长安的寺观有唐代创立的,也有隋代旧寺观保留未废的,前者有83座,后者有76座,共为159座。其中相当多的是宅立寺,隋代保留下的这一类有27座,占36%;唐代以宅为寺的有35座,占42%。中国古都学会编:《中国古都研究》,浙江人民出版社1985年版,第145页。

煌，气势雄伟。唐长安寺院，比之于北魏洛阳，也毫不逊色，均是建筑精美、世与无比之所。同是，因占地面积大小的不同以及布局的差别，唐代长安佛教寺院也形成了不同的等级。①

京师寺院，空间分布密集。北魏洛阳，寺院鳞次栉比，周围除了各级官员的住宅外，还与其他各种建筑如租场、阅武场、市场等相毗邻。比之于北魏洛阳，在唐代，由于长安城的坊市建筑特点，寺院几乎都分布在坊内。《唐两京城坊考》说，京师长安城前直子午谷，后枕龙首山，左临灞岸，右抵沣水，东西一十八里一百一十五步，南北一十五里一百七十五步，周六十七里，其崇一丈八尺。"有京兆府万年、长安二县，所治寺观、邸第、编户错居焉。"皇城南面有朱雀门，有南北大街朱雀门街。万年县和长安县就是以此街为界，万年领街东五十四坊及东市，长安领街西五十四坊及西市。

可以说，北魏洛阳和唐长安寺院，不仅为佛教僧侣和世俗信众们提供了宗教活动的场所，而且也为僧俗从事经济、文化交流等方面的社会活动创设了公共空间。在以北魏洛阳和唐长安寺院为活动场所而形成的社会景观，都呈现出了各自的特色，下面分别予以具体叙述。

第一节　北魏洛阳寺院的社会景观

北魏时期佛教得到统治集团的推崇，早在拓跋珪时，就已"敕有司于京城建饰容范，修整宫舍，令信向之徒，有所居止"②。之后崇佛愈盛，其间虽有太武帝的排佛法难，但佛教还是保持了其扩张的趋势，寺院经济也得以发展。在这种历史背景下，洛阳京师寺院呈现出了其自身独特的社会文化景观。

一、洛阳寺院的建筑景观

首先，北魏洛阳的佛寺建筑奢华庄严。洛阳的寺院，僧房建筑都十分宽敞，

---

① 详论参见宿白：《试论唐代长安佛教寺院的等级问题》，《文物》2009年第1期。
② 《魏书》卷114《释老志》，中华书局1974年版，第3030页。

大的能够达至几百上千间，且装饰精美。如瑶光寺，"讲殿尼房，五百馀间。绮疏连亘，户牖相通，珍木香草，不可胜言。牛筋狗骨之木，鸡头鸭脚之草，亦悉备焉"①；建中寺，"屋宇奢侈，梁栋逾制。一里之间，廊庑充溢。堂比宣光殿，门匹乾明门，博敞弘丽，诸王莫及也"②；永明寺，"房庑连亘，一千馀间。庭列修竹，檐拂高松，奇花异草，骈阗阶砌"③。

洛阳寺院如此宽广的建筑空间，不仅可以接纳众多僧徒参佛修行，也能使更多的民众受到佛法的洗礼和感染，从而扩大佛教的受众。由于洛阳的佛教兴盛，声誉远扬，不仅使北魏的佛教大受影响，而且也吸引了各国的僧侣前来礼佛，"异国沙门，咸来辐辏，负锡持经，适兹乐土"。为此，许多寺院纷纷建起，永明寺就是世宗皇帝为此特地建立的。当时在永明寺中，就有来自各国的僧尼三千多人，由此"远近承风，无不事佛，比及延昌，州郡共有一万三千余寺"④。

其次，北魏洛阳寺院的浮图造像也竞相奢华，令人叹为观止。宗圣寺，有像一躯，举高三丈八尺，端严殊特，相好毕备，士庶瞻仰，目不暂瞬；昭仪尼寺中的一佛二菩萨，更是塑工精绝，京师所无也。其他如景兴尼寺的金像辇等也都是名扬京师。且不说这些寺院的建筑特色和艺术风格，仅从各种寺塔造像我们就可知寺院财富之巨，非一般经济势力所能事之。

再次，洛阳寺院不仅建筑本身华丽精美，而且寺院所处环境也是景色秀丽，风光宜人，奇花异草，莫不具备。如景林寺，"讲殿叠起，房庑连属。丹楹炫日，绣桷迎风，实为胜地"⑤；景明寺，东西南北方五百步，"前望嵩山少室，却负帝城，青林垂影，绿水为文，形胜之地，爽垲独美。山悬堂光观盛，一千馀间"⑥；寺内"复殿重房，交疏对溜，青台紫阁，浮道相通。虽外有四时，而内无寒暑。房檐之外，皆是山池，松竹兰芷，垂列阶墀，含风团露，流香吐馥"⑦。一派清幽宜人的氛围。

---

① ［北魏］杨衒之撰，周祖谟校释：《洛阳伽蓝记校释》卷1，中华书局2010年版，第39页。
② ［北魏］杨衒之撰，周祖谟校释：《洛阳伽蓝记校释》卷1，中华书局2010年版，第33页。
③ ［北魏］杨衒之撰，周祖谟校释：《洛阳伽蓝记校释》卷4，中华书局2010年版，第158页。
④ ［北魏］杨衒之，周祖谟校释：《资治通鉴》卷147，中华书局1956年版，第4594页。
⑤ ［北魏］杨衒之撰，周祖谟校释：《洛阳伽蓝记校释》卷1，中华书局2010年版，第48页。
⑥ ［北魏］杨衒之撰，周祖谟校释：《洛阳伽蓝记校释》卷3，中华书局2010年版，第97页。
⑦ ［北魏］杨衒之撰，周祖谟校释：《洛阳伽蓝记校释》卷3，中华书局2010年版，第98页。

二、洛阳寺院的文化景观

北魏京师寺院园林般的环境，自然有利于僧尼的修行，也吸引众多高僧大德前来弘法。大觉寺就是一座景色优雅的著名寺院，其"北瞻芒岭，南眺洛汭，东望宫阙，西顾旗亭，禅皋显敞，实为胜地"，寺内建筑林池飞阁，比之景明，"至于春风动树，则兰开紫叶；秋霜降草，则菊吐黄花"①，使得许多名僧大德在此讲经说法，排遣烦恼。

除了僧尼在寺院的说法交流外，各寺院以其幽静雅致的环境吸引了无数的世俗民众和游客前来游览憩息，成为人们休闲娱乐的最佳处所。河间寺就是当时非常有名的寺院之一，人们徜徉其间，"观其廊庑绮丽，无不叹息，以为蓬莱仙室亦不是过"，入其后园，"见沟渎塞产，石蹬嶕峣，朱荷出池，绿萍浮水，飞梁跨阁，高树出云，咸皆啧啧，虽梁王兔苑，想之不如也"。②可想河间寺景色之优美。

读书士子也经常在寺院游玩观光，吟诗歌咏，抒发感情。宝光寺在西阳门外御道北，有三层浮图一所，以石为基，形制甚古，画工雕刻，寺园中有一咸池，环境优美，"茭荇被岸，菱荷覆水，青松翠竹，罗生其旁"，京邑士子就常常选择良辰美日，"休沐告归，征友命朋，来游此寺。雷车接轸，羽盖成阴。或置酒林泉，题诗花圃，折藕浮瓜，以为兴适"③，成为一时之美景。

洛阳寺院也是僧俗交流的重要场所。洛阳寺院是北魏时期佛教与世俗社会交汇的公共空间，在文化知识的交流方面扮演着重要角色，并表现出其开放的特性。例如佛教行像日，就是重要的公共聚会的日子，除佛像周行城内，受人瞻仰礼拜外，还有许多歌舞杂伎表演，热闹非凡。

长秋寺四月四日行像时，"辟邪、师子导引其前。吞刀吐火，腾骧一面。彩幢上索，诡谲不常。奇伎异服，冠于都市。像停之处，观者如堵。迭相践躅，常有死人"④；宗圣寺佛像一出，市井皆空，妙伎杂乐，更是吸引了洛阳士

---

① ［北魏］杨衒之撰，周祖谟校释：《洛阳伽蓝记校释》卷4，中华书局2010年版，第157页。
② ［北魏］杨衒之撰，周祖谟校释：《洛阳伽蓝记校释》卷4，中华书局2010年版，第152页。
③ ［北魏］杨衒之撰，周祖谟校释：《洛阳伽蓝记校释》卷4，中华书局2010年版，第137页。
④ ［北魏］杨衒之撰，周祖谟校释：《洛阳伽蓝记校释》卷1，中华书局2010年版，第36—37页。

女前来观看。

景明寺的规模最为庞大,"于时金花映日,宝盖浮云,幡幢若林,香烟似雾,梵乐法音,聒动天地。百戏腾骧,所在骈比。名僧德众,负锡为群;信徒法侣,持花成薮。车骑填咽,繁衍相倾"①。就连当时的西域胡僧也惊叹不已,称赞其犹如佛国也。

行像既是佛教的重要节日,同时也是世俗民众以寺院为公共空间,进行聚会扩大交往的节日,它不仅为民众提供了娱乐歌舞活动,重要的是借此扩大了佛教的影响,拉近了与民众的距离,扩大了佛教在民间下层的传播。

再如六斋时,也大多伴有优美的音乐歌舞,吸引人们可以竞相欣赏,流连其中,如景乐寺,在举行六斋时,"常设女乐,歌声绕梁,舞袖徐转,丝管廖亮,谐妙入神"②,观者以为到达天堂。而且这些歌舞多带有奇幻色彩,往往使观众感到新奇刺激,"奇禽怪兽,舞抃殿庭。飞空幻惑,世所未睹。异端奇术,总萃其中。剥驴投井,植枣种瓜,须臾之间,皆得食之。士女观者,目乱精迷"③。

寺院借助于节日聚会和各种娱乐活动,在人们的日常生活中,悄无声息地将宗教礼仪和信仰渗透到民间,使得佛教的传播不再拘泥于高深严肃的说法讲经,更能为民众所能接受。

可以说,随着僧俗社会互相交流的不断扩展,在以洛阳寺院为中心的空间,不仅为佛教的进一步发展传播提供了基本条件,而且也为寺院经济势力的增长创造了环境。

三、洛阳寺院与世俗社会的经济文化交流

以上是就洛阳寺院本身空间而论的。从洛阳更大的空间范围来说,处在官署林立、豪宅环绕之中的京师寺院,其与世俗社会的经济文化交往也是相当紧密的。

例如京师僧尼的讲经活动,大都与北魏上层社会保持着密切联系。灵太后从姑所立胡统寺尼姑,与后宫过从甚密,"其寺诸尼,帝城名德,善于开导,工

---

① [北魏]杨衒之撰,周祖谟校释:《洛阳伽蓝记校释》卷3,中华书局2010年版,第99页。
② [北魏]杨衒之撰,周祖谟校释:《洛阳伽蓝记校释》卷1,中华书局2010年版,第42页。
③ [北魏]杨衒之撰,周祖谟校释:《洛阳伽蓝记校释》卷1,中华书局2010年版,第42—43页。

谈义理。常入宫与太后说法，其资养缁流，从无比也"①。这样不仅提高了寺院的地位和知名度，而且获得了经济利益。如百官所立正始寺，由大量的钱物被捐施，侍中崔光施钱四十万，陈留侯李崇施钱二十万，其他官员各有数目不等，少者也不低于五千；建阳里在建春门外御道北，里内有璎珞、慈善、晖和、通觉、晖玄、宗圣、魏昌、熙平、崇真、因果等十寺，寺院僧尼，均是由里内信奉佛教的民众所供养。

除了北魏上层社会与当时的寺院及僧众有着密切的联系外，寺院所处的周边环境也为其提供了一个扩大佛教影响和交流的场所。洛阳寺院周围，大都散布着熙熙攘攘的市场，各种行业各行人士，都汇集于此。如西域乌场国胡沙门昙摩罗所立的法云寺，当时"道俗贵贱，同归仰之"。其寺出西阳门外四里御道南有洛阳大市，周回八里，周围各行各业，贸易频繁。东南有通商、达货二里，"里内之人尽皆工巧屠贩为生，资财巨万"；市南有调音、乐律二里，里内之人，丝竹讴歌，天下妙伎出此也；市西有延酤、治觞二里，里内之人多酝酒为业；市北有慈孝、奉终二里，里内之人以卖棺椁为业，赁辆车为事。另外还有阜财、金肆二里，十多里地，大都从事工商买卖，富人尽在此处，"千金比屋，层楼对出，重门启扇，阁道交通，迭相临望。金银锦绣，奴婢缇衣；五味八珍，仆隶毕口"②。再如景宁寺附近的孝义里，其东是洛阳小市，里内三千馀家，自立巷市，所卖多是水产，时人谓之"鱼鳖市"。

虽然说当时的里宅、寺院和市场的交往不如后世那样密切，但这种环境仍就扩大了佛教与普通民众的接触和交流，有利于其在民间的传播。同时，这种环境对寺院僧众的经济行为也产生了一定影响。例如任城王澄就曾在奏言中说："今此僧徒，恋著城邑。岂湫隘是经行所宜，浮谊必栖禅之宅，当由利引其心，莫能自止。"③

僧侣为了增强寺院经济实力，也从事各种经济活动，或者商贸交易，或者"规取赢息"，"收利过本"，以至造成"梵唱屠音，连檐接响，像塔缠于腥臊，性灵没于嗜欲，真伪混居，往来纷杂"的场面。④寺院甚至还肆意扩张地产，"寺夺

---

① ［北魏］杨衒之撰，周祖谟校释：《洛阳伽蓝记校释》卷1，中华书局2010年版，第47页。
② ［北魏］杨衒之撰，周祖谟校释：《洛阳伽蓝记校释》卷4，中华书局2010年版，第145页。
③ 《魏书》卷114《释老志》，中华书局1974年版，第3045页。
④ 《魏书》卷114《释老志》，中华书局1974年版，第3045页。

民居"①。

尽管佛教的这种经济行为招致了各种批驳叱责②,但就繁荣的经济交往和频繁的人口流动而言,它确实为佛教的发展营造了一种动态的传播环境;就京城本身而言,它形成了以洛阳为中心的向外辐射的佛教延伸格局。而通过举办各种宗教仪式法会,正是这种扩大佛教影响的重要方式之一,也是北魏洛阳寺院扩充财富的重要手段。例如灵太后时,大肆兴建佛寺,"又数为一切斋会,施物动至万计。百姓疲于土木之功,金银之价为之踊上",以至于"削夺百官禄力,费损库藏"③。寺院获财之巨,可见一斑。

北魏官僚贵族对于洛阳寺院的财物赏赐和捐施也相当庞大。例如洛阳正始寺就是百官等施钱所立,其中侍中崔光施钱四十万,陈留侯李崇施钱二十万,其余百官各有差,少者也不低于五千以下。

此外,通过将佛教法力神圣化的方式,对佛教的传播和寺院捐施的增加也有着重要的促进作用。

例如,崇真寺和尚慧嶷死后,"经阎罗王检阅,以错召放免"④,七日而活,然后讲述了自己的神奇经历,并在讲述故事的时候,向人们宣扬佛教,夸大佛教的法力。他说和他同时的还有五个比丘,一位宝明寺智圣,以坐禅苦行得升天堂;一位般若寺道品,以诵经四十卷涅槃,升天堂;一位昙谟最,讲涅槃华严,阎罗王以"讲经者心怀彼我,以骄凌物,比丘中第一粗行"而交付勘司;一位禅林寺道弘,教化四辈檀越,造经像,阎罗王以其"虽造作经像,正欲得他人财物,既得财物,贪心即起,既怀贪心,便是三毒不除,具足烦恼"亦付司;最后一位灵觉寺宝真,出家之前为陇西太守,造灵觉寺后弃官入道,阎罗王以其"作太守之日,曲理枉法,劫夺民财"而付司。⑤

---

① 《魏书》卷114《释老志》,中华书局1974年版,第3045页。
② 任城王澄奏言:"岂湫隘是经行所宜,浮谊必栖禅之宅,当由利引其心,莫能自止。处者既失其真,造者或损其福,乃释氏之糟糠,法中之社鼠,内戒所不容,王典所应弃矣……其庙像严立,而逼近屠沽,请断旁屠杀,以洁灵居。"《魏书》卷114《释老志》,中华书局1974年版,第3045—3046页。
③ 《北史》卷18《任城王云传附子澄传》,中华书局1974年版,第661页。
④ [北魏]杨衒之撰,周祖谟校释:《洛阳伽蓝记校释》卷2,中华书局2010年版,第59页。
⑤ [北魏]杨衒之撰,周祖谟校释:《洛阳伽蓝记校释》卷2,中华书局2010年版,第60—62页。

慧嶷所言，不仅在向人们讲述了一段神奇故事，宣扬佛法的伟力，同时也是在借助阎罗王之口传达了要求人们礼敬佛教的意愿和对"今唯试坐禅、诵经，不问讲经"的佛教倾向。在太后闻知此事之后，即令黄门侍郎访察慧嶷所说各寺院，得知这些寺院和比丘皆实有之，"即请坐禅僧一百人常在内殿供养之"，并下诏不听持经像沿路乞索；而若私有财物，造经像者任意。结果，自此以后，京邑比丘皆事禅诵，不复以讲经为意。至此，慧嶷的故事才完全达到了其所要宣讲的目的和意图。我们从中可以看到，最重要的并不是故事文本的具体内容和故事本身的离奇，而是反映出来的当时北魏社会佛教对人们生活的影响，对上层统治者政治决策的影响，以及佛教在传播过程中自身内部的取向。借助佛教法力的显示，不仅扩大了佛教的影响力，而且以此为寺院聚敛了财富。

再比如菩提寺崔涵十五岁死，十二年后复活之事，太后查明，令其归家，奈何其父崔畅并不相认，于是崔涵游于京师，加之"涵性畏日，不敢仰视，又畏水火及兵刃之属，常走于逵路，遇疲则止，不徐行也"，时人犹谓之鬼。洛阳大市北有奉终里，里内之人，多卖送死之具及诸棺椁，崔涵对其说要作柏木棺，不要以桑木为欀，人问其故，涵曰："吾在地下见发鬼兵，有一鬼诉称：'是柏棺，应免。'主兵吏曰：'尔虽柏棺，桑木为欀。遂不免。'"① 于是京师柏木踊贵。当时人们就怀疑这是卖棺椁之人专门让崔涵这样来宣扬的，以此扩大影响，保证自己盈利。崔涵的故事虽然没有直接渲染佛教，但其故事发生的场景最初即是在菩提寺，并且有着浓厚的因果报应的意味，可以说仍然没有脱离宗教的色彩，体现着当时社会的生活风貌。

这样的故事已不再仅仅局限于文本所述内容的层面，而是表现了当时佛教在传播过程中为扩大影响和在民间的渗透所采取的一种手段和途径。自然，这种方式对佛教寺院财富的积累也产生了重要影响，有助于劝导信众增加对寺院的捐施投献。

四、洛阳寺院的个案考察——永宁寺

北魏洛阳永宁寺，建筑奢华，气势雄伟，"僧房楼观，一千馀间，雕梁粉

---

① ［北魏］杨衒之撰，周祖谟校释：《洛阳伽蓝记校释》卷3，中华书局2010年版，第120—121页。

壁，青锁绮疏，难得而言"①。

永宁寺塔是永宁寺最为著名的建筑，可谓冠绝于世。杨衒之在《洛阳伽蓝记》中描述其精妙说："有九层浮图一所，架木为之，举高九十丈。上有金刹，复高十丈，合去地一千尺。"②刹上又有金宝瓶，下有承露金盘十一重，周匝皆垂金铎。而浮图北又有佛殿一所，其中有丈八金像一躯，中长金像十躯，绣珠像三躯，金织成像五躯，玉像二躯，作工奇巧，冠于当世。由此可见其装饰精美、地位之高了。

永宁寺建筑雄伟奢华，不仅为佛教僧尼提供了富有宗教氛围的宣讲佛法的场所，同时也为寺院吸引了众多的佛教僧尼和信徒。西域沙门菩提达摩来游中土，见到永宁寺，便歌咏赞叹："年一百五十岁，历涉诸国，靡不周遍，而此寺精丽，阎浮所无也。极佛境界，亦未有此！"③于是口唱南无，合掌连日。信众们对于佛教的信仰，也包含了对其所在寺院的感情，永熙三年二月，永宁寺九层宝塔被烧，孝武帝派羽林军救火，人们"莫不悲惜，垂泪而去"，当时"雷雨晦冥，杂下霰雪，百姓道俗，咸来观火。悲哀之声，振动京邑"④，其间三位和尚投火而死。

永宁寺以其特殊的地位和影响力，为佛教的宣扬和僧众的交流提供了一个绝佳的处所，也为推动洛阳佛教的进一步发展及其财富聚敛起到了一定作用。《魏书》记载灵太后在永宁寺举行法会，大施寺院众僧，"施物动至万计"⑤。这也表明永宁寺在充实本寺经济实力方面也有自己独到的手段。

总之，从《洛阳伽蓝记》文本记载的分析可以得知，北魏洛阳寺院这一宽广的空间，促进了世俗社会与佛教的交流，扩大了佛教的影响，并逐步向民间社会深入。同样，在寺院经济方面，也吸引了广大信众积极参与佛教活动，为寺院经济的发展捐献资财，扩大了寺院经济的实力。

---

① ［北魏］杨衒之撰，周祖谟校释：《洛阳伽蓝记校释》卷1，中华书局2010年版，第5页。
② ［北魏］杨衒之撰，周祖谟校释：《洛阳伽蓝记校释》卷1，中华书局2010年版，第3页。
③ ［北魏］杨衒之撰，周祖谟校释：《洛阳伽蓝记校释》卷1，中华书局2010年版，第12页。
④ ［北魏］杨衒之撰，周祖谟校释：《洛阳伽蓝记校释》卷1，中华书局2010年版，第31页。
⑤ 《魏书》卷19《任城王云传附子澄传》，中华书局1974年版，第480页。

第二节　唐长安寺院的社会景观

唐代长安佛教寺院作为重要的社会空间，为人们的日常生活提供了广阔的活动场所，同时也形成了其别具魅力的社会景观。

一、长安寺院的建筑景观

长安寺院，建筑精美奢华，气势宏伟。例如总持寺，"复殿重郎，连甍比栋，幽房祕宇，窈窕疏通"①；西明寺，"廊殿楼台，飞惊接汉，金铺藻栋，眩目晖霞。凡有十院，屋四千余间。庄严之盛，虽梁之同泰，魏之永宁，所不能及也"②；章敬寺，"穷极壮丽，尽都市之财不足用，奏毁曲江及华清宫馆以给之，费逾万亿"③；宝刹寺，佛殿"四面立柱，当中构虚起两层阁，榱栋屈曲，为京城之奇妙，故天子以'宝刹'为名"④；净域寺，"栋宇之盛，世无与其比"⑤。

长安寺院，除了拥有令人叹为观止的造像之外，还有大量精美的壁画。这在《名画记》中有大量的记载。如大安国寺，有吴道玄、杨廷光、尉迟乙僧之画；兴唐寺，有吴道玄、杨廷光、周昉、尉迟乙僧、董谔、尹琳、杨坦、杨乔、李生画。还有韩干所画一行大师真，徐浩之书赞。再如元法寺，东廊南观音院，卢舍那堂内槽北面壁画维摩变，屏风上有虞世南书。西北角院内有怀素书，颜鲁公序，张谓侍郎，钱起郎中赞。曼殊院东廊，大历中画人陈子昂书，檐前额上有相观法，西廊壁有刘整画双松。

京师寺院，山水池塔，亭台楼阁，景色优美，环境雅致，四季时分，各具特点。唐代诗人的笔墨，为我们描绘出了长安寺院不同的景观。如香积寺，王维在《过香积寺》中写道："不知香积寺，数里入云峰。古木无人径，深山何处钟。

---

① 《全唐文》卷81《重建总持寺敕》，中华书局1983年版，第849页。
② ［唐］慧立、彦悰著：《大慈恩寺三藏法师传》卷10，中华书局1983年版，第214页。
③ 《资治通鉴》卷224，中华书局1956年版，第7195页。
④ 《唐两京城坊考》卷3，中华书局1985年版，第53页。
⑤ 《唐两京城坊考》卷3引《明皇杂录》，中华书局1985年版，第58页。

泉声咽危石，日色冷青松。薄暮空潭曲，安禅制毒龙。"①云峰、小径，泉石、冷松，幽幽潭水，寂寂禅院，可谓佛门之佳境圣地。

再如青龙寺，顾况和白居易各有妙笔。顾况《独游青龙寺》云："春风入香刹，暇日独游衍。旷然莲花台，作礼月光面。乘兹第八识，出彼超二见。摆落区中缘，无边广弘愿。长廊朝雨毕，古木时禽啭。积翠暖遥原，杂英纷似霰。凤城腾日窟，龙首横天堰。蚁步避危阶，蝇飞响深殿。大通智胜佛，几劫道场现。"②而白居易《青龙寺早夏》则言："尘埃经小雨，地高倚长坡。日西寺门外，景气含清和。闲有老僧立，静无凡客过。残莺意思尽，新叶阴凉多。春去来几日，夏云忽嵯峨。朝朝感时节，年鬓暗蹉跎。胡为恋朝市，不去归烟萝。青山寸步地，自问心如何。"③

池水青泥，杏园落花，秋荷余香，古木烟雨，写不尽的古寺景致，道不完的佛刹风韵，引后人之无限感慨咏怀。

二、长安寺院的文化景观

首先，长安寺院是佛教僧众传播佛教的重要场所。

讲经是佛教传播的重要手段。讲经之时，听者众多。斯.610文书《启颜录》记载隋代三藏法师，行业极高，且又辩捷，"尝以四月八日设斋讲说，当时朝官及道俗观者数千余人"④。到了唐代，讲经更是兴盛，而且还出现了一种俗讲的方式。姚合《赠常州院僧》诗中写道："一住毗陵寺，师应只信缘。院贫认施食，宿静今窥禅。古磬声难尽，秋灯色更鲜。但闻开讲日，湖上少鱼船。"⑤开讲之日，连湖上打鱼之人都被吸引，说明了俗讲的魅力和受欢迎程度。

当时京师最有名气的俗讲僧是文溆。唐人赵璘在《因话录》中记载："有文溆僧者，公为聚众谭说，假托经论所言，无非淫秽鄙亵之事。不逞之徒，转相鼓扇扶树，愚夫冶妇，乐闻其说，听者填咽。寺舍瞻礼崇奉，呼为和尚。教坊效其

---

① 《全唐诗》卷126，中华书局1999年版，第1274页。
② 《全唐诗》卷264，中华书局1999年版，第2926页。
③ 《全唐诗》卷432，中华书局1999年版，第4782页。
④ 郝春文编著：《英藏敦煌社会历史文献释录》第3卷，社会科学文献出版社2003年版，第261页。
⑤ 《全唐诗》卷497，中华书局1999年版，第5698页。

音调，以为歌曲。"① 文溆的俗讲，通俗易懂，吸引了不少听众，就连皇帝也很喜欢，唐敬宗就曾亲自到兴福寺聆听。② 日本僧人圆仁也称赞文溆"城中俗讲，此法师为第一"③。

韩愈曾经描述了当时一位华山女凭借其出色的讲演才能，争取到更多听众的景象：

"街东街西讲佛经，撞钟吹螺闹宫庭。广张罪福资诱胁，听众狎恰排浮萍。黄衣道士亦讲说，座下寥落如明星。华山女儿家奉道，欲驱异教归仙灵。洗妆拭面着冠帔，白咽红颊长眉青。遂来升座演真诀，观门不许人开扃。不知谁人暗相报，訇然振动如雷霆。扫除众寺人迹绝，骅骝塞路连辎軿。观中人满坐观外，后至无地无由听。抽簪脱钏解环佩，堆金叠玉光青荧。天门贵人传诏召，六宫愿识师颜形。玉皇颔首许归去，乘龙驾鹤来青冥。豪家少年岂知道，来绕百匝脚不停。云窗雾阁事恍惚，重重翠幕深金屏。仙梯难攀俗缘重，浪凭青鸟通丁宁。"④

从其诗句中，不难想象到当时佛教僧众讲经喧天、人来人往的热闹气氛。

同时，与寺院俗讲有关但又自成风格的唐代变文，在民间娱乐生活中也扮有重要角色。各种体裁如佛教、历史、民间传说以及时人时事都被演绎讲说，像《王昭君变文》《孟姜女变文》《伍子胥变文》等都受到社会各阶层普遍欢迎。

其次，长安寺院是僧俗社会交往的重要公共空间。

唐长安城赏牡丹是当时一幅独特的美丽风景。史称"长安三月十五日，两街看牡丹，奔走车马"⑤。"牡丹相次发，城里又须忙。"⑥ 人们竞相奔走告知，共赏牡丹之美。《开元天宝遗事》记载说："长安春时，盛于游赏，园林树木无闲地。"春日赏花成为长安民众休闲娱乐与交往交流的最好理由。就连唐传奇小说也常以此作为故事的背景，如《霍小玉传》中写道："时已三月，人多春游。生与同辈

---

① 《因话录》(《笔记小说大观》第1册) 卷4，江苏广陵古籍刻印社1983年版，第96页。
② 《资治通鉴》，中华书局1956年版，第7850页。
③ [日] 圆仁著：《入唐求法巡礼行记校注》，花山文艺出版社1992年版，第369页。
④ 《全唐诗》卷341，中华书局1999年版，第3830页。
⑤ 《南部新书》(《宋元笔记小说大观》第1册)，上海古籍出版社2001年版，第319页。
⑥ 《全唐诗》卷299，中华书局1999年版，第3387页。

五六人诣崇敬寺玩牡丹花,步于西廊,递吟诗句。"①

京师许多寺院都种有牡丹,如万寿寺、西明寺、荐福寺、永寿寺等。每到花开时节,寺院就成为观花的好去处,长安城"车马若狂,以不耽玩为耻"②。

唐人留下了大量关于牡丹赏花的诗歌。如徐凝《题开元寺牡丹》:"此花南地知难种,惭愧僧闲用意栽。海燕解怜频睥睨,胡蜂未识更徘徊。虚生芍药徒劳妒,羞杀玫瑰不敢开。惟有数苞红萼在,含芳只待舍人来。"③写出了牡丹那种高贵的神态。

永寿寺牡丹的风采也不示弱,元稹《与杨十二李三早入永寿寺看牡丹》写道:"蝶舞香暂飘,蜂牵蕊难正。笼处彩云合,露湛红珠莹。结叶影自交,摇风光不定。"④

万寿寺的牡丹,使得殿角的其他花木容颜顿失,备受冷落,翁承赞《万寿寺牡丹》赞叹说:"烂熳香风引贵游,高僧移步亦迟留。可怜殿角长松色,不得王孙一举头。"⑤

盛夏时节,长安佛寺为人们提供了纳凉避暑的好场所。炎炎夏日,人们都向往微风、树荫,唐人杨巨源在《夏日苦热同长孙主簿过仁寿寺纳凉》中写道:"火入天地炉,南方正何剧。四郊长云红,七合太阳赤。赫赫沸泉壑,焰焰焦砂石。思减祝融权,期匡诸子宅。因投竹林寺,一问青莲客。心空得清凉,理证等喧寂。开襟天籁回,步履雨花积。微风动珠帘,惠气入瑶席。境闲性方谧,尘远趣皆适。淹驾殊未还,朱栏敞虚碧。"⑥白居易《天竺寺七叶堂避暑》记述寺中避暑的感觉说:"郁郁复郁郁,伏热何时毕。行入七叶堂,烦暑随步失。檐雨稍霏微,窗风正萧瑟。清宵一觉睡,可以销百疾。"⑦由此可见,夏日的寺院确是人们避暑的绝好去处。

长安寺院也是人们经常聚会的场所,尤其是许多文士们学习娱乐的去处。

---

① [唐]蒋防撰:《霍小玉传》,李时人编校,何满子审定:《全唐五代小说》(第二册),陕西人民出版社1998年版,第731页。
② 《唐国史补·因话录》,上海古籍出版社1979年版,第45页。
③ 《全唐诗》卷474,中华书局1999年版,第5407—5408页。
④ 《全唐诗》卷400,中华书局1999年版,第4490页。
⑤ 《全唐诗》卷703,中华书局1999年版,第8168页。
⑥ 《全唐诗》卷333,中华书局1999年版,第3718页。
⑦ 《全唐诗》卷445,中华书局1999年版,第5015页。

文士们吟诗唱和，抒怀咏叹，题壁于寺，留下了众多诗篇佳作。青龙寺就是当时著名的一处游览胜地，赋诗甚多，如王缙《同王昌龄裴迪游青龙寺昙壁上人兄院集和兄维》云："林中空寂舍，阶下终南山。高卧一床上，回看六合间。浮云几处灭，飞鸟何时还。问义天人接，无心世界闲。谁知大隐者，兄弟自追攀。"[1]

皇甫冉《清明日青龙寺上方赋得多字》："上方偏可适，季月况堪过。远近水声至，东西山色多。夕阳留径草，新叶变庭柯。已度清明节，春秋如客何。"[2]

朱庆余《题青龙寺》云："寺好因岗势，登临值夕阳。青山当佛阁，红叶满僧廊。竹色连平地，虫声在上方。最怜东面静，为近楚城墙。"[3]

马戴《题青龙寺镜公房》云："一室意何有，闲门为我开。炉香寒自灭，履雪饭初回。窗迥孤山入，灯残片月来。禅心方此地，不必访天台。"[4]

诗人们借诗咏怀，表露自己的情感，抒发对世事人生的不同思索和感悟。

长安佛寺浴室院也是道俗共享的重要场所。据宋太平兴国三年（978）《法门寺浴室院暴雨冲注唯浴室镬器独不漂没灵异记》记载，唐代法门寺"之东南隅，有浴室院，或供会辐凑，缁侣云集，凡圣混同，日浴千数。洎百年已还，迄于今日，檀那相继，未尝废坠"[5]。可想其壮观的场面。寇坦《同皇甫兵曹天官寺浴室新成招友人赏会》描写寺院浴室新成人们共聚的情景："温室欢初就，兰交托胜因。共听无漏法，兼濯有为尘。水洁三空性，香沾四大身。清心多善友，颂德慰同人。"[6]

再次，长安寺院也是人们日常娱乐的重要场所。

唐代长安寺院经常作为百戏歌舞表演的重要场所。早在南北朝时期，京邑洛阳佛寺就在"行像"或者"六斋"时的歌舞表演，歌声绕梁，谐妙入神，令人回味无穷。到了唐代，寺院已经突破了在佛教节日进行歌舞表演的局限，即使在平常时节，也成为人们在日常文化生活中相互交流的重要场所。孟郊所作《教坊歌儿》就曾提及寺院是重要的娱乐演出场所："十岁小小儿，能歌得朝天。六十

---

[1] 《全唐诗》卷129，中华书局1999年版，第1310—1311页。
[2] 《全唐诗》卷249，中华书局1999年版，第2797页。
[3] 《全唐诗》卷514，中华书局1999年版，第5910页。
[4] 《全唐诗》卷555，中华书局1999年版，第6495页。
[5] 韩金科主编：《法门寺文化研究》（文史资料汇编卷），陕西省法门寺博物馆1993年版，第21页。
[6] 《全唐诗》卷120，中华书局1999年版，第1211页。

孤老人，能诗独临川。去年西京寺。众伶集讲筵，能嘶竹枝词，供养绳床禅。能诗不如歌，怅望三百篇。"①长安的戏场大都设在寺院，慈恩寺、青龙寺、荐福寺、永寿寺等都是当时最著名的戏场。宋人钱易《南部新书》记载："长安戏场多集于慈恩，小者在青龙，其次荐福、永寿；尼讲盛于保唐，名德聚之安国。"②

张固《幽闲鼓吹》记载了这样一件趣事："唐宣宗大中二年（848）十一月，万寿公主的丈夫起居郎郑颢得有危疾，宣宗派人探望病情，问'公主何在？'答：'在慈恩寺看戏场。'宣宗为此指责公主说：'岂有小郎病，不往省视，乃观戏乎？'"可见当时的表演是很吸引人的。

《酉阳杂俎》记载张芬曲艺过人，"常于福感寺趯鞠，高及半塔"③。由此来看，京师长安的寺院也应该是当时人们进行各种体育活动的重要场所之一。

三、长安寺院与世俗社会的经济交流

可以说，正是长安寺院的这种空间特性，使得其成为社会文化活动交汇的中心。在僧俗交流、娱乐的过程中，扩大了寺院的社会功能，也促进了寺院经济的发展。僧俗交往的频繁，以及僧众在城市生活空间的扩大，④也推动了寺院经济生活的丰富。例如长安城赏牡丹之风，使得牡丹受到人们格外的垂青。特别是达官贵人尤其喜欢名贵品种，其价格非同一般。王建《赏牡丹》称："此花名价别，开艳益皇都。香遍苓菱死，红烧踯躅枯。软光笼细脉，妖色暖鲜肤。满蕊攒黄粉，含棱缕绛苏。好和薰御服，堪画入宫图。晚态愁新妇，残妆望病夫。教人知个数，留客赏斯须。一夜轻风起，千金买亦无。"⑤

故而，寺院也借此来谋利。这也促进了以寺院为中心的牡丹市场的形成。李肇就曾言："寺观种以求利，一本有直数万者。"⑥

---

① 《全唐诗》卷374，中华书局1999年版，第4214页。
② 《南部新书》(《宋元笔记小说大观》第1册)，上海古籍出版社2001年版，第330页。
③ 《太平广记》卷227，中华书局1961年版，第1746页。
④ 《太平广记》引陈鸿撰《东城老父传》记载大历年间，资圣寺大德僧运平就居住在东市海池，说明僧俗的日常经济接触和交往是相当方便和平常的。《太平广记》卷485，中华书局1961年版，第3993页。
⑤ 《全唐诗》卷299，中华书局1999年版，第3393页。
⑥ 《唐国史补·因话录》，上海古籍出版社1979年版，第45页。

第六章 佛教寺院与中古社会经济活动

再如通过宗教法事活动，寺院也获财无数。唐代宗曾于"七月望日在内道场造盂兰盆，饰以金翠，所费百万。又设高祖已下七圣神座，备幡节、龙伞、衣裳之制，各书尊号于幡上以识之，舁出内，陈于寺观。是日，排仪仗，百僚序立于光顺门以俟之，幡花鼓舞，迎呼道路"①，场面壮观，耗资不可数。

唐代长安迎佛骨之事向来为僧众所津津乐道。尤其唐懿宗法门寺迎佛骨，更是盛况空前。咸通十四年三月"庚午，诏两街僧于凤翔法门寺迎佛骨，是日天雨黄土遍地"。四月八日，"佛骨至京，自开远门达安福门，彩棚夹道，念佛之音震地。上登安福门迎礼之，迎入内道场三日，出于京城诸寺。士女云合，威仪盛饰，古无其比"②。当时规模宏大，异常热闹，可谓万人空巷。供养佛骨，社会各界遍施资财，"以至灼顶燔指，十百为群，解衣散钱，自朝至暮，转相放效，唯恐后时，老幼奔波，弃其生业"③。

随着唐代佛教在民间的传播渗透，民众施舍也同宗教节日相互联系起来。盂兰盆会就是当时最具影响的佛教节会，不仅受到皇室贵族的重视，而且下层庶民也相当热情。道世说国家大寺，"每年送盆献供种种杂物，及举盆音乐人等，并有送盆官人，来者非一"，"外有施主献盆献供种种杂事"④。日本僧人圆仁描绘当时的情景说，长安城中寺院七月十五日供养，"诸寺作花：蜡花饼、假花果树等，各竞其妙。常例皆于佛殿前铺设供养，倾城巡寺随喜，甚是盛会"⑤。

通过在长安举行的种种宗教仪式和活动，京师寺院也从中得到了大量经济收入和物质资财，增强了寺院经济力量。

此外，佛教寺院之庙市也日趋形成。随着寺院公共空间的逐步扩大，僧俗交流频繁，人们日常消费和商品需求的能力也在提高，故而寺院庙市初步诞生。《集异记》记载，龙兴寺"寺前素为郡之戏场，每日中，聚观之徒，通计不下三万人"，而"寺前负贩戏弄观看人数万众"⑥；《太平广记》记载，贞元中，番禺

---

① 《旧唐书》118《王缙传》，中华书局1975年版，第3418页。
② 《旧唐书》卷19《懿宗本纪》，中华书局1975年版，第683页。
③ 《新唐书》卷176《韩愈传》，中华书局1975年版，第5260页。
④ [唐]释道宣撰，周叔迦、苏晋仁校注：《法苑珠林校注》卷62《祭祠篇》，中华书局2003年版，第1826—1827页。
⑤ [日]圆仁著：《入唐求法巡礼行记校注》卷4，花山文艺出版社1992年版，第445页。
⑥ 《太平广记》卷394引《集异记》"徐智通"，中华书局1961年版，第3148页。

人"多陈设珍异于佛庙,集百戏于开元寺"①。其间热闹的商品交易活动自然不言而喻。

寺院也是财货中转的重要寄居地。《太平广记》记载说:"唐懿宗用文理天下,海内晏清。多变服私游寺观。民间有奸猾者,闻大安国寺,有江淮进奏官寄吴绫千匹在院。于是暗集其群,就内选一人肖上之状者,衣上私行之服,多以龙脑诸香薰裹,引二三小仆,潜入寄绫之院。其时有丐者一二人至,假服者遗之而去。逡巡,诸色丐求之人,接迹而至,给之不暇。假服者谓院僧曰:'院中有何物,可借之。'僧未诺间,小仆掷眼向僧。僧惊骇曰:'柜内有人寄绫千匹,唯命是听。'于是启柜,罄而给之。小仆谓僧曰:'来日早,于朝门相见,可奉引入内,所酬不轻。'假服者遂跨卫而去。僧自是经日访于内门,杳无所见,方知群丐并是奸人之党焉。"②可见,寺院在物资交流和中转方面也扮有重要角色,这自然也开拓了寺院的经济功能和业务。

由上所论,可见唐代长安寺院独特的景观风情,吸引了无数的僧俗大众。在佛教世俗化的过程中,社会交往和流动频繁,市场贸易日趋繁盛,寺院经济也呈现出多样化的发展形式。较之于北魏洛阳寺院,唐长安寺院的社会景观显得更为多姿多彩,也更能为佛教寺院经济的继续发展提供良好的社会环境。

四、长安寺院的个案考察——慈恩寺

唐慈恩寺可以说是当时京师寺院的微缩景观,几乎体现了大唐长安佛寺的全部风貌。

慈恩寺,乃隋代无漏寺之地。贞观二十二年十二月二十四日,高宗为文德皇后立为寺,故以慈恩为名。寺"南临黄渠,水竹森邃,为京都之最"③。《大慈恩寺三藏法师传》描绘了慈恩寺恢弘的建筑气势:"穷班倕巧艺,尽衡霍良木,文石梓桂橡樟栟榈充其林,珠玉丹青赭垩金翠备其饰,而重楼复殿,云阁洞房,凡十余院,总一千八百九十七间,床褥器物,备皆盈满。"④

---

① 《太平广记》卷34引《传奇》"崔炜",中华书局1961年版,第216页。
② 《太平广记》卷238引《玉堂闲话》"大安寺",中华书局1961年版,第1835页。
③ 《唐两京城坊考》卷3,中华书局1985年版,第68页。
④ 《大慈恩寺三藏法师传》卷7,中华书局1983年版,第149页。

慈恩寺塔是长安最著名的寺塔,其建筑气势雄伟,高耸云天。唐人喜欢登高远眺,有大量咏歌慈恩寺塔的佳篇名作流传于世。诗人杜甫、高适、岑参、储光羲、欧阳詹等都写有这样的作品,如岑参《与高适、薛据登慈恩寺浮图》一诗就描写了慈恩寺塔的雄宏气势:"塔势如涌出,孤高耸天宫。登临出世界,磴道盘虚空。突兀压神州,峥嵘如鬼工。四角碍白日,七层摩苍穹。下窥指高鸟,俯听闻惊风。连山若波涛,奔凑似朝东。青槐夹驰道,宫馆何玲珑。秋色从西来,苍然满关中。五陵北原上,万古青濛濛。净理了可悟,胜因夙所宗。誓将挂冠去,觉道资无穷。"①

章八元《题慈恩寺塔》写道:"十层突兀在虚空,四十门开面面风。却怪鸟飞平地上,自惊人语半天中",给人留下"回梯暗踏如穿洞,绝顶初攀似出笼"②的惊险之感。寺院以佛塔而著名,寺塔因游人而闻名。

杜甫《同诸公登慈恩寺塔》诗可谓情景交融,意蕴深远,同时又深寓雄浑悲壮之意:"高标跨苍天,烈风无时休。自非旷士怀,登兹翻百忧。方知像教力,足可追冥搜。仰穿龙蛇窟,始出枝撑幽。七星在北户,河汉声西流。羲和鞭白日,少昊行清秋。秦山忽破碎,泾渭不可求。俯视但一气,焉能辨皇州。回首叫虞舜,苍梧云正愁。惜哉瑶池饮,日晏昆仑丘。黄鹄去不息,哀鸣何所投。君看随阳雁,各有稻粱谋。"③

唐代以慈恩寺和慈恩寺塔为主题的文学创作④,是我国古代文学艺术宝库中的重要组成。

慈恩寺也有精美的壁画。《名画记》记载慈恩寺塔院有吴道玄、尹琳、胡人尉迟乙僧、杨廷光、郑虔、毕弘、王维、李果奴、张孝师、韦銮等人的画作。

慈恩寺之景观,春秋之季,色彩不同,各呈风采。如司空曙《早春游慈恩

---

① 《全唐诗》卷198,中华书局1999年版,第2043页。
② 《全唐诗》卷281,中华书局1999年版,第3188页。
③ 《全唐诗》卷216,中华书局1999年版,第2259页。
④ 佛教寺院是唐代文学作品中常见的创作背景和艺术空间,慈恩寺亦是其中重要的故事场景之一。例如唐人创作的《河东记·慈恩塔院女仙》就发生在慈恩寺:"唐太和二年,长安城南韦曲慈恩寺塔院,月夕,忽见一美妇人,从三四青衣来,绕佛塔言笑,甚有风味。回顾侍婢曰:'白院主,借笔砚来。'乃于北廊柱上题诗曰:'黄子陂头好月明,忘却华筵到晓行。烟收山低翠黛横,折得荷花赠远生。'题讫,院主执烛将视之,悉变为白鹤,冲天而去。书迹至今尚存。"《太平广记》卷69,中华书局1961年版,第432页。

南池》:"山寺临池水,春愁望远生。蹋桥逢鹤起,寻竹值泉横。新柳丝犹短,轻蘋叶未成。还如虎溪上,日暮伴僧行。"①

赵嘏《春尽独游慈恩寺南池》:"竹外池塘烟雨收,送春无伴亦迟留。秦城马上半年客,潘鬓水边今日愁。气变晚云红映阙,风含高树碧遮楼。杏园花落游人尽,独为圭峰一举头。"②

韦应物《慈恩寺南池秋荷咏》:"对殿含凉气,裁规覆清沼。衰红受露多,馀馥依人少。萧萧远尘迹,飒飒凌秋晓。节谢客来稀,回塘方独绕。"③

长安赏花时节,百花争艳,五彩斑斓,尤其牡丹更是独占花魁,正如刘禹锡《赏牡丹》诗中所云:"唯有牡丹真国色,花开时节动京城。"④虽说京师长安"以牡丹为上",但"佛宇道观,游览者罕不经历"⑤,使得许多寺院中的牡丹鲜为人知。而在京城的寺院中,慈恩寺的牡丹最是名扬天下,据说"慈恩寺元果院牡丹,先于诸牡丹半月开;太真院牡丹,后诸牡丹半月开"⑥,故而吸引了众多观者,也引得众多文人为之歌咏。

权德舆《和李中丞慈恩寺清上人院牡丹花歌》赞叹道:"澹荡韶光三月中,牡丹偏自占春风。时过宝地寻香径,已见新花出故丛。曲水亭西杏园北,浓芳深院红霞色。擢秀全胜珠树林,结根幸在青莲域。艳蕊鲜房次第开,含烟洗露照苍苔。庞眉倚杖禅僧起,轻翅萦枝舞蝶来。独坐南台时共美,闲行古刹情何已。花间一曲奏阳春,应为芬芳比君子。"⑦

裴士淹《白牡丹》云:"长安年少惜春残,争认慈恩紫牡丹。别有玉盘乘露冷,无人起就月中看。"⑧

由此可以想见长安城百花争相斗艳时,牡丹那傲视群芳的高贵神态。到慈恩寺赏花,可以说是大唐时代长安城最为流行的时尚风情了。

---

① 《全唐诗》卷292,中华书局1999年版,第3306页。
② 《全唐诗》卷549,中华书局1999年版,第6415页。
③ 《全唐诗》卷193,中华书局1999年版,第1998页。
④ 《全唐诗》卷365,中华书局1999年版,第4129页。
⑤ 《剧谈录》卷下(《唐五代笔记小说大观》),上海古籍出版社2000年版,第1481页。
⑥ 《南部新书》(《宋元笔记小说大观》第1册),上海古籍出版社2001年版,第319页。
⑦ 《全唐诗》卷327,中华书局1999年版,第3668页。
⑧ 《全唐诗》卷124,中华书局1999年版,第1231页。

"驾车出人境，避暑投僧家。"①盛夏时节的慈恩寺，是最为著名的避暑胜地，吸引了无数的游人。如卢纶《同崔峒补阙慈恩寺避暑》写道："寺凉高树合，卧石绿阴中。伴鹤惭仙侣，依僧学老翁。鱼沉荷叶露，鸟散竹林风。始悟尘居者，应将火宅同。"②

李端《同苗发慈恩寺避暑》："追凉寻宝刹，畏日望璇题。卧草同鸳侣，临池似虎溪。树闲人迹外，山晚鸟行西。若问无心法，莲花隔淤泥。"③

刘得仁《夏日游慈恩寺》："何处消长日，慈恩精舍频。僧高容野客，树密绝嚣尘。闲上凌虚塔，相逢避暑人。却愁归去路，马迹并车轮。"又《慈恩寺塔下避暑》："古松凌巨塔，修竹映空廊。竟日闻虚籁，深山只此凉。僧真生我静，水淡发茶香。坐久东楼望，钟声振夕阳。"④直到傍晚，人们才在清凉的晚风中，在香荷如散麝的弥漫里，惬意地踏上归途。

在唐代，题壁于寺是相当普遍的。而对于参加科举的文士们，最为荣耀的一件事莫过于进士及第成功后曲江游园、慈恩寺"雁塔题名"了。关于慈恩寺塔题名的来历，已不大可考。据《南部新书》记载："韦肇初及第，偶于慈恩寺塔下题名。后进慕效之，遂成故事。"⑤《嘉话录》说："慈恩题名，起自张莒。本于寺中闲游，而题其同年，人因为故事。"⑥《唐摭言》则称："进士题名，自神龙之后，过关宴后，率皆期集于慈恩塔下题名，故贞元中，刘太真侍郎试《慈恩寺望杏花发诗》……"⑦

唐代进士题名，留下了不少诗篇佳话。如刘沧《及第后宴曲江》写其感受："及第新春选胜游，杏园初宴曲江头。紫毫粉壁题仙籍，柳色箫声拂御楼。霁景露光明远岸，晚空山翠坠芳洲。归时不省花间醉，绮陌香车似水流。"⑧徐夤《曲江宴日呈诸同年》写道："鸒鹠惊与凤凰同，忽向中兴遇至公。金榜连名升碧落，

---

① 《全唐诗》卷212，中华书局1999年版，第2206页。
② 《全唐诗》卷279，中华书局1999年版，第3168页。
③ 《全唐诗》卷285，中华书局1999年版，第3253页。
④ 《全唐诗》卷544，中华书局1999年版，第6339、6348页。
⑤ 《南部新书》(《宋元笔记小说大观》第1册)，上海古籍出版社2001年版，第304页。
⑥ 《太平广记》卷256引《嘉话录》"柳宗元"，中华书局1961年版，第1991页。
⑦ [五代]王定保撰、姜汉椿校注：《唐摭言校注》卷3，上海社会科学院出版社2003年版，第53—54页。
⑧ 《全唐诗》卷586，中华书局1999年版，第6847页。

紫花封敕出琼宫。天知惜日迟迟暮，春为催花旋旋红。好是慈恩题了望，白云飞尽塔连空。"①表达了士人们及第后的喜悦之情。当年白居易进士及第，才二十七岁，正当风华少年，于是写下"慈恩塔下题名处，十七人中最少年"②的诗句，可想他是多么意气奋发。

从北魏洛阳永宁寺到唐长安慈恩寺，可以看出佛教寺院在社会空间方面逐步渗透扩展，渐趋深入到社会日常生活的各个方面。如果说永宁寺还带有宗教灵境的神圣气氛，那么慈恩寺则更向着社会世俗化靠近。

唐代慈恩寺的经济活动也是值得一提。凭借慈恩寺的独特魅力，寺院僧众也开始在经济活动方面有了别具特色的创新。由于慈恩寺之牡丹，芳华独具，不同于他处，甚至引得游人的"觊觎"之心。因此，僧众便在长安打出了慈恩寺牡丹的"品牌"。据《唐语林》记载：

> 京师贵牡丹，佛宇、道观多游览者。慈恩浴室院有花两丛，每开及五六百朵。僧恩振说："会昌中朝士数人同游僧舍。时东廊院有白花可爱，皆叹云：'世之所见者，但浅深紫而已，竟未见深红者。'老僧笑曰：'安得无之？但诸贤未见尔！'众于是访之，经宿不去。僧方言曰：'诸君好尚如此，贫道安得藏之？但未知不漏于人否？'众皆许之。僧乃自开一房，其间施设幡像，有板壁遮以幕。后于幕下起关，至一院，小堂甚华洁，柏木为轩庑栏槛。有殷红牡丹一丛，婆娑数百朵。初日照辉，朝露半晞。众共嗟赏，及暮而去。僧曰：'予栽培二十年，偶出语示人，自今未知能存否？'后有数少年诣僧，邀至曲江看花，藉草而坐。弟子奔走报：有数十人入院掘花，不可禁。坐中相视而笑。及归至寺，见以大畚盛之而去。少年徐谓僧曰：'知有名花，宅中咸欲一看，不敢预请，盖恐难舍。已留金三十两、蜀茶二斤，以为报矣！'"③

这一则故事，看似是人们为了获得慈恩寺浴室院名贵牡丹而发生的一件趣

---

① 《全唐诗》卷709，中华书局1999年版，第8242页。
② 《唐摭言校注》卷3《慈恩寺题名游赏赋咏杂记》，上海社会科学院出版社2003年版，第81页。
③ 《唐语林校证》卷7，中华书局1987年版，第628页。

闻，但我们认为这更像是慈恩寺僧侣故意导演的一出戏剧。寺院僧侣早已清楚其寺牡丹的价值，故而"有板壁遮以幕"，密不示人。然后引数人观游，从而吸引和提高人们的注意力。最后，引出"数十人入院掘花"的场面，达到获取"金三十两、蜀茶二斤，以为报矣"的目的。整个情节连贯流畅，引人入胜。故事中最有趣的就是人们入寺掘花时，僧人"相视而笑"一幕了。正是这一细节，透露出整个故事的秘密所在。在经历这场"入寺掘花"的风波后，慈恩寺的牡丹定会市价高涨，风靡长安。

由此故事，可以看出在唐代社会日渐发展的商品经济浪潮中，寺院僧众也跻身于广阔的市场，从事经济贸易，并且游刃有余，获取利润。这也为唐代寺院经济的发展增添了些许独特的亮点。

总之，中古时期的佛教寺院逐渐成为人们日常社会生活中相互交流的重要场所。这里汇集着各种各样的社会信息，上至朝廷宫禁，下至市井村野，诗文雅颂，鄙俗俚语，士农工商道俗，形成了一个文化交流的中心空间，传递着人们津津乐道的逸闻趣事，演绎着人世间的悲苦离合、万种风情。这种空间的形成，也表明了中古佛教同民间社会的密切结合和广泛传播。[①]在这样的背景下，中古寺院的经济活动也日益活跃，交易频繁，庙市热闹，并不断发展创新，为寺院经济的发展注入了活力。

[①] 那波利贞在《唐代寺院对俗人开放为简便投宿处》(原载《龙谷史学》33，1950年；中译本收入刘俊文主编《日本学者研究中国史论著选译》第七卷思想宗教，中华书局1993年版，第315页)通过对普通院的考察，指出初唐、盛唐尚以特权阶级的信仰为背景的佛教，在进入中唐后，正逐渐趋以庶民大众的信仰为背景，并欲争得其广泛支持的新倾向。

结　语

　　中古时代（3—9世纪）是佛教逐步发展、兴盛的时期。伴随着佛教势力的扩张，中古佛教寺院经济也经历了一个发展变迁的历程。作为汉唐时期重要的社会势力，寺院经济与中古社会产生了密切的关联和互动。不同于世俗社会其他经济力量，寺院经济以其宗教的面纱和其对经济利益的追求，在中古时期的历史画卷上渲染了别具特色的笔调。

　　中古佛教寺院经济，自南北朝时期产生以来，就一直得到各王朝统治阶层的扶植和支持，寺院的经济势力逐步壮大。就寺院的资源配置而言，无论在劳动力人口资源、土地资源还是在寺院的其他资财方面，王朝统治者的赏赐、王公官僚贵族的捐施及社会普通民众的投献，都是寺院经济资源配置的主要来源。无论南北朝时期，抑或隋唐时期，来自世俗社会各阶层的经济"输血"，为寺院经济的发展和扩张奠定了坚实的基础。

　　中古时期，最能体现寺院经济资源扩张的是寺院对于土地资源的争夺。除了赏赐、捐施之外，寺院还通过经济交易的方式大量购买土地，扩大实力。同时，寺院经济还以非正常的手段如强占民田、夺取道观田产等扩充田产，以保证寺院经济实力的强势地位。

　　在通过多种方式和途径获得经济资源增强经济实力的同时，寺院经济也染指于各种生产经营活动。在农业、经济作物种植、手工业、商业、畜牧业、高利贷金融、医药等领域，都有佛教寺院经济活跃的身影。多样化的生产经营方式，促进了寺院经济实力的增长，也增进了与世俗社会的经济文化交往，更为寺院经济的进一步扩张打下了基础。

　　中古佛教寺院经济的发展，与中古社会的经济制度有着紧密联系。中古时期最为重要的经济制度——均田制，借助制度的惯性，历经北朝、隋代的不断修订和调整后，到唐代仍得以继续推行。唐代均田制"僧尼授田"法令，是对中古寺院经济发展变迁产生重要影响的"制度化"措施，也可视为是唐代佛教发展历程中管理制度中国化的一种体现。① 僧尼授田法令将僧尼纳入均田制的管理体系当中，试图能对日益膨胀的寺院经济有所限制。然而，这一"制度化"的方式，由于缺乏有效的监督和管理，特别是在"安史之乱"后均田制已名存实亡的背景下，并未实现其限制寺院经济发展的目的，最终沦落为寺院经济发展的另一条途径。而且，在这一"制度化"方式推行的同时，对寺院经济获取资财的其他方式即"非制度化"途径并未予以限制和取消。于是，凭借僧尼授田——"制度化"方式和统治者的赏赐、官僚贵族的捐施、社会民众的投献及寺院的经济购买等其他手段——"非制度化"方式，即我们提出的"双轨制"模式，寺院经济在唐代得到了空前的扩张，达到了鼎盛发展。由此可见，均田制僧尼授田这一法令，对于中古寺院经济的发展和变迁起到了重要的推动作用。

同样对于中古寺院经济变迁有着重要意义的是度牒制度和《百丈清规》。度牒制度是中古时期在佛教僧尼管理方面的重要举措。发放度牒，其意亦在加强僧尼管理，防止僧尼猥滥。然而，出家僧尼免除赋役的特权享有，使得人们对于获取僧尼身份的认证——度牒的热情高涨。富户强族，高门大户，纷纷涌入，一时僧尼猥滥，"伪度"流行。这不仅造成对僧尼管理的混乱，而且促进了寺院在劳动力人口经济资源方面同世俗社会的争夺，削弱了国家财政赋税收入。因此，度牒制度的实施，在客观上对中古佛教寺院经济的膨胀起到了推波助澜的作用。

佛教的广泛传播和寺院经济的兴盛，也引起了寺院经济自身的制度变革。随着佛教中国化的历程，客观上对佛教界尤其是禅宗的生存发展提出了新的要求。唐代安史之乱以后，佛教势力也遭到了冲击。加之社会经济环境的变迁，寺院经济的发展进入了一个转折点，即农禅经济的出现和《百丈清规》的创制。《百丈清规》对佛教僧尼的行为予以规范。其在经济方面实行"一日不作，一日不食"的普请法，为中古寺院经济的发展提供了新的模式。借助于唐武宗"会昌废佛"的风潮，终于促使了农禅经济的风行。《百丈清规》对后世的寺院经济管理制度产生了深远影响。

"三武一宗"废佛是中古佛教史研究较为重视的领域，但研究者对于废佛

---

① 孟宪实通过对新疆吐鲁番新发现文书《唐神龙三年（707）正月高昌县开觉等寺手实》的研究，指出在佛教中国化的过程中，教义的中国化与管理的中国化同时发生。把传统的户口土地管理制度嫁接到佛道教的管理上，到唐代前期已经十分成熟，而此时佛教的整体方向正是中国化。《新出唐代寺院手实研究》，《历史研究》2009 年第 5 期。

背后的经济因素关注较少。"三武一宗"废佛是中古王权社会对于佛教寺院经济"高度关注"的一种特殊方式，即通过行政强制手段对寺院经济进行干预的行为。早期的北魏太武废佛，矛头虽不是直指寺院经济，但开了强制干预寺院经济的先河；其后北周武帝废佛明确针对寺院经济势力的扩张；而唐武宗"会昌法难"则将行政强制干预的方式发挥到了顶点；五代周世宗废佛，则是中古废佛行动的尾声。四次废佛行动，是中古社会经济环境变迁下王权国家对经济资源配置的一种强制干预。在中古人力资源和土地资源的不平衡摆动之间，王权国家对资源的偏好也随之变化，经历了由早期北朝重劳动力资源争夺到后来唐代相对侧重于土地资源的变迁。正是如此，"三武一宗"废佛才成为中古时代的特殊产物。在经历中古寺院经济尤其禅宗农禅经济的改革和唐宋时代变革之后，这种强制干预寺院经济的方式也就随之远离历史而去。同时，随着中古社会经济的发展及经济制度的迁转，特别是均田制瓦解后，国家对于寺院经济的干预也体现出了向理性的经济规范方式的变化。可以说，"三武一宗"废佛行动中的经济色彩越来越浓厚，而不再是单纯的争夺资源强制性手段。

相比于"三武一宗"废佛的激烈手段，中古社会舆论对于寺院经济的关注则是一种温和的方式。当然，这种温和的方式，并没能掩盖其舆论言辞的激烈。以往关于寺院经济的研究，对于此项内容少有系统论述。中古时期寺院经济的膨胀，引起国家统治阶层的高度关注。尤其唐代，在朝廷官方和文人士大夫中间引起了强烈反响。官方颁布的敕诏和文人士大夫的言论，以"他者"的目光，为我们勾勒出了寺院经济发展的另一幅景象。从中可见，舆论的压力并未能够对寺院经济的发展起到限制的作用。佛教寺院经济凭借实力的不断扩张和膨胀，从根本上冲击了压制寺院经济发展的呼声和社会舆论。这也从一个侧面反映出寺院经济发展的独立性，以及对于外在干预所具有的自我防范和自我保护能力。

寺院水碾硙经营是考察寺院经济与中古社会互动关系的一个窗口。中古时期，佛教寺院经济的急遽发展，与世俗社会之间产生了密切的互动。以寺院水碾硙经营活动为例，它表现了寺院经济对于世俗社会经济生活的重要影响。寺院水碾硙的过分经营，影响了唐王朝国家的经济生产活动及水资源的分配，进而对唐王朝经济管理制度方面也有所触及。寺院水碾硙经营活动，反映了寺院在经济发展过程中的主动性和对经济利益的积极追求，同时充分体现出寺院经济发展的影响已渐趋深入到唐代社会的各个层面。

在寺院经济研究中，佛道之争往往被忽视。通过对佛道经济资源之争的考

结 语

察，使我们从另一个侧面观察到了中古寺院经济的发展概况。尽管较之于道教以其不辩自明的国家宗教的沉默保持着自己的姿态，佛教虽然缺失其先天的优势，但积极热情地予以抗争乃至争夺。在经济领域的相互争斗中，佛教寺院显示了其主动性，表现出强势的姿态。

寺院经济的发展并不是孤立的，而是以寺院为中心，逐渐扩展活动空间的过程。在以北魏洛阳和唐代长安寺院为中心的考察中，我们可以看出寺院社会、经济、文化功能日益丰富、重要。通过洛阳与长安、永宁寺与大慈恩寺的比对，可见寺院不仅是进行宗教活动的场所，也是僧俗文化交流、从事经济活动的重要空间。寺院世俗化色彩浓厚的趋势，为寺院经济的进一步发展铺垫了底色，使其呈现出多样化的特点。在经济活动中，佛教僧众的身影也清晰可辨，为我们了解寺院经济的发展提供了生动的图景。这种世俗化的色彩到了唐末以后就更加明显，著名的相国寺在宋时，百工伎巧，四方异物，皆云集于此，"万人交易"[①]。甚至相国寺还与妓馆相邻，且院内有"烧朱院"，经营肉食加工。可见中古时期寺院经济世俗化的色彩在后世得到了充分渲染，展现了其深远的历史影响。

综上，本书主要从宏观并与微观具体个案考察相结合的角度，就中古寺院经济的变迁进行了分析论述，并试图能对中古寺院经济的变迁有一个概观的了解。寺院经济的变迁不仅是其自身发展的结果，更是与中古社会有着密切的关联。

从寺院经济与中古社会的互动这一视角来看，中古佛教寺院经济的发展变迁经历了一个复杂的过程。世俗王权社会各种途径的资源配置方式为中古寺院经济的发展提供了原动力。同时，国家的强制干预又一次次冲击和打乱了寺院经济的正常发展秩序。国家王权对于寺院经济过度发展所进行的管理和限制，却由于缺乏有效的实施和监督，最终成为促进寺院经济膨胀的因素，为中古寺院经济的扩张起到了推波助澜的作用。而大张旗鼓的中古社会舆论，也没能限制寺院经济扩张的步伐。

从佛教寺院经济本身发展而言，寺院经济一直都在追求自身的经济利益。多种经营以至强占争夺，都表现出寺院经济发展的强势姿态。面对世俗社会的打

[①] [宋]孟元老：《东京梦华录》卷3，古典文学出版社1956年版，第19页。关于相国寺在唐宋时期宗教神圣与世俗化的变迁包括相国寺的经济活动等内容的研究，参见段玉明：《相国寺——在唐宋帝国的神圣与凡俗之间》，巴蜀书社2004年版。

击和干预，寺院经济也采取了对策，予以自我调整，从而保证自己的生存空间和发展前景。而寺院经济的发展，也对中古社会的国家制度决策及民众经济文化生活产生了重要影响。佛教寺院不仅是宗教弘法的场所，而且也成为僧俗经济文化交流的重要空间，在人们的日常生活中扮演了重要角色。

总之，中古佛教寺院经济的变迁，同中古社会的发展有着密切关联，是和当时历史的变迁交织在一起的。世俗社会的风云变迁，影响和改变了寺院经济的发展轨迹，而寺院经济自身也积极调整自己，适应时代的变迁，并努力深入社会，影响社会。中古寺院经济的变迁，是积极的、动态的历史变迁，是内外矛盾交织下寻求自身生存、发展的变迁。也正是通过这种变迁，寺院经济才在中古时代演绎了一段不寻常的历程，也为后世留下了一个不断追寻的历史命题。

可以说，通过中古佛教寺院经济变迁的考察，不仅使我们对寺院经济发展史有了新的深刻认识，而且扩大了视野，开拓了新的角度，并对研究和理解中古社会的历史变迁有着不可忽视的历史意义。当然，中古寺院经济变迁的研究也是一个相当复杂和难度很大的课题，还需要我们作更为深入而充分的研究和探讨。

主要参考文献

一、古代典籍及文献

1. ［汉］班固：《汉书》，北京：中华书局，1962年。
2. ［晋］陈寿：《三国志》，北京：中华书局，1959年。
3. ［南朝宋］范晔：《后汉书》，北京：中华书局，1965年。
4. ［南朝］刘义庆撰，徐震堮校笺：《世说新语校笺》，北京：中华书局，1984年。
5. ［北魏］杨衒之撰，周祖谟校释：《洛阳伽蓝记校释》，北京：中华书局，2010年。
6. ［梁］沈约：《宋书》，北京：中华书局，1974年。
7. ［梁］释宝昌著，王孺童校注：《比丘尼传校注》，北京：中华书局2006年。
8. ［梁］释慧皎撰，汤用彤校注：《高僧传》，北京：中华书局，1992年。
9. ［梁］释僧佑辑：《弘明集》（大正藏本），台北：台北佛陀教育基金会出版部，1990年。
10. ［梁］萧子显：《南齐书》，北京：中华书局，1972年。
11. ［北齐］魏收：《魏书》，北京：中华书局，1974年。
12. 顾学颉校点：《白居易集》，北京：中华书局，1979年。
13. ［唐］道世撰集，周叔迦、苏晋仁校注：《法苑珠林校注》，北京：中华书局，2003年。
14. ［唐］道宣撰，郭绍林点校：《续高僧传》，北京：中华书局，2014年。
15. ［唐］杜牧著：《樊川文集》，上海：上海古籍出版社，1978年。
16. ［唐］房玄龄等：《晋书》，北京：中华书局，1974年。
17. 《韩昌黎全集》，北京：中国书店，1991年。
18. ［唐］慧立、彦悰著：《大慈恩寺三藏法师传》，北京：中华书局，1983年。

19. ［唐］慧祥、［宋］延一、张商英撰，陈扬炯、冯巧英校注：《古清凉传 广清凉传 续清凉传》，太原：山西人民出版社，1989年。

20. ［唐］李百药：《北齐书》，北京：中华书局，1972年。

21. ［唐］李吉甫撰：《元和郡县图志》，北京：中华书局，1983年。

22. ［唐］李林甫等撰，陈仲夫点校：《唐六典》，北京：中华书局，1992年。

23. ［唐］李延寿：《北史》，北京：中华书局，1974年。

24. ［唐］李延寿：《南史》，北京：中华书局，1975年。

25. ［唐］李肇等撰：《唐国史补 因话录》，上海：上海古籍出版社，1979年。

26. ［唐］令狐德棻等：《周书》，北京：中华书局，1971年。

27. 瞿蜕园笺证：《刘禹锡集笺证》，上海：上海古籍出版社，1989年。

28. ［唐］释道宣辑：《广弘明集》（大正藏本）台北：台北佛陀教育基金会出版部，1990年。

29. ［唐］魏征等：《隋书》，北京：中华书局，1973年。

30. ［唐］姚思廉：《梁书》，北京：中华书局，1973年。

31. ［唐］姚思廉：《陈书》，北京：中华书局，1972年。

32. ［清］黄本骥编订，凌家民点校：《颜真卿集》，哈尔滨：黑龙江人民出版社，1993年。

33. ［唐］义净著，王邦维校注：《南海寄归内法传校注》，北京：中华书局，1995年。

34. ［日］圆仁著，白化文、李鼎霞、许德楠校注：《入唐求法巡礼行记校注》，石家庄：花山文艺出版社，1992年。

35. ［唐］长孙无忌等撰，刘俊文点校：《唐律疏议》，北京：中华书局，1983年。

36. ［唐］张彦远著，俞建华注释：《历代名画记》，上海：上海人民美术出版社，1964年。

37. ［唐］张鷟撰，田涛、郭成伟校注：《龙筋凤髓判校注》，北京：中国政法大学出版社，1995年。

38. ［后唐］冯贽编，张力伟点校：《云仙散录》，北京：中华书局，1998年。

39. ［后晋］刘昫等撰：《旧唐书》，北京：中华书局，1975年。

40. ［五代］王定保撰，姜汉椿校注：《唐摭言校注》，上海：上海社会科学院出版社，2003年。

41. ［宋］李昉等编：《太平广记》，北京：中华书局，1961 年。

42. ［宋］李昉等编：《文苑英华》，北京：中华书局，1966 年。

43. ［宋］李昉等编：《太平御览》，上海：上海古籍出版社，1990 年。

44. ［宋］孟元老：《东京梦华录（外四种）》，上海：古典文学出版社，1956 年。

45. ［宋］欧阳修、宋祁撰：《新唐书》，北京：中华书局，1975 年。

46. ［宋］欧阳修：《新五代史》，北京：中华书局，1974 年。

47. ［宋］司马光编著：《资治通鉴》，北京：中华书局，1956 年。

48. ［宋］宋敏求编，洪丕谟等点校：《唐大诏令集》，上海：学林出版社，1992 年。

49. ［宋］王谠撰，周勋初校证：《唐语林校证》，北京：中华书局，1987 年。

50. ［宋］王溥撰：《唐会要》，北京：中华书局，1955 年。

51. ［宋］王溥撰：《五代会要》，北京：中华书局，1998 年。

52. ［宋］王钦若等编：《册府元龟》，北京：中华书局，1960 年。

53. ［宋］王应麟著，［清］阎若璩、何焯、全祖望注，栾保群、田松青校点：《困学纪闻》，上海：上海古籍出版社，2015 年。

54. ［宋］薛居正等：《旧五代史》，北京：中华书局，1976 年。

55. ［宋］赞宁撰，范祥雍点校：《宋高僧传》，北京：中华书局，1987 年。

56. ［宋］赞宁撰，富世平校注：《大宋僧史略校注》，北京：中华书局，2015 年。

57. ［宋］张君房编，李永晟点校：《云笈七籤》，北京：中华书局，2003 年。

58. ［元］马端临：《文献通考》，北京：中华书局，1986 年。

59. ［明］陶宗仪纂：《说郛》（涵芬楼影印版），北京：中国书店，1986 年。

60. ［清］董诰等编：《全唐文》，北京：中华书局，1983 年。

61. ［清］王昶辑：《金石萃编》，北京：中国书店，1985 年。

62. ［清］徐松撰，张穆校补，方严点校：《唐两京城坊考》，北京：中华书局，1985 年。

63. ［清］严可均校辑：《全上古三代秦汉三国六朝文》，北京：商务印书馆，1999 年。

64. ［清］赵翼著，王重民校证：《廿二史札记校证》，北京：中华书局，1984 年。

65. 高廷璋修，蒋藩纂：《河阴县志》，1917 年修本。
66. 《笔记小说大观》，扬州：江苏广陵古籍刻印社，1983 年。
67. 国家文物局古文献研究室、新疆维吾尔自治区博物馆、武汉大学历史系编：《吐鲁番出土文书》第 4 册，北京：文物出版社，1983 年。
68. 国家文物局古文献研究室、新疆维吾尔自治区博物馆、武汉大学历史系编：《吐鲁番出土文书》第 7 册，北京：文物出版社，1986 年。
69. 国家文物局古文献研究室、新疆维吾尔自治区博物馆、武汉大学历史系编：《吐鲁番出土文书》第 10 册，北京：文物出版社，1991 年。
70. 《宋元笔记小说大观》，上海：上海古籍出版社，2001 年。
71. 王重民等编：《敦煌变文集》，北京：人民文学出版社，1984 年。
72. 曾枣庄、刘琳主编：《全宋文》，上海：上海辞书出版社，2006 年。
73. 中华书局编辑部点校：《全唐诗》（增订本），北京：中华书局，1999 年。

二、著作

74. 《宝光寺》编委会编著：《宝光寺》，北京：中华书局，2013 年。
75. 北京图书馆金石组、中国佛教图书文物馆石经组编：《房山石经题记汇编》，北京：书目文献出版社，1987 年。
76. 陈大为：《唐后期五代宋初敦煌僧寺研究》，上海：上海古籍出版社，2014 年。
77. 陈弱水：《唐代文士与中国思想的转型》，桂林：广西师范大学出版社，2009 年。
78. 陈垣编纂，陈智超、曾庆英校补：《道家金石略》，北京：文物出版社，1988 年。
79. 段玉明：《相国寺——在唐宋帝国的神圣与凡俗之间》，成都：巴蜀书社，2004 年。
80. 范文澜：《唐代佛教》，北京：人民出版社，1979 年。
81. 方立天：《方立天文集》第二卷《隋唐佛教》，北京：中国人民大学出版社，2006 年。
82. 复旦大学文史研究院编：《佛教史研究的方法与前景》，北京：中华书局，2013 年。

83. 高敏主编：《魏晋南北朝经济史》，上海：上海人民出版社，1996年。
84. 葛兆光：《中国禅思想史——从6世纪到9世纪》，北京：北京大学出版社，1995年。
85. 葛兆光：《葛兆光自选集》，桂林：广西师范大学出版社，1997年。
86. 葛兆光：《中国思想史第一卷——七世纪前中国的知识、思想与信仰世界》，上海：复旦大学出版社，1998年。
87. 葛兆光：《中国思想史第二卷——七世纪至十九世纪中国的知识、思想与信仰世界》，上海：复旦大学出版社，2000年。
88. 龚国强：《隋唐长安城佛寺研究》，北京：文物出版社，2006年。
89. 郭朋：《隋唐佛教》，济南：齐鲁书社，1980年。
90. 郭朋：《汉魏两晋南北朝佛教》，济南：齐鲁书社，1986年。
91. 郝春文：《唐后期五代宋初敦煌僧尼的社会生活》，北京：中国社会科学出版社，1998年。
92. 郝春文编著：《英藏敦煌社会历史文献释录》第3卷，北京：社会科学文献出版社，2003年。
93. 郝春文、陈大为：《敦煌的佛教与社会》，兰州：甘肃教育出版社，2011年。
94. 郝春文等编著：《英藏敦煌社会历史文献释录》第11卷，北京：社会科学文献出版社，2014年。
95. 韩国磐：《隋唐五代史纲》（修订本），北京：人民出版社，1979年。
96. 韩金科主编：《法门寺文化研究》（文史资料汇编卷），宝鸡：陕西省法门寺博物馆，1993年。
97. 韩理洲辑校：《全隋义补遗》，西安：三秦出版社，2004年。
98. 何兹全主编：《五十年来汉唐寺院经济研究（1934—1984）》，北京：北京师范大学出版社，1986年。
99. 洪修平：《禅宗思想的形成与发展》，南京：江苏古籍出版社，1992年。
100. 侯旭东：《五六世纪北方民众佛教信仰》，北京：中国社会科学出版社，1998年。
101. 胡素馨编：《物质文化：寺院财富与世俗供养国际学术研讨会论文集》，上海：上海书画出版社，2003年。
102. 黄挺、马明达著：《潮汕金石文征》（宋元卷），广州：广东人民出版社，

1999年。

103. 黄征、吴伟：《敦煌愿文集》，长沙：岳麓书社，1995年。

104. 姜伯勤：《唐五代敦煌寺户制度》，北京：中华书局，1987年。

105. 蒋福亚：《魏晋南北朝社会经济史》，天津：天津古籍出版社，2005年。

106. 李芳民：《唐五代佛寺辑考》，北京：商务印书馆，2006年。

107. 李健超：《增订唐两京城坊考》(修订版)，西安：三秦出版社，2006年。

108. 李时人编校，何满子审定：《全唐五代小说》，西安：陕西人民出版社，1998年。

109. 李献奇、黄明兰主编：《画像砖、石刻、墓志研究》，郑州：中州古籍出版社，1994年。

110. 李艳茹、李瑞春：《佛教寺院与唐代小说》，北京：人民出版社，2014年。

111. 李映辉：《唐代佛教地理研究》，长沙：湖南大学出版社，2004年。

112. 林富士主编：《礼俗与佛教》(邢义田、黄宽重、邓小南主编：《台湾学者中国史研究论丛》)，北京：中国大百科全书出版社，2005年。

113. 刘景龙、李玉昆主编：《龙门石窟碑刻题记汇录》，北京：中国大百科全书出版社，1998年。

114. 刘俊文主编：《日本学者研究中国史论著选译》(第四卷六朝隋唐)，北京：中华书局，1992年。

115. 刘俊文主编：《日本学者研究中国史论著选译》(第七卷思想宗教)，北京：中华书局，1993年。

116. 刘俊文主编：《日本中青年学者论中国史》(六朝隋唐卷)，上海：上海古籍出版社，1995年。

117. 刘俊文：《唐律疏议笺解》，北京：中华书局，1996年。

118. 刘淑芬：《中古的佛教与社会》，上海：上海古籍出版社，2008年。

119. 龙显昭、黄海德主编：《巴蜀道教碑文集成》，成都：四川大学出版社，1997年。

120. 卢现祥：《西方新制度经济学》，北京：中国发展出版社，1996年。

121. 卢向前：《唐代西州土地关系述论》，上海：上海古籍出版社，2001年。

122. 吕澂：《中国佛学源流略讲》，北京：中华书局，1979年。

123. 罗彤华：《唐代官方放贷之研究》，桂林：广西师范大学出版社，2013年。

124. 罗新、叶炜：《新出魏晋南北朝墓志疏证》，北京：中华书局，2005年。

125. 马德：《敦煌工匠史料》，兰州：甘肃人民出版社，1997年。
126. 孟宪实、荣新江、李肖主编：《秩序与生活：中古时期的吐鲁番社会》，北京：中国人民大学出版社，2011年。
127. 牟钟鉴、张践：《中国宗教通史》（修订本），北京：社会科学文献出版社，2003年。
128. 潘桂明：《中国禅宗思想历程》，北京：今日中国出版社，1992年。
129. 任继愈：《汉—唐佛教思想论集》，北京：人民出版社，1973年。
130. 任继愈主编：《中国佛教史》，北京：中国社会科学出版社，1985年。
131. 荣新江主编：《唐代宗教信仰与社会》（北京大学盛唐研究丛书），上海：上海辞书出版社，2003年。
132. 沙知：《敦煌契约文书辑校》，南京：江苏古籍出版社，1998年。
133. 石小英：《八至十世纪敦煌尼僧研究》，北京：人民出版社，2013年。
134. 孙昌武：《中国佛教文化史》，北京：中华书局，2010年。
135. 孙昌武、陈洪主编：《宗教思想史论集》，天津：南开大学出版社，2008年。
136. 孙尚扬：《宗教社会学》，北京：北京大学出版社，2001年。
137. 汤一介：《佛教与中国文化》，北京：宗教文化出版社，1999年。
138. 汤用彤：《隋唐佛教史稿》，北京：中华书局，1982年。
139. 汤用彤：《汉魏两晋南北朝佛教史》，北京：北京大学出版社，1997年。
140. 唐耕耦、陆宏基编：《敦煌社会经济文献真迹释录》，北京：全国图书馆文献微缩复制中心，1990年。
141. 唐长孺：《魏晋南北朝隋唐史三论》，武汉：武汉大学出版社，1992年。
142. 天一阁博物馆、中国社会科学院历史研究所天圣令整理课题组校证：《天一阁藏明钞本天圣令校证：附唐令复原研究》，北京：中华书局，2006年。
143. 魏明孔：《隋唐手工业研究》，兰州：甘肃人民出版社，1999年。
144. 魏明孔：《中国手工业经济通史·魏晋南北朝隋唐五代卷》，福州：福建人民出版社，2004年。
145. 吴钢主编：《全唐文补遗》第4辑，西安：三秦出版社，1994年。
146. 吴钢主编：《全唐文补遗（千唐志斋新藏专辑）》，西安：三秦出版社，2006年。
147. 武建国：《均田制研究》，昆明：云南人民出版社，1992年。

148. 谢重光:《汉唐佛教社会史研究》,台北:台北国际文化事业有限公司,1990年。

149. 严耀中:《江南佛教史》,上海:上海人民出版社,2000年。

150. 杨际平:《均田制新探》,厦门:厦门大学出版社,1991年。

151. 游彪:《宋代寺院经济史稿》,保定:河北大学出版社,2003年。

152. 于飞:《汉传佛教寺院经济演变研究》,成都:巴蜀书社,2014年。

153. 余欣:《神道人心:唐宋之际敦煌民生宗教社会史研究》,北京:中华书局,2006年。

154. 王邦维、陈金华、陈明编:《佛教神话研究:文本、图像、传说与历史》,上海:中西书局,2013年。

155. 王利华:《中古华北饮食文化的变迁》,北京:中国社会科学出版社,2000年。

156. 王永平:《道教与唐代社会》,北京:首都师范大学出版社,2002年。

157. 王永会:《中国佛教僧团发展及其管理研究》,成都:巴蜀书社,2003年。

158. 王月清:《中国佛教伦理研究》,南京:南京大学出版社,1999年。

159. 王早娟:《唐代长安佛教文学》,北京:商务印书馆,2013年。

160. 张弓:《汉唐佛寺文化史》,北京:中国社会科学出版社,1997年。

161. 张国刚:《佛学与隋唐社会》,石家庄:河北人民出版社,2002年。

162. 张国刚主编:《中国中古史论集》,天津:天津古籍出版社,2003年。

163. 张乃翥辑:《龙门地区佛教寺院史料辑绎》,北京:国家图书馆出版社,2013年。

164. 赵超:《汉魏南北朝墓志汇编》,天津:天津古籍出版社,1992年。

165. 赵万里:《汉魏南北朝墓志集释》,北京:科学出版社,1956年。

166. 郑炳林:《敦煌地理文书汇辑校注》,兰州:甘肃教育出版社,1989年。

167. 郑炳林:《敦煌碑铭赞辑释》,兰州:甘肃教育出版社,1992年。

168. 郑炳林、李军:《敦煌历史地理》,兰州:甘肃教育出版社,2010年。

169. 郑显文:《唐代律令制研究》,北京:北京大学出版社,2004年。

170. 周瀚光主编:《中国佛教与古代科技的发展》,上海:华东师范大学出版社,2013年。

171. 周绍良主编:《唐代墓志汇编》,上海:上海古籍出版社,1992年。

172. [法]谢和耐著:《中国五——十世纪的寺院经济》,耿昇译,上海:上海古籍出版社，2004年。

173. ［荷兰］许里和著：《佛教征服中国》，李四龙、裴勇译，南京：江苏人民出版社，1998年。

174. ［罗］米尔恰·伊利亚德著：《神圣与世俗·序言》，王建光译，北京：华夏出版社，2002年。

175. ［美］道格拉斯·C.诺思著：《经济史中的结构与变迁》，陈郁等译，上海：上海三联书店、上海人民出版社，1994年。

176. ［美］道格拉斯·C.诺思、罗伯特·托马斯著：《西方世界的兴起》，厉以平、蔡磊译，北京：华夏出版社，1999年。

177. ［美］道格拉斯·C.诺思、张五常等著，［关］李·J.阿尔斯通、［冰］思拉恩·埃格特森主编：《制度变革的经验研究》，罗仲伟译，北京：经济科学出版社，2003年。

178. ［美］R.科斯、A.阿尔钦、D.诺斯等著：《财产权利与制度变迁——产权学派与新制度学派译文集》，上海：上海三联书店、上海人民出版社，1994年。

179. ［美］罗德尼·斯达克、罗杰尔·芬克著：《信仰的法则——解释宗教之人的方面》，杨凤岗译，北京：中国人民大学出版社，2003年。

180. ［美］罗纳德·L.约翰斯通著：《社会中的宗教——一种宗教社会学》，尹今黎、张蕾译，成都：四川人民出版社，1991年。

181. ［美］芮沃寿著：《中国历史中的佛教》，常蕾译，北京：北京大学出版社，2009年。

182. ［美］斯坦利·威斯坦因著：《唐代佛教》，张煜译，上海：上海古籍出版社，2010年。

183. ［日］谷川道雄著：《中国中世社会与共同体》，马彪译，北京：中华书局，2002年。

184. ［日］砺波护著：《隋唐佛教文化》，韩昇、刘建英译，上海：上海古籍出版社，2004年。

185. ［日］镰田茂雄著：《简明中国佛教史》，郑彭年译，上海：上海译文出版社，1986年。

三、论文

186. 白文固：《唐代僧尼道士受田问题的辨析》,《甘肃社会科学》1982年第3期。

187. 白文固：《试论唐前期的寺院经济》,《兰州大学学报》1983年第4期。

188. 白文固：《南北朝隋唐僧官制度探究》,《世界宗教研究》1984年第1期。

189. 曹仕邦：《从宗教与文化背景论寺院经济与僧尼私有财产在华发展的原因》,《华冈佛学学报》1985年第8期。

190. 陈丽萍：《杏雨书屋藏敦煌契约文书汇录》,载《隋唐辽宋金元史论丛》(第4辑),上海：上海古籍出版社2014年。

191. 陈明：《沙门黄散：唐代佛教医事与社会生活》,载《唐代宗教信仰与社会》,上海：上海辞书出版社2003年。

192. 陈英英：《敦煌写本讽谏今上破鲜于叔明令狐等请试僧尼及不许交易书考释》,载《敦煌吐鲁番文献研究论集》第1辑,北京：中华书局1982年。

193. 戴建国：《唐〈开元二十五年令·田令〉研究》,《历史研究》2000年第2期。

194. 董秀敏：《试论唐初的中央僧官——"十大德"》,载《中国佛学》(总第32期),北京：社会科学文献出版社2012年。

195. 杜斗城、李艳：《唐代佛教与祈雨》,《社会科学战线》2010年第11期。

196. 杜文玉：《唐代长安佛教经幢题记与题名研究——以佛教信众的社会结构为中心》,《人文杂志》2012年第6期。

197. 高敏：《从〈金石萃编〉卷30〈敬史君碑〉看东魏、北齐的僧官制度》,《南都学坛》2001年第2期。

198. 葛兆光：《征服与转化——5至7世纪中国思想史中的佛教》,饶宗颐主编：《华学》第三辑,紫禁城出版社1998年。

199. 韩伟：《法门寺地宫唐代随真身衣物帐考》,《文物》1991年第5期。

200. 何兹全：《中古时代之中国佛教寺院》,《中国经济》2卷9期。

201. 何兹全：《中古大族寺院领户研究》,《食货》3卷4期(1936年1月)。

202. 何兹全：《佛教经律中关于僧尼寺有财产的规定》,《北京师范大学学报》1982年第6期。

203. 何兹全：《宋元寺院经济》,《世界宗教研究》1992年第2期。

204. 黄正建：《唐代"士大夫"的特色及其变化——以两〈唐书〉用词为中心》，《中国史研究》2005 年第 3 期。

205. 季爱民：《唐代西州僧尼的社会生活》，《西域研究》2007 年第 4 期。

206. 简修炜、庄辉明：《南北朝时期寺院地主经济与世俗地主经济的比较研究》，《学术月刊》1988 年第 11 期。

207. 蒋福亚：《南朝寺院地主》，《首都师范大学学报》1993 年第 4 期。

208. 金毓黻：《从榆林窟壁画耕作图谈到唐代寺院经济》，《考古学报》1957 年第 2 期。

209. 荆三林：《〈唐昭成寺僧朗谷果园庄地亩幢〉所表现的晚唐寺院经济情况》，《学术研究》1980 年第 3 期。

210. 雷学华：《唐代敦煌的寺院经济》，《中南民族学院学报》1989 年第 1 期。

211. 李斌城：《论唐代佛教》，《北方论丛》1980 年第 6 期。

212. 梁忠效：《唐代的碾硙业》，《中国史研究》1987 年第 2 期。

213. 刘淑芬：《慈悲喜舍——中古时期佛教徒的社会福利事业》，《北县文化》1994 年第 40 期。

214. 刘淑芬：《北齐标异乡义慈惠石柱——中古佛教社会救济的个案研究》，《新史学》1994 年第 5 卷第 4 期。

215. 马雍：《麹斌造寺碑所反映的高昌土地问题》，《文物》1976 年第 12 期。

216. 孟宪实：《论唐朝的佛教管理——以僧籍的编造为中心》，《北京大学学报（哲学社会科学版）》2009 年第 3 期。

217. 孟宪实：《新出唐代寺院手实研究》，《历史研究》2009 年第 5 期。

218. 乜小红：《吐鲁番所出土地租佃契多是民间的互助互惠契》，载《吐鲁番学研究：第三届吐鲁番学暨欧亚游牧民族的起源与迁徙国际学术研讨会论文集》，上海：上海古籍出版社 2010 年。

219. 秦明智：《隋开皇元年李阿昌造像碑》，《文物》1983 年第 7 期。

220. 任继愈：《从佛教到儒教——唐宋思潮的变迁》，《中国文化》第 3 期秋季号（1990 年 12 月）。

221. 任继愈：《禅宗的特点和地位》，载《禅学研究》第 1 辑，南京：江苏古籍出版社 1992 年。

222. 沙知：《跋唐天宝十三载便麦契》，载《敦煌学》（第 18 辑），台北：台湾学生书局 1992 年。

223. 宿白：《试论唐代长安佛教寺院的等级问题》，《文物》2009年第1期。

224. 孙英刚：《隋及唐初的亲王与地方僧团之关系》，载《佛教史研究的方法与前景》，北京：中华书局2013年。

225. 陶希圣：《唐代寺院经济概说》（《现代佛教学术丛刊》第9册，大乘文化基金会出版1980年）

226. 王利华：《古代华北水力加工兴衰的水环境背景》，《中国经济史研究》2005年第1期。

227. 吴承明：《经济学理论与经济史研究》，《经济研究》1995年第4期。

228. 吴磐军：《隋刘众墓志简说》，《文物春秋》2004年第1期。

229. 西嶋定生：《碾硙寻踪——华北农业两年三作制的产生》，载刘俊文主编《日本学者研究中国史论著选译》第四卷六朝隋唐，北京：中华书局1992年。

230. 向燕南：《北魏太武帝灭佛原因考辩》，《北京师范大学学报》1984年第2期。

231. 谢重光：《略论唐代寺院、僧尼免赋特权的逐步丧失》，《中国社会经济史研究》1983年第1期。

232. 谢重光：《晋唐寺院的商业和借贷业》，《中国经济史研究》1989年第1期。

233. 谢重光：《晋唐寺院的园圃种植业》，《中国社会经济史研究》1989年第3期。

234. 辛德勇：《唐代都邑的钟楼与鼓楼——从一个物质文化侧面看佛道两教对中国古代社会的影响》，《文史哲》2011年第4期。

235. 新疆维吾尔自治区博物馆：《吐鲁番县阿斯塔那——哈拉和卓古墓群发掘简报（1963—1965）》，《文物》1973年第10期。

236. 颜尚文：《后汉三国两晋时代佛教寺院之分布》，《国立师范大学历史学报》1985年第13期。

237. 业露华：《北魏的僧祇户和佛图户》，《世界宗教研究》1981年第3期。

238. 业露华：《北魏的僧官制度》，《世界宗教研究》1984年第2期。

239. 姚崇新：《在宗教与世俗之间：从新出吐鲁番文书看高昌国僧尼的社会角色》，《西域研究》2008年第1期。

240. 张弓：《南北朝隋唐寺观户阶层述略——兼论贱口依附制的演变》，《中国史研究》1984 年第 2 期。

241. 张弓：《唐代寺院奴婢阶层略说》,《社会科学战线》1986 年第 3 期。

242. 张弓：《唐代禅林经济简论》,《学术月刊》1987 年第 9 期。

243. 张弓：《唐代的寺庄》,《中国社会经济史研究》1989 年第 4 期。

244. 张弓：《中国中古时期寺院地主的非自主发展》,《世界宗教研究》1990 年第 3 期。

245. 张乃翥：《龙门佛教寺院与洛中缁白信众的人文生态》,载《龙门地区佛教寺院史料辑绎》,北京：国家图书馆出版社 2013 年。

246. 赵靖：《汉传佛教经济思想发展的重要阶段——试论禅宗的农禅思想》,载《国学研究》第 3 卷,北京：北京大学出版社 1995 年。

247. 张箭：《三武一宗灭佛研究》,四川大学博士学位论文,2001 年。

248. 张军胜：《敦煌写本无名僧所上谏表研究》,兰州大学硕士学位论文,2010 年。

249. 郑炳林、党新玲：《唐代敦煌僧医考》,载《敦煌学》（第 20 辑）,台北：乐学书局有限公司 1995 年。

250. 周奇：《唐代国家对寺院经济的控制——以寺院人口为例》,《佛学研究》2004 年刊。

251. 周奇：《唐代国家对寺院经济的控制——以寺院土地为例》,《中国社会经济史研究》2005 年第 1 期。